Bauwelt Fundamente 8

Herausgegeben von Ulrich Conrads
unter Mitarbeit von
Gerd Albers, Adolf Arndt,
Lucius Burckhardt, Werner Hebebrand,
Werner Kallmorgen, Hermann Mattern,
Julius Posener, Hans Scharoun,
Hans Joachim Schneider

Bruno Taut

1920–1922

Frühlicht
Eine Folge für die Verwirklichung des neuen Baugedankens

Ullstein Berlin Frankfurt/M Wien

Das »Frühlicht« erschien in einer ersten Folge von Anfang Januar bis Mitte Juli 1920, und zwar als Anhang zu den ersten 14 Heften des 1. Jahrgangs der Halbmonatsschrift »Stadtbaukunst alter und neuer Zeit«, die von Cornelius Gurlitt, Bruno Möhring und Bruno Taut im Verlag »Der Zirkel«, Architekturverlag GmbH, Berlin W, Wilhelmstraße 48, herausgegeben wurde. Für den Anhang »Frühlicht« zeichnete Bruno Taut allein verantwortlich.

Von Herbst 1921 bis Sommer 1922 erschien das »Frühlicht« in Heftform als selbständige »Folge für die Verwirklichung des neuen Baugedankens« im Karl Peters Verlag, Magdeburg. Die vier Hefte enthalten insgesamt 132 Seiten, das Format ist 21,5×28,5 cm.

Während diese Hefte mit nur geringfügigen Kürzungen wiedergegeben sind, wurden von den 14 Berliner Ausgaben nur die wichtigeren Teile und da vor allem die Originalbeiträge in diesen Band aufgenommen. Das Verzeichnis auf Seite 68 orientiert über den Gesamtinhalt dieser Ausgaben.

Die Reihenfolge der Beiträge und auch ihre zeitliche Aufeinanderfolge wurden grundsätzlich beibehalten.

VERLAG ULLSTEIN GMBH · BERLIN · FRANKFURT/M · WIEN
Umschlagentwurf von Helmut Lortz
© 1963 by Verlag Ullstein GmbH, Frankfurt/M — Berlin
Alle Rechte, auch das der photomechanischen Wiedergabe, vorbehalten
Printed in Germany, Berlin West 1963 · Gesamtherstellung Druckhaus Tempelhof

Zwischen Utopie und Wirklichkeit (Ulrich Conrads) 7

Frühlicht 1920 11
    Inhalt der 14 Berliner »Frühlicht«-Ausgaben Januar bis Juli 1920 68

Heft 1 (Herbst 1921)

    Frühlicht in Magdeburg (Bruno Taut) 70
    Mitteldeutsche Ausstellung Magdeburg (Paul Mebes) 73
    Landwirtschafts- und Viehmarkthalle für Magdeburg (Bruno Taut und Wilhelm Kobelt) 74
    Kioske 77
    Zur Biologie des Kunstgeschmacks (Bruno Taut) 78
    Büro- und Geschäftshaus auf dem Kaiser-Wilhelm-Platz in Magdeburg (Bruno Taut und Landsberg) 80
    Die Zukunft der Zitadelle (Theodor Volbehr) 86
    Natürliches Bauen. Organisches Siedeln (Erich Fresdorf) 88
    Der notwendige neue Baustil (Friedrich Paulsen) 90
    Der Architektenkongreß (Paul Scheerbart) 94
    Der Regenbogen. Aufruf zum farbigen Bauen (Bruno Taut) 97
    Farbe im äußeren Raum 98
    Der Magdeburger Farbenstreit (Bruno Taut) 102

Heft 2 (Winter 1921/22)

    Innenarchitektur (Hermann Finsterlin) 105
    Gefallenendenkmal für Magdeburg (Bruno Taut) 109
    Erbbegräbnis Wissinger (Max Taut) 113
    Das Ewige und das Lebendige (Paul Bommersheim) 114
    Reklamebauten des »Werbedienstes« (Max Taut) 117
    Die Wirkung der Farben auf die Nerven (Ewald Paul) 118
    Neue Siedlungen (Bruno Taut) 121
    Der Baumeister (Robert Seitz) 124
    Architekten (Adolf Behne) 126
    Zur Technik der Fassadenmalerei (C. A. Meckel) 135
    Architekturmalereien (Bruno Taut) 139
    Notizen 140

Heft 3 (Frühling 1923)

    Neu-Magdeburg, eine realistische Stadtbetrachtung (Bruno Taut) 141
    Die Genesis der Weltarchitektur oder die Deszendenz der Dome als Stilspiel (Hermann Finsterlin) 149
    Architektonische Lösung: Ecke Bellevue- und Viktoriastraße am Kemperplatz in Berlin 159
    Aus dem Wettbewerb um das Turmhaus am Bahnhof Friedrichstraße in Berlin 163
    Neuere Baukunst in Spanien 165
    Schloß und Kathedrale mit Hofbrunnen (Kurt Schwitters) 166
    Aphorismen (Paul Gösch) 167
    Die Architektur in Rußland (N. Iszelenof) 168
    Ein Entwurf Tatlins (Elias Ehrenburg) 172

Die freitragende Kuppel (W. A. Hablik) 173
Ich suche (Maximilian Rosenberg) 178
Aus »Copernicus« (Ludwig Berger) 179
Paul Scheerbart (Alfred Brust) 180
Notizen 181

Heft 4 (Sommer 1922)

Neubau (Martin Mächler) 184
Raum- und Körpererlebnis (Oswald Herzog) 188
Das neue Denkmal in Weimar (Johannes Schlaf) 191
Das Bürohaus des Allgemeinen Deutschen Gewerkschaftsbundes Berlin
(Max Taut) 194
Über die zukünftige Baukunst und ihre architektonischen Möglichkeiten (J. J. P. Oud) 198
Hotel und Geschäftshaus »Stadt Köln« in Magdeburg (Bruno Taut) 208
Hochhäuser (Mies van der Rohe) 212
Mein erstes Jahr »Stadtbaurat« (Bruno Taut) 215
Wettbewerb für Hausreklame und Hausanstriche 222
Notizen 223

Entwürfe, Modelle und Zeichnungen

Peter Behrens 159
Wilhelm Brückmann 43
Richard Döcker 128
Elias Ehrenburg 172
Antonio Sant'Elia 129
Oskar Fischer 138
Hermann Finsterlin 30, 53, 55, 59, 106, 107, 108, 153, 155
Erich Fresdorf 141—147
Antonio Gaudi 165
Paul Gösch 15, 28, 64, 65, 119, 136, 150, 156, 157
Arthur Götz 214
Walter Gropius 193
Theodor Grosse 125
Günther 77
Wenzel A. Hablik 17, 129, 173—178
N. Iszelenof 169
W. Klynen 207
Carl Krayl 18, 21, 25, 38, 39, 40, 49, 82, 83, 84, 99, 134, 137, 166
Hans Luckhardt 123

Wassili Luckhardt 19, 24, 123
Martin Mächler 185, 187
Paul Mebes (mit Bruno Taut) 73, 74, 75, 76, 220, 221
Erich Mendelsohn 128, 160
Müller-Breslau 132
Franz Mutzenbecher 136
J. J. P. Oud 127, 200, 201
Joseph Paxton 131
W. Repsold 196, 197
Rodchenko 171
Ludwig Mies van der Rohe 212, 213
Hans Scharoun 26, 27, 50, 51, 66, 164
Schütz 84, 88, 89, 90
Kurt Schwitters 166
Hans Söder 163
Bruno Taut (s. a. u. Mebes) 22, 32, 34, 35, 36, 77, 81, 86, 99, 103, 110, 111, 115, 121, 122, 136, 161, 209—211, 214, 215—217
Max Taut 60, 62, 113, 117, 162, 191, 194—197
Thürmer 87
Willy Zabel 110, 111, 124

ZWISCHEN UTOPIE UND WIRKLICHKEIT
Eine Vorbemerkung zum Neudruck 1963

Als im Sommer 1922 das letzte *Frühlicht*-Heft erscheint, ist die deutsche Architektur-Debatte, zumal in Berlin, bereits in ein neues, entscheidendes Stadium geraten. Die hochfliegenden und utopischen Architektur-Programme der ersten Nachkriegsjahre verlieren ihre mitreißende, aus der Friedensbegeisterung genährte Kraft. Eine nüchterne Einschätzung der Aufgaben und Ziele löst die Architektenträume ab, die Bruno Taut und seine Freunde immer wieder, und so auch im *Frühlicht*, beschwören: die Träume vom Bau der Zukunft, vom bildnerischen Gesamtkunstwerk; die Utopie vom Umbau der Erde als einer Aufgabe, die das endlich befriedete Europa in Atem halten könne; die Vision der »Zukunftskathedrale«.

Diese Neuorientierung gegen Ende des Jahres 1922 ist nicht durch äußere Ereignisse ausgelöst, sie kommt — soweit nicht der Einfluß der holländischen Stijlbewegung und die Gedanken solcher Männer wie Oud und Le Corbusier hineinspielen — aus den eigenen Reihen. Im Winter 1922/23 stellen Peter Behrens, Ludwig Mies van der Rohe, Ludwig Hilberseimer, Hans und Wassili Luckhardt in der Berliner Sezession ihre neuesten Entwürfe aus. Angesichts dieser Entwürfe kann es keine Fehldeutung mehr geben. Obwohl nichts von alledem gebaut ist, hat die Kritik nur eine Meinung: So und nicht anders sieht sie aus, die neue, die kommende Architektur: sie wird sachlich sein, nützlich und zweckmäßig.

Bereits im November 1923 versucht Adolf Behne eine erste Übersicht über den *modernen Zweckbau*[1] zu gewinnen: »Jede ästhetische Spekulation, jede Doktrin und jeden Formalismus lehnen wir ab. Gestaltet die Form aus dem Wesen der Aufgabe mit den Mitteln unserer Zeit[2]!« Im selben Jahr erscheint Gropius' *Bauhausbuch*, das eine gegenüber dem Gründungsmanifest wesentlich veränderte Zielsetzung des Bauhauses verrät: »Wir wollen den organischen Bauleib schaffen, nackt und strahlend aus innerem Gesetz heraus ohne Lügen und Verspieltheiten ...«[3]

Im Herbst 1923 kehrt Bruno Taut, einer der Wortführer in der Architektur-Debatte der ersten Nachkriegsjahre, der Verfasser der *Alpinen Architektur* und der *Stadtkrone*[4] und Herausgeber des *Frühlicht*, nach Berlin zurück. Die Tätigkeit als Stadtbaurat in Magdeburg hat auch ihn ernüchtert. Er kommt zurück als überzeugter Verfechter sozialer Wohnbauprogramme. Aus dem »Haus des Himmels«, das nichts anderes als schön sein sollte (Seite 33), war die Magdeburger Kleinsiedlung »Reform« geworden (Seite 215), aus dem »Weltbaumeister« der Sozialpraktiker.

Der Weltbaumeister — so hatte Taut sein *Architektur-Schauspiel für symphonische Musik* genannt, das er 1919 dem Geiste Paul Scheerbarts widmete[5]. Adolf Behne,

---
[1] Adolf Behne, Der moderne Zweckbau, erschien erst München 1926.
[2] a. a. O., Seite 70.
[3] Walter Gropius, Idee und Aufbau des Staatlichen Bauhauses, Staatliches Bauhaus Weimar 1919–1923, München 1923, Seite 15.
[4] Bruno Taut, Alpine Architektur, Hagen 1920; Die Stadtkrone, Jena 1919.
[5] Bruno Taut, Der Weltbaumeister, Hagen 1920; Text auch in »Ruf zum Bauen«, Berlin 1919 (siehe Anm. [11]).

der kritische Freund und Mitstreiter, durchschoß sein Exemplar irgendwann Ende der zwanziger Jahre mit Abbildungen Tautscher Wohnbauten, angefangen von der Siedlung »Reform« bis hin zur »Hufeisensiedlung« und den Wohnblocks am Prenzlauer Berg: ein bissiger, ironischer Kommentar und Selbstkritik in eins.
Schon im November 1918 hatten sich inmitten der Nachkriegswirren Berliner Architekten, Bildhauer, Maler und Schriftsteller zu einem »Arbeitsrat für Kunst« zusammengeschlossen, einer Arbeitszelle der »Novembergruppe«, deren Mitglieder sich über ganz Deutschland verteilten. Im ersten Flugblatt[6] dieses »Arbeitsrats« heißt es: »Zusammenschluß der Künste unter den Flügeln einer großen Baukunst ist das Ziel.« Weihnachten 1918 erscheint, ebenfalls in Form eines Flugblatts, *Ein Architekturprogramm* von Bruno Taut[7]. Die Forderung nach einer großen Baukunst wird präzisiert: »Unmittelbarer Träger der geistigen Kräfte... ist der Bau. Erst die vollständige Revolution im Geistigen wird diesen Bau schaffen. Aber nicht von selbst kommt diese Revolution, nicht dieser Bau. Beide müssen gewollt werden... Deshalb: ...Unterstützung baulicher Ideen, welche über das Formale hinweg die Sammlung aller Volkskräfte im Sinne des Bauwerkes einer besseren Zukunft anstreben und den kosmischen Charakter der Architektur, ihre religiöse Grundlage aufzeigen, sogenannte Utopien.«
Unter Vorsitz von Walter Gropius geht man Anfang 1919 an die Vorbereitung einer Ausstellung solcher »Utopien«. Die »Ausstellung unbekannter Architekten« wird im April des Jahres im Graphischen Kabinett J. B. Neumann am Kurfürstendamm eröffnet und wandert später, gemäß ihrer Zielsetzung, durch Arbeiterkneipen in der Nähe des Alexanderplatzes. Es stellen jedoch keineswegs nur Architekten aus: Hermann Finsterlin, der auf Einladung von Gropius seine Arbeiten aus Berchtesgaden schickt, ist Maler; Wenzel A. Hablik ist Graphiker; Paul Gösch hat die Reißschiene an den Nagel gehängt und malt; Jefim Golyscheff, ein Russe, ist Musiker gewesen. Es ist kein Zufall, daß ausgerechnet die Entwürfe dieser Außenseiter unter den Unbekannten sich kritischen Besuchern einprägen. Die utopischen Skizzen von Bruno Taut, die Entwürfe seines Bruders Max, die Architekturzeichnungen von Hans und Wassili Luckhardt sind eben — mag auch die Phantasie weit vorauseilen — ein wenig mehr an die Möglichkeiten baulicher Realisation gebunden. Vor allem aber bleibt von dieser Ausstellung im Gedächtnis, was Gropius, Taut und Behne im Prospekt[8] proklamieren: die einhellige Absage an die »nützliche« Architektur, in welcher Form sie auch erscheine. Man zieht »klare Wasserscheiden zwischen Traum und Wirklichkeit, zwischen Sternensehnsucht und Alltagsarbeit«. Man behauptet: »Es gibt ja heute noch keinen Architekten, wir alle sind nur *Vorbereitende* dessen, der einmal wieder den Namen Architekt verdienen wird, denn das heißt: *Herr der Kunst*, der aus Wüsten Gärten bauen und Wunder in den Himmel türmen wird.«
So schreibt Walter Gropius, und fast im selben Atemzug und im gleichen Gedankengang formuliert er das erste *Bauhausmanifest*[9] — datiert Weimar, April 1919 —,

---

[6] Zit. in Conrads/Sperlich, Phantastische Architektur, Stuttgart 1960, Seite 136.
[7] a. a. O., Seite 135.
[8] a. a. O., Seite 137f.
[9] Zit. nach Bayer/W. Gropius/I. Gropius, Bauhaus 1919–1928, Stuttgart 1955, Seite 16.

dessen Titelseite Feiningers in Holz geschnittene Vision des gebauten Kristalls, der Zukunftskathedrale, ist: »Wollen, erdenken, erschaffen wir gemeinsam den neuen Bau der Zukunft, der alles in *einer* Gestalt sein wird: Architektur *und* Plastik *und* Malerei, der aus Millionen Händen der Handwerker einst gen Himmel steigen wird als kristallenes Sinnbild des neuen kommenden Glaubens.«

Noch im Jahr 1919 erscheint die erste Buchpublikation des »Arbeitsrats für Kunst«. Unter dem Titel *Ja! Stimmen des Arbeitsrats für Kunst*[10] sind Antworten auf eine Umfrage gesammelt, die man unter den Mitgliedern veranstaltete, um »die Stellung der Künstler zu den Bewegungen der Zeit zu klären und eine ... einheitliche Basis zu suchen, auf welcher sich ein gemeinsames Werk ... aufbauen kann«. Auch dieser Veröffentlichung steht einer der kristallinen Holzschnitte Lyonel Feiningers voran. Unter denen, die mit Texten oder Abbildungen zu Wort kommen, finden wir die Architekten Andrae, Bartning, Hilberseimer, Gropius, Mebes, Mendelsohn, Meyer, Poelzig; wir finden aber auch die Namen derer, die von 1920 an Beiträge für Bruno Tauts *Frühlicht* schicken: Behne, Brückmann, Finsterlin, Gösch, Goettel, Hablik, Hansen, Krayl, Hans und Wassili Luckhardt, Max Taut. Das sind die Namen fast aller, die im April in der »Ausstellung unbekannter Architekten« dabei waren. Ihnen, den Freunden, und Walter Gropius in Weimar und Hans Scharoun in Insterburg schickt Bruno Taut Ende November 1919 einen Brief:

»Liebe Freunde im Werk!

Ich möchte Euch diesen Vorschlag machen: Zu bauen gibt es heute fast nichts, und wenn wir irgendwo doch bauen können, tun wir es, um zu leben ... Ehrlich gesagt: es ist ganz gut, daß heute nicht ›gebaut‹ wird. So können die Dinge reifen, wir sammeln Kraft, und wenn es wieder beginnt, dann kennen wir unser Ziel und sind stark genug, unsere Bewegung vor Verkleisterung und Entartung zu schützen. Seien wir mit Bewußtsein ›imaginäre Architekten‹! Wir glauben, daß erst eine völlige Umwälzung uns zum Werk führen kann ... Mein Vorschlag hat den Sinn, diese vorhandene Einheit zu bekräftigen. Er ist so: Jeder von uns zeichnet oder schreibt in kurzen Zeiträumen je nach Neigung und zwanglos ... seine Ideen auf, die er unserm Kreise mitteilen will, und schickt jedem eine Lichtpause. So entsteht Austausch, Frage, Antwort, Kritik ... « Wer sich beteilige, schreibt Taut weiter, könne es unter einem Decknamen tun, damit das persönliche Bekenntnis vor der aufdringlichen Öffentlichkeit geschützt sei. Man hatte ja schon einige Erfahrungen mit Kritikern, die den Mitgliedern des »Arbeitsrats« die Auswanderung nach Amerika anrieten oder schlichtweg behaupteten, man habe in der Garderobe mit den Überkleidern auch die gesunde Vernunft abgegeben.

Der Brief von Bruno Taut knüpft, was die Beteiligten später die »Gläserne Kette« nennen. Der utopische Briefwechsel floriert eine gute Weile, und wer seinen heute noch zu großen Teilen unveröffentlichten Inhalt kennt, weiß, daß er eine der Grundlagen ist für die erste *Frühlicht*-Folge. Die Decknamen erlauben es Bruno Taut (der sich selbst den Namen ›Glas‹ zulegt), vor allem die Zeichnungen der

---

[10] Ja! Stimmen des Arbeitsrates für Kunst in Berlin, verlegt bei der Photographischen Gesellschaft in Charlottenburg 9, Berlin 1919.

Briefrunde auf den vier bis sechs Seiten zu veröffentlichen, die ihm Cornelius Gurlitt vom Januar 1920 an in jedem Heft der *Stadtbaukunst alter und neuer Zeit* einräumt. Bis es bei der Drucklegung der 14. Folge zur Auseinandersetzung und Trennung kommt. Ein Beitrag von Gösch erscheint Gurlitt untragbar (Seite 67). Unverdrossen setzt Bruno Taut die publizistische Arbeit fort. Noch 1920 erscheint im Verlag Ernst Wasmuth eine Broschüre *Ruf zum Bauen* als *Zweite Buchpublikation des Arbeitsrats für Kunst*; sie enthält aber ausschließlich Arbeiten der Brieffreunde um Bruno Taut. Adolf Behne schreibt die Einleitung, eine beredte Verteidigung der Luftschlösser und Phantasien gegen die Stimmen der Kritiker, die da rufen: »Runter von den Wolken! Nur die Arbeit für Kleinhäuser und für Siedlungen, die entsagungsvolle Tätigkeit für das Kleinste und Einfachste haben heute noch Wert!«

Adolf Behne entgegnet: »Nur vom Großen, nur vom Ganzen her kann das Kleine leben, sonst wird es kleinlich. Vom Einzelnen kommen wir nie zum Ganzen, aber das Ganze umfaßt alles Einzelne. Das Ganze ist das Ziel unserer Arbeit. Unsere Luftschlösser sind zähere Arbeit als das eilige Tageswerk.« Und: »Können wir dafür, daß alle Architektur phantastisch ist? Und wenn die Zeit hundertmal nach neuen Patenten schreit, die Patente helfen nicht weit, ohne Phantasie. Mauern können auch die Spekulanten. Unser Ruf ergeht zum Bauen[11].« Behne zitiert, wie es auch Bruno Taut immer wieder tut, Worte von Paul Scheerbart, dem »einzigen Architekturdichter«, dem »Erfinder« der *Glasarchitektur*[12]. Denn Scheerbarts Ideen sind es, die die »imaginären Architekten« weiterführen und verwirklichen wollen. Von Scheerbarts 111 Marginalien zur *Glasarchitektur* — sie erschienen, Bruno Taut gewidmet, 1914 in Herwarth Waldens Verlag »Der Sturm« — und den kosmischen Architektur-Phantasmagorien seiner Romane zehren sie alle, die »Freunde im Werk«; und sicher — wenn auch schwer nachweisbar — auch Gropius und Poelzig und Mies van der Rohe. Scheerbarts geistiger Nachlaß — er starb 1915 — ist es, der das Bauen mit den neuen Stoffen Beton, Stahl, Glas ins Idealische überhöht, ehe man zu den sachlichen Argumenten zurückfindet, die etwa ein Gropius schon 1911 beim Bau der Faguswerke benutzte.

Bruno Taut bleibt den Scheerbartschen Ideen treu; auch als er 1921 als Stadtbaurat nach Magdeburg geht. Er nimmt das *Frühlicht* mit. Vom Herbst 1921 an erscheinen in Magdeburg die vier Hefte der zweiten Folge. Das erste dieser Hefte gehört, dem Geist nach, noch ganz Paul Scheerbart. Das letzte Heft aber gehört bereits anderen, neuen Stimmen im Widerspiel der Kräfte: Es gehört dem Weltstadt-Denker Martin Mächler; es gehört Mies van der Rohe, der von 1921 an die Architektur-Sektion der »Novembergruppe« leitet; es gehört dem Rotterdamer Stadtbaumeister J. J. P. Oud: Ohne in dürren Rationalismus zu verfallen, wird eine sich rationell auf die heutigen Lebensumstände gründende Baukunst vor allem sachlich sein.

Das aber bedeutet schon den Morgen, ist nicht mehr die Stunde des *Frühlichts,* in der gläsern und hell eine neue Welt aufleuchtet nach dem ersten großen Krieg in diesem Jahrhundert.

Ulrich Conrads

[11] Ruf zum Bauen. Zweite Buchpublikation des Arbeitsrates für Kunst, Verlag Ernst Wasmuth, Berlin 1920, Seite 3 ff.
[12] Paul Scheerbart, Glasarchitektur, Verlag der Sturm, Berlin 1914.

FRÜHLICHT

ALLEINVERANTWORTLICH BRUNO TAUT

> Hopp! Hopp! Hopp! mein süßes Pferdchen!
> Hopp! Hopp! Hopp! wo willst Du hin?
> Über jene hohe Mauer?
> Ei, was kommt Dir in den Sinn?
> Hopp! Hopp! Hopp! mein süßes Pferdchen!
> Hopp! Hopp! Hopp! wo — willst — Du hin?
>
> *(Scheerbart, Katerpoesie)*

NIEDER DER SERIOSISMUS!

Weg mit den Sauertöpfen, den Tran- und Trauerklößen, den Stirnrunzelnden, den ewig Ernsten, den Säuerlichsüßen, den immer Wichtigen!

»Wichtig! Wichtig!!« Verfluchte Wichtigtuerei! Grabstein- und Friedhofsfassaden vor vierstöckigen Trödel- und Schacherbuden! Zerschmeißt die Muschelkalksteinsäulen in Dorisch, Jonisch und Korinthisch, zertrümmert die Puppenwitze! Runter mit der »Vornehmheit« der Sandsteine und Spiegelscheiben, in Scherben der Marmor- und Edelholzkram, auf den Müllhaufen mit dem Plunder!

»Oh! unsere Begriffe: Raum, Heimat, Stil —!« Pfui Deuwel, wie stinken die Begriffe! Zersetzt sie, löst sie auf! Nichts soll übrigbleiben! Jagt ihre Schulen auseinander, die Professorenperücken sollen fliegen, wir wollen mit ihnen Fangball spielen. Blast, blast! Die verstaubte, verfilzte, verkleisterte Welt der Begriffe, der Ideologien, der Systeme soll unsern kalten Nordwind spüren! Tod den Begriffsläusen! Tod allem Muffigen! Tod allem, was Titel, Würde, Autorität heißt! Nieder mit allem Seriösen!

Nieder mit allen Kamelen, die nicht durch ein Nadelöhr gehen! mit allen Mammon- und Molochanbetern! »Die Anbeter der Gewalt müssen vor der Gewalt zu Kreuze kriechen!« Uns ist übel von ihrem Blutsaufen — Katzenjammer im Frühlicht.

In der Ferne glänzt unser Morgen.

Hoch, dreimal hoch unser Reich der Gewaltlosigkeit! Hoch das Durchsichtige, Klare! Hoch die Reinheit! Hoch der Kristall! und hoch und immer höher das Fließende, Grazile, Kantige, Funkelnde, Blitzende, Leichte — hoch das ewige Bauen!

GLASARCHITEKTUR*

Darauf gibt es zunächst immer wieder die Antwort: Paul Scheerbart hat uns den Weg gewiesen. »Murx den Europäer« heißt es in der »Katerpoesie«, die ja recht eigentlich den Katzenjammer am Europäertum beschwört. Und auch einen praktischen Weg hat Scheerbart uns gezeigt: die Glasarchitektur!

Ich weiß, der heutige Europäer ist für die Glasarchitektur noch nicht ganz reif. Wie könnte es nach dem Gesagten anders sein. Er kann einfach nicht anders, als diese Idee zunächst komisch zu nehmen. Unmöglich, daß sich der moderne Europäer unter dem Vorschlag einer Glasarchitektur etwas anderes als einen grotesken Ulk vorstellen könnte. Im besten Falle versteht er sich dazu, die Sache ästhetisch oder, wenn es hochkommt, symbolisch-tiefsinnig zu nehmen. Aber das alles ist verkehrt. Die Idee der Glasarchitektur ist vollkommen einfach und genauso zu verstehen, wie Scheerbart sie vorträgt ... im heitersten Optimismus. Es ist keine verdrehte Poetenmarotte, daß die Glasarchitektur uns eine neue Kultur bringen würde. Es ist so! Nicht neue Fürsorgeorganisationen, Krankenhäuser, Erfindungen oder technische Vereinfachungen und Beschleunigungen bringen uns die neue Kultur ... aber die Glasarchitektur würde sie uns bringen.

Es ist tiefste Wahrheit, daß alles andere unwesentlich ist neben dem Bauen! Das Bauen als eine elementare Tätigkeit vermag den Menschen zu verwandeln. Und nun ein Bauen aus Glas! Das würde das sicherste Mittel sein, aus dem Europäer einen Menschen zu machen.

»Man kann nicht aus Glas bauen.« Dieser Glaubenssatz des modernen Europäers würde Schiffbruch erleiden, wenn er es nur dennoch einmal tun wollte. Er würde dann erleben, daß es sehr wohl geht, genauso wohl, wie die Herstellung von Stiefeln, Koffern und Taschen aus Tierfellen, die Herstellung von Stoffen, die wir auf dem Leibe tragen, aus dem Gespinst einer Raupe oder den Haaren der Schafe. Kurz und gut: der Beginn eines Baues aus Glas würde der europäischen Gewohnheitsfaulheit einen Stoß versetzen. Ist es nicht grotesk, daß wir uns aus den gegerbten Fellen toter Tiere um unsere Beinendigungen Hülsen machen? Höchst komplizierte Bauten aus Leder mit Ösen, Löchern, Nägeln, Schnüren, Laschen, Einlagen, Brandsohlen, Hacken, Spitzen – bis hin zu den wechselnden Einflüssen der Mode auf Farbe, Form und Material, andere zum Reiten, zum Gehen, zum Turnen, zum Tennisspielen, zum Bergsteigen – andere für Nord und Süd, für Ost und West? Ja, es ist grotesk, so wie alles auf der Erde grotesk ist, wenn man es einmal anders als mit stumpfen Gewohnheitsaugen betrachtet. Man bedenke nur, welchen Apparat der moderne Europäer braucht, um seinen Körper passend einzuschalen! Komisch ist es nur, daß der Europäer diese von ihm ausgeklügelte Art für die allein denkbare, mögliche und praktische hält. Sie ist es aber bestimmt nicht, und selbst wenn es die einzige

* Aus »Wiederkehr der Kunst«, Verlag Kurt Wolff, Leipzig.

wäre — würde sie dadurch weniger grotesk? Scheerbart hat uns, namentlich in seinen »Astralen Noveletten«, den Blick dafür geschärft, wie relativ, einmalig und zufällig unsere gesamten menschlichen Funktionen sind, von der Kleidung und Wohnung bis zu den Arten der Fortbewegung, Fortpflanzung und Nahrungsaufnahme. Erst wenn wir uns vorstellen, daß unsere Leistungen im ungeheuren, unendlichen Kosmos doch nur einen sehr einzelnen und gelegentlichen Versuch darstellen; daß Lebewesen essen, trinken, wohnen und sich vermehren können auch noch auf hunderttausend verschiedene, gänzlich verschiedene Arten, erst dann haben wir an unseren eigenen Funktionen den ganzen, stark komischen Genuß. Dann verlieren wir vor diesen Dingen den dummen europäischen Respekt, nehmen sie leicht und empfinden es nicht mehr als groteskes Weltvergehen, an ihnen rühren zu wollen. Wir können an allem rühren!

Unsere Wohnungen und Versammlungsräume aus Glas zu erbauen, ist nicht im geringsten närrischer, als sie aus Lehmziegeln, Schilf, Holz, gebrannten Steinen oder gehauenen Steinen aufzuführen. Es ist auch nicht im geringsten unrationeller, unpraktischer. Die sogenannten technischen Schwierigkeiten lassen sich, wenn man nur will, im Handumdrehen erledigen (Heizung, Lüftung usw.).

Nun fragt es sich freilich: was lockt uns denn gerade zur Glasarchitektur? Denn einen Sinn hat sie selbstredend nur, wenn sie uns etwas Wertvolles, Neues bringt. Und tut sie das?

Sie bringt uns viel Wertvolles, Neues, daß der Europäer, wenn er es aufnehmen will, sich völlig wird verwandeln müssen: Die Glasarchitektur bringt die europäische Geistesrevolution, sie macht aus einem beschränkten, eitlen Gewohnheitstier einen wachen, hellen, feinen und zarten Menschen.

Ist dies nicht das einzige sinnvolle Ziel, für das wir arbeiten können? Alles andere ist unfruchtbar, schafft nur neue Institutionen, keine neuen Menschen, weil es ja nur den schwachen, ungütigen Naturen des herrschenden Typs Mensch die Fehler korrigiert, sie also eigentlich immer mehr zurück statt aufwärts zwingt. Nichts ist so kurzsichtig, wie eine Besserung der menschlichen Gesellschaft erzielen zu wollen, indem man die Irrtümer und Vergehen dieser Gesellschaft immer wieder einrenkt, nach Maß des Möglichen, was natürlich nicht sehr weit reicht — aber ausreicht, um der Gesellschaft eine gründliche Erkenntnis ihrer Mängel zu erschweren. Ließe man wenigstens diese Fehler sich zunächst einmal zu ihrer wahren Größe auswachsen, bis sie recht sichtbar und greifbar geworden wären, könnte eher auf einen menschlichen Umschwung gehofft werden.

Die Frage ist: was für einen Umschwung wir denn erhoffen? Kann man überhaupt auf einen »Fortschritt« rechnen?

In diesen Fragen sich vorsichtig zurückzuhalten, ist das beste. Denn ein bestimmtes endliches Ziel des menschlichen Fortschrittes wird es nicht geben. Auch hier besteht Unendlichkeit. Aber man kann doch wohl behaupten, daß ein größerer Reichtum an Feinheit, Schönheit und Zartheit niemals vom Übel sein kann. Im Gegenteil!

Daß wir diese Güter erstreben sollen, scheint uns außerhalb jeder Zweifelsmöglichkeit.

Sie zu gewinnen, ist bestimmt kein anderes Mittel aussichtsvoller, aber auch kein anderes genußvoller, als eben die Glasarchitektur.

Kein Material überwindet so sehr die Materie wie das Glas. Das Glas ist ein völlig neues, reines Material, in welchem die Materie ein- und umgeschmolzen ist. Von allen Stoffen, die wir haben, wirkt es am elementarsten. Es spiegelt den Himmel und die Sonne, es ist wie lichtes Wasser, und es hat einen Reichtum der Möglichkeiten an Farbe, Form, Charakter, der wirklich nicht zu erschöpfen ist und der keinen Menschen gleichgültig lassen kann. Alle anderen Stoffe wirken neben dem Glase abgeleitet und wie Reste, wirklich wie Menschenprodukte. Das Glas wirkt außermenschlich als mehr denn menschlich.

Daher hat der Europäer recht, wenn er fürchtet, die Glasarchitektur möchte ungemütlich werden. Ganz bestimmt. Das wird sie. Und das ist ihr nicht geringster Vorzug. Denn aus seiner Gemütlichkeit muß erst einmal der Europäer herausgerissen werden. Man steigert das Wort gemütlich nicht umsonst ins »Saugemütliche«. Fort mit der Gemütlichkeit. Erst wo die Gemütlichkeit aufhört, fängt der Mensch an. Gemütlichkeit ist kein Wert. Zum Skatspielwinkel oder Dämmerschoppenecke ist das Glas allerdings wenig als Material geeignet, man müßte es denn schon zu Nachahmungen von Butzenscheibenromantik mißbrauchen. Aber solche Fensterscheibenglaserei ist ja nicht im mindesten unsere Glasarchitektur. Die Glasarchitektur hebt den geistlosen Beharrungszustand der qualligen Gemütlichkeit, in der alle Werte stumpf und matt werden, auf und setzt an ihre Stelle den Zustand eines hellen Bewußtseins, einer kühnen Aktivität und eines Schaffens immer neuer, immer schönerer Werte. Waren bisher alle Behausungen des Menschen nur immer weiche Prellböcke seiner Bewegungen; Versuchungen, behaglich auszuruhen und die Dinge gehen zu lassen, so wird uns die Glasarchitektur in Räume stellen, die immer wieder uns verhindern, in Stumpfsinn, Gewohnheit und Gemütlichkeit zu verfallen. Und das trotz des feinsten und kultiviertesten Komforts ihrer Einrichtungen. Denn die Glasarchitektur kann sehr köstlich allem berechtigten Verlangen des Menschen nach Ruhe und Genuß nachkommen. Sie ist wahrhaftig keine spartanische Institution, aber sie hat den Vorzug, uns niemals gehen zu lassen im Gewohnheitsgleise, denn sie ist ja immer neu, immer köstlich, immer zur Bewunderung ... nicht des Menschen und seines Könnens, sondern der unendlichen Welt hinreißend und insofern eben bei aller Köstlichkeit und Zartheit »ungemütlich«. In einer fast rätselhaften Weise bleibt sie immer primitiv!

Ihre tiefste Wirkung aber wird sein, daß sie die Starrheit des Europäers bricht und seine Härte. Der Europäer ist dort, wo er unverantwortlich ist, gemütlich, dort aber, wo er Verantwortung hätte, hart. Unter einer qualligen Außenseite ist er stumpf und brutal. Das Glas wird ihn umwandeln. Das Glas ist klar und kantig, aber in seinem versteckten Reichtum ist es milde und zart. So wird auch der neue Europäer werden: von klarer Bestimmtheit und von völliger Milde.

Paul Gösch, Studie zu einem Foyer

Das Glas wird uns keine neue Moral bringen, denn wir brauchen vielleicht keine Moral, weil es selbstverständlich sein wird, daß sich die Menschen helfen, nicht aus Sentimentalität (die verschwindet aus Europa), sondern aus Reichtum, aus Lebensfreude, aus Schönheitsverlangen, aus Liebe. Das Schönheitsverlangen wird keinen Schmerz, keine Qual an irgendeiner Stelle dulden, weil es ein Flecken wäre auf dem lichten, reinen Glanze des Lebens. Die Liebe wird weniger eine Liebe sein von Mensch zu Mensch als eine Liebe zur unendlichen Welt, von der jedes Wesen ein Teilchen ist. Weil alle Teilchen das Ganze lieben, umfangen sie sich so, daß einer eintritt für jeden anderen. Mehr als nur einen Menschen zu lieben, wird nicht Recht, sondern Gebot. Aber diese Liebe ist nicht sexueller Art und macht niemals grausam, sondern nur immer milder und hilfsbereiter. Alle Härte, auch die versteckteste, wird die Glasarchitektur aus den Europäern tilgen — und an ihre Stelle setzen Zartheit, Schönheit und Offenheit.

Noch aber sind wir nicht soweit. Noch lebt in Europa der Europäer. Da bleibt uns nur, soweit als möglich, aus dem engen Fenster auszublicken — nach Osten.

Die Kunst des Ostens ist für uns von einem Werte, den nie die klassische gehabt hat —.

Adolf Behne

> Murx den Europäer!
> murx ihn! murx ihn!
> murx ihn ab!
> *(Paul Scheerbart)*

EINWURF

Was ist Perspektive? — Wenn eine Leiche ein Auge zukneift.

Der Architekt des Mittelalters konnte bauen, weil er n i c h t darstellende Geometrie und Perspektive zeichnen konnte. Cornelius Gurlitt wird diesen Einwurf verzeihen. Er weist doch selbst nach, daß die Baukraft den mittelalterlichen Architekten verließ in dem Maße, in dem er dem aufkommenden Wissenschaftsfimmel erlag. Wozu überhaupt die Frage nach »Richtigkeit«! Kunst ist kein Einmaleins. Und Bilder können wunderbar sein und total »falsch«; ja, sie müssen es sein. Das tote Kuhauge »sieht« »richtig«; es hat einen »Augenpunkt« und vor allem: es ist e i n Auge. Wie sieht nun aber die lebende Kuh mit ihren beiden nach zwei verschiedenen Seiten gehenden Augen? Möchte uns Gurlitt die Kuhperspektive konstruieren? Eine interessante Aufgabe. Was der Kuh recht ist, ist dem Menschen billig. Seine Augen sind zwar nach vorn gerichtet, aber es sind doch zwei und dazu in ständiger Bewegung. — Kurz und gut: hat neben anderem wissenschaftlichen Kram die Perspektive den mittelalterlichen Architekten zugrunde gerichtet, so wollen wir als größtes Hemmnis zum Bauen sie zuerst zum alten Plunder werfen. Zeichnen als Ding für sich ist krassester Gegensatz zum Bauen. Wir zeichnen unsere Absichten, wie es uns gerade paßt — auch mal perspektivisch.

DAS HAUS SOLLTE 1914 IN DER NÄHE VON CRANZ IN DEN DÜNEN DER CURISHE NEHRUNG FÜR HERRN MENDTHAL GEBAUT WERDEN.

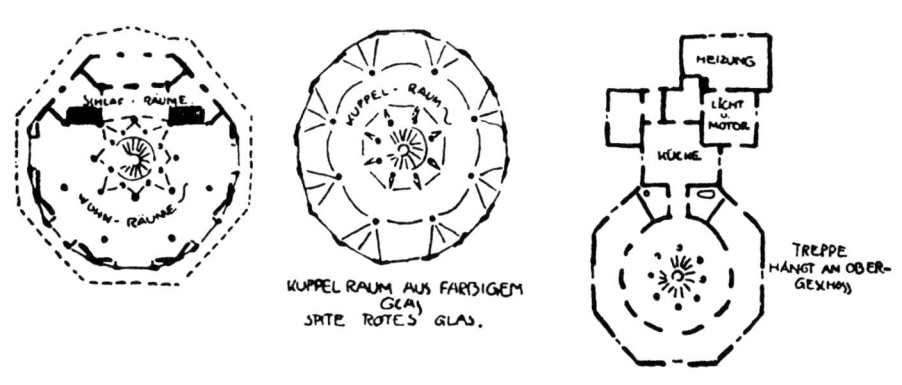

Die drehbaren Geschosse   Das feste Untergeschoß

Das drehbare Haus

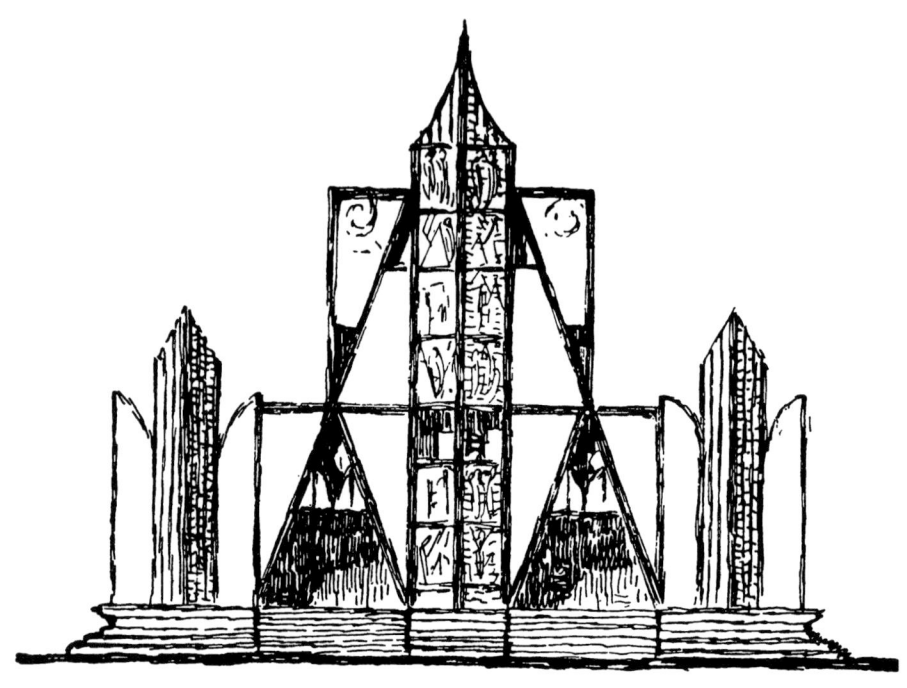

Das zarte Haus in Glas und Farbe

GLASHAUSBRIEFE

Von Paul Scheerbart

Wer seinen Namen nicht kennt, möge sich gesagt sein lassen, daß er nach 50 Jahren ein deutscher Klassiker sein wird. Der einzige Architekturdichter. Geboren in Danzig, gestorben am 15. Oktober 1915 mit 52 Jahren »am Kriege«.

Berlin-Lichterfelde 4, Marschnerstraße 15
24. Dezember 1913

Lieber...!

Schönsten Dank für das China-Büchlein und für Deinen lieben Brief. Müller hat die Glasarchitektur zurückgesandt. Und da muß ich mich nun erst erholen, kann somit am Sonnabend noch nicht zum Glashaus kommen. Vielleicht Sonnabend über acht Tage! Glashaare habe ich hier (sog. Feenhaar). Und die sind warm! Auch wieder ein Problem. Nun — frohe Weihnacht und glückliches Neujahr. Und lustige Glasgrüße von Haus zu Haus. Und ich bin

Dein alter

Paul Scheerbart

Bruckner wurde übrigens schon vor zehn Jahren gegen Wagner ausgespielt — es kann auch schon länger her sein. Ich freue mich sehr, daß Du Dich von diesem wahrhaftig antiquierten Parteigezänk loslösen möchtest. Darum also keine Feindschaft nicht. Es lebe Siegfried und Tristan!

Berlin-Lichterfelde 4, Marschnerstraße 15
8. Februar 1914
Lieber...!

Soeben lese ich B.s Artikel in der Hartungschen und verstehe jetzt erst die Widmung. (Das Glashaus in Köln trug eine Widmung für P. S.) Die ist allerdings großartig und rührt mich. Ich danke Dir. Ich werde versuchen, Dir das zu vergelten. Ich glaubte anfänglich, die Widmung sollte am Modell angebracht werden. Das wäre ja auch sehr nett. Aber am großen Hause ist die Sache »großartig«. Ich finde gar keine Worte dafür. Ich gratuliere Dir, daß die Sache zustande kommt.
Nun hoffe ich, daß auch meine »Glasarchitektur« einen Verleger finden wird. Wenn das erst ist, dann müssen wir wieder mal zusammen sein.
Na hoffen wir!
Millionen Sonntagsgrüße von Haus zu Haus, und ich bin
Dein alter dankbarer
Paul Scheerbart

Deine Geschichte von der Notwendigkeit (Anregung für ein Kunsthaus im »Sturm« 1913) habe ich mit großem Vergnügen gelesen; m. E. müßte Terrain am Schwielowsee angekauft werden. Ich fahre demnächst hin.
In Glafey »Die Rohmaterialien der Textilindustrie« (Quelle & Meyer, Leipzig, 1,25 M.) ist auch vom Glas die Rede; Glashaaren wird durch Collodium und Kautschuk Geschmeidigkeit verliehen. Weißt du was davon?

*

Berlin-Lichterfelde 4, Marschnerstraße 15
10. Februar 1914
Lieber...!

Am Sonntag schrieb ich auf: ca. 28 Worte in jedem Spruch. Das war aber wohl ein Irrtum meinerseits. Du meintest wohl »Buchstaben«. Da sind aber 28 ein wenig wenig. Immerhin — ich hab's versucht. Aber es gelang nicht ganz. Ein paar längere sind doch dabei. Aber — vielleicht gehen die mit kleineren Lettern. Andrerseits ließe sich doch wohl auch bei 2 m 50 cm mit größerem Spatium arrangieren — oder verschiedene Größen der Lettern verwenden. Diese müßten eigentlich von Künstlerhand gezeichnet werden, nicht wahr?
Reihenfolge ist beliebig.
Solche Spruchdichterei ist gar keine Kleinigkeit. Manches klingt leicht banal.
Ich wollte dem Ganzen den Charakter des Improvisierten — Ungezwungenen geben. Es würde mich sehr freuen, wenn Dir die Sache so gefiele. Es muß gefallen für längere Zeit. Deshalb schreibe nicht gleich. Sieh Dir bitte jeden Vers länger an. Aber sage, was du schließlich zu sagen hast. Ich habe Abschrift mit den Nummern hier, so daß Du diese nur zu nennen brauchst.
Frühlingsgrüße von Haus zu Haus.
Und ich bin Dein alter
Paul Scheerbart

Ich glaube, daß sich mehr Gedankliches und Sachliches nicht gut in dem kleinen Rahmen unterbringen läßt.

Sprüche für das Glashaus

1. Glück ohne Glas —
   Wie dumm ist das!
2. Backstein vergeht,
   Glasfarbe besteht.
3. Das bunte Glas
   Zerstört den Haß.
4. Farbenglück nur
   In der Glaskultur.
5. Ohne einen Glaspalast
   Ist das Leben eine Last.
6. Im Glashaus brennt es nimmermehr;
   Man braucht da keine Feuerwehr.
7. Das Ungeziefer ist nicht fein;
   Ins Glashaus kommt es niemals rein.

8. Brennbare Materialia
   Sind wirkliche Skandalia.
9. Größer als der Diamant
   Ist die doppelte Glashauswand.
10. Das Licht will durch das ganze All
    Und ist lebendig im Kristall.
11. Das Prisma ist doch groß;
    Drum ist das Glas famos.
12. Wer die Farbe flieht,
    Nichts vom Weltall sieht.
13. Das Glas bringt alles Helle,
    Verbau es auf der Stelle.
14. Das Glas bringt uns die neue Zeit;
    Backsteinkultur tut uns nur leid.

*

Berlin-Lichterfelde 4, Marschnerstraße 15
12. Februar 1914
Lieber...!
Du hast nicht daran geglaubt, daß mir auch mal schlecht zumute sein könnte. Vielen Dank für die Orchideen. Mir wird allmählich etwas besser. Aber — Dein Manuskript kann ich heute noch nicht lesen. Ich hoffe — demnächst.
Viele »schöne« Grüße von Haus zu Haus. Und ich bin Dein
           alter
                Paul Scheerbart
*

Berlin-Lichterfelde 4, Marschnerstraße 15
13. Februar 1914
Lieber...!
Schönen Dank für Deine freundlichen Zeilen. Aber aus dem Ringspruch kann ich doch nichts machen. Es geht nicht. Es wird alles gezwungen, und das darf doch nicht werden. 10, 12, 9, 1 scheint mir eine sehr gute Auswahl. Ich würde mich sehr freuen, wenn Du bei dieser bliebest. Wenn die Lettern nur recht deutlich sind. Ich verhandele jetzt mit drei Verlegern. Ich hoffe, daß in vierzehn Tagen bis drei Wochen die Glasarchitektur unter »Dach und Fach« gebracht ist. »Dach und Fach« ist gut, nicht wahr?
Doppelte Glashausgrüße!
           Dein alter
                Paul Scheerbart
*

Berlin-Lichterfelde 4, Marschnerstraße 15
13. Februar 1914
Lieber...!
In dieser Woche entwickelt sich so viel, und ich bekomme so viele Aufträge, daß ich unter der Korrespondenz »beinahe« zusammenbreche. So soll ich auch über Dein Glashaus für »Technische Monatshefte, Stuttgart« schreiben; ich habe mich bereit erklärt, über das Modell zu schreiben. Wann ist es da? Ich schrieb auch von Illustrationen (Photographien), eventuell Klischees. Kannst Du das leihweise hergeben?
Für baldigste Nachricht wäre ich Dir dankbar. Auch für eine Zeile über die Sprüche. Mit großen Frühlingsgrüßen von Haus zu Haus bin ich
           Dein alter
                Paul Scheerbart
Halt! In den T. M. steht was von Glas, das nicht splittert. Hast Du. davon gehört? Übrigens: ich soll auch über die Glasarchitektur im allgemeinen für die T. M. schreiben.

*

Berlin-Lichterfelde 4, Marschnerstraße 15
17. Februar 1914
Lieber...!
Zunächst Gratulation! Es lebe der Cladow-Preis. Die Gegend habe ich auch sehr gern. Darum muß sie ganz umgebaut werden. Man kann gar nicht genug umbauen.
Hiernach Kondolation! (wegen des in Köln schlecht verpackten und deshalb zerbrochenen Glashausmodells). Diese verdammten Kölner* — ich hab' sie auch im Magen. Deine Wut ist mir sehr begreiflich. Du hättest die Sache versichern müssen. Ja — man kann wahrhaftig in diesem Erdleben gar nicht vorsichtig genug sein.
Entschuldige meine lächerliche Weisheit. Aber es ist 10 Uhr morgens, und ich bin »beinahe« sehr gut gelaunt. Weiß es allerdings nicht genau.
Freue mich sehr, mal mit Dir zu W. zu gehen. Aber ich möchte den Artikel doch gleich schreiben, weshalb ich Dir für Zu-

* Sind Lokalpatrioten! Köln müßte in Neu-Berlin umgetauft werden.

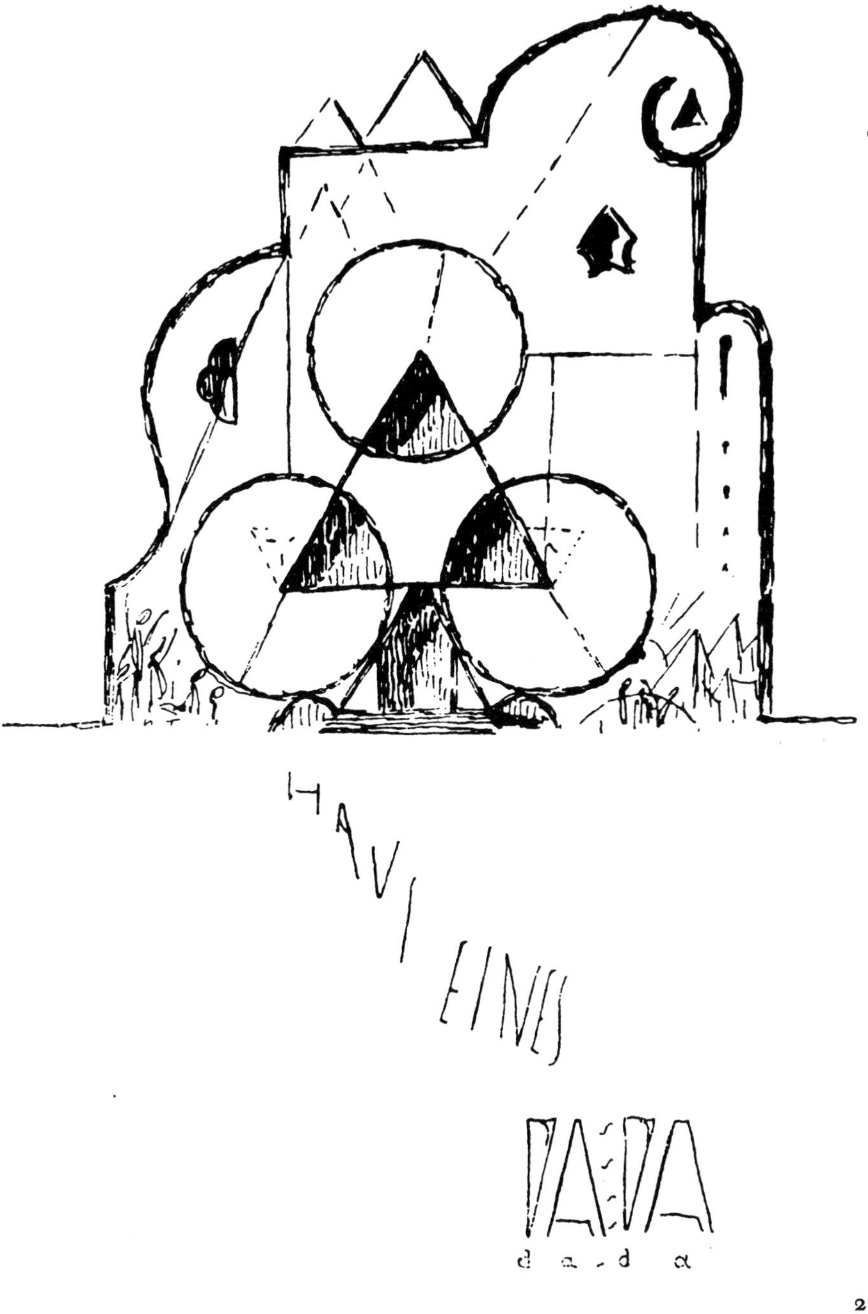

sendung der photographischen Aufnahmen sehr dankbar wäre.
Für den Herrn vom Eisenbeton habe ich gestern den ganzen Tag hindurch gedichtet. Schließlich kam dieses:

»Preise nicht mehr den Luftballon,
Preise doch mal den Eisenbeton!«

Wenn es Dir und dem Herrn vom Eisenbeton gefällt, werde ich mich sehr freuen. Ich weiß übrigens, daß Beton nicht nasal ausgesprochen wird. Aber das Nasale ist doch schon im Volksgebrauch. Die Verse haben mir sehr viel Mühe gemacht. Ich verzweifelte bereits. Auch wenn der »Glaspalast« hineinkommt, werde ich mich sehr freuen.
Nun vergiß nicht die Photographien.
Und — es lebe der Mäcen am Rhein!

Ich bin ganz Dein

Paul Scheerbart

Berlin-Lichterfelde 4, Marschnerstraße 15
18. Februar 1914
Lieber...!
Schönen Dank für die beiden Photographien; sie gehen heute schon mit dem Artikel an die Technischen Monatshefte nach Stuttgart. Ich habe auch versprochen, die Zeichnungen von Herrn W. einzusenden. Du hast wohl gelegentlich die Güte, mir mitzuteilen, wann Du im Besitze der Zeichnungen zu sein hoffst.
Glashausgrüße!
Und ich bin Dein alter
Paul Scheerbart

*

Berlin-Lichterfelde 4, Marschnerstraße 15
20. Februar 1914
Lieber...!
Schönen Dank für Deine Karte. Alleinige* Betonung von »Eisenbeton« scheint mir auch besser. Wie gefiele Dir:
»Was wäre die Konstruktion
Ohne den Eisenbeton?«
Es würde mich freuen, wenn es so ginge, doch ich verhehle mir nicht, daß m. E. wirklich Gutes kaum herauskommen kann. Darum wollte ich eben den Luftballon hineinbringen, der gar keine Beziehungen hat.
Große Grüße
Dein
Glaspapa
* Pardon! das kommt von allein.

*

Berlin-Lichterfelde 4, Marschnerstraße 15
11. März 1914
Lieber...!
Schönen Dank für Deine freundlichen Zeilen. Wir kommen also, wenn nichts Zwingendes dazwischen tritt (meine Gesundheit ist etwas wacklig), morgen, Donnerstag, so um $^1/_2$6 Uhr, in Dein Büro. Dann alles mündlich. »Glasarchitektur« fast schon untergebracht.
Mit vielen Grüßen von uns beiden bin ich
Dein alter
Paul Scheerbart

Die Technischen Monatshefte in Stuttgart bringen den T.-Artikel und möchten auch
»Glasarchitektur«.
Müllers »Damenroman« kommt in zirka 3 bis 4 Wochen raus.

*

Notiz: Das »Frühlicht« betrachtet die alte Architektur weder national noch antinational. Auch das historische Bild ist ein Produkt der Phantasie, und zwar leicht ein sehr gefährliches, weil es mit »Belegen« auftritt, die an sich zwar wahr sein mögen, deren Auswahl und Deutung aber ganz vom augenblicklichen Standpunkt abhängt. Sah man vor dem Kriege die Schönheit der alten Kulturstätten im Osten, Danzig, Posen, Thorn, Breslau usw., als ein Ergebnis der durch die Rassenverschiedenheit und -mischung erzeugten Spannung an, so bemüht man sich heute, alles Schöne dort und auch in Straßburg, Xanten und anderswo ausschließlich für das Deutschtum in Anspruch zu nehmen. Die Gefahr dieser durch die augenblickliche Stimmung gefärbten Betrachtung ist ungeheuer: die politischen Leidenschaften können auf diese Weise nicht zur Ruhe kommen. Ausgehend von der anscheinend harmlosen kulturellen Betrachtung werden Wiedereroberungsgelüste geweckt, und Kriege auf Kriege sind die unausbleibliche Folge. Was Krieg bedeutet, sollten wir jetzt endlich wissen. Und wenn auch die Franzosen, Polen usw. noch so sehr gehetzt haben und es noch tun, so wäre das nur ein Grund für uns, ihnen diese Dummheit nicht nachzumachen. Jeder kehre vor seiner eigenen Türe; der Splitter im Auge des Nächsten ist ja immer ein Balken. Den Herrgott wollen wir lieber nicht spielen; seine Gerechtigkeit spricht doch anders, als wir wissen und ahnen.

*

Niemand flickt ein altes Kleid mit einem Lappen von neuem Tuch; denn der Lappen reißt doch wieder vom Kleid, und der Riß wird ärger.
Man faßt auch nicht Most in alte Schläuche; anders die Schläuche zerreißen, und der Most wird verschüttet, und die Schläuche kommen um; sondern man faßt Most in neue Schläuche, so werden sie beide mit einander behalten. *Matthäus 9, 16—17*

Gedenket nicht an das Alte, und achtet nicht auf das Vorige, denn siehe, ich will ein Neues machen. — — Siehe, in die Hände habe ich Dich gezeichnet, Deine Mauern sind immerdar vor mir. Deine Baumeister werden eilen, aber Deine Zerbrecher und Verstörer werden sich davonmachen.

Hebe Deine Augen auf umher und siehe; alle diese kommen versammelt zu Dir. So wahr ich lebe, spricht der Herr, Du sollst mit diesen allen wie mit einem Schmucke angetan werden; und wirst sie um Dich legen wie eine Braut.

Jesaia, Kap. 43, 49

ARCHITEKTONISCHE APHORISMEN

Von Paul Gösch

GEISTIGE GRUNDLAGE DES SCHAFFENS

1. Wiederverkörperung

Der Mensch lebt nicht einmalig auf Erden, sondern wird von Zeit zu Zeit wiedergeboren, während er in der Zwischenzeit in geistigen Reihen lebt. Der Wechsel zwischen Diesseitsleben und Jenseitsleben vollzieht sich ähnlich wie der Wechsel zwischen Wachen und Schlafen im diesseitigen Leben. (Während des Schlafes weiß man nichts oder nur wenig von dem, was man im Wachen erlebt, und während des Wachens nur wenig von dem, was man im Schlafe erlebt hat; doch wirkt das eine auf das andere ein.) Der exakte Beweis dafür, daß wir schon früher inkarniert waren, wird geführt werden dadurch, daß man nachweist, daß der Schädel eines dreijährigen Kindes bereits einen vollständigen Charakter aufweist, der in seinen Persönlichkeitsmerkmalen nicht dem des Vaters oder der Mutter ähnlich ist. Zu diesen Merkmalen wird im Laufe eines Erdenlebens dieser oder jener Zug hinzugefügt, wie ein Baum in einem Jahre einen neuen Jahresring ansetzt. Wenn die Wissenschaft dies festgestellt haben wird, wird die Schlußfolgerung unabweislich sein, daß diejenigen

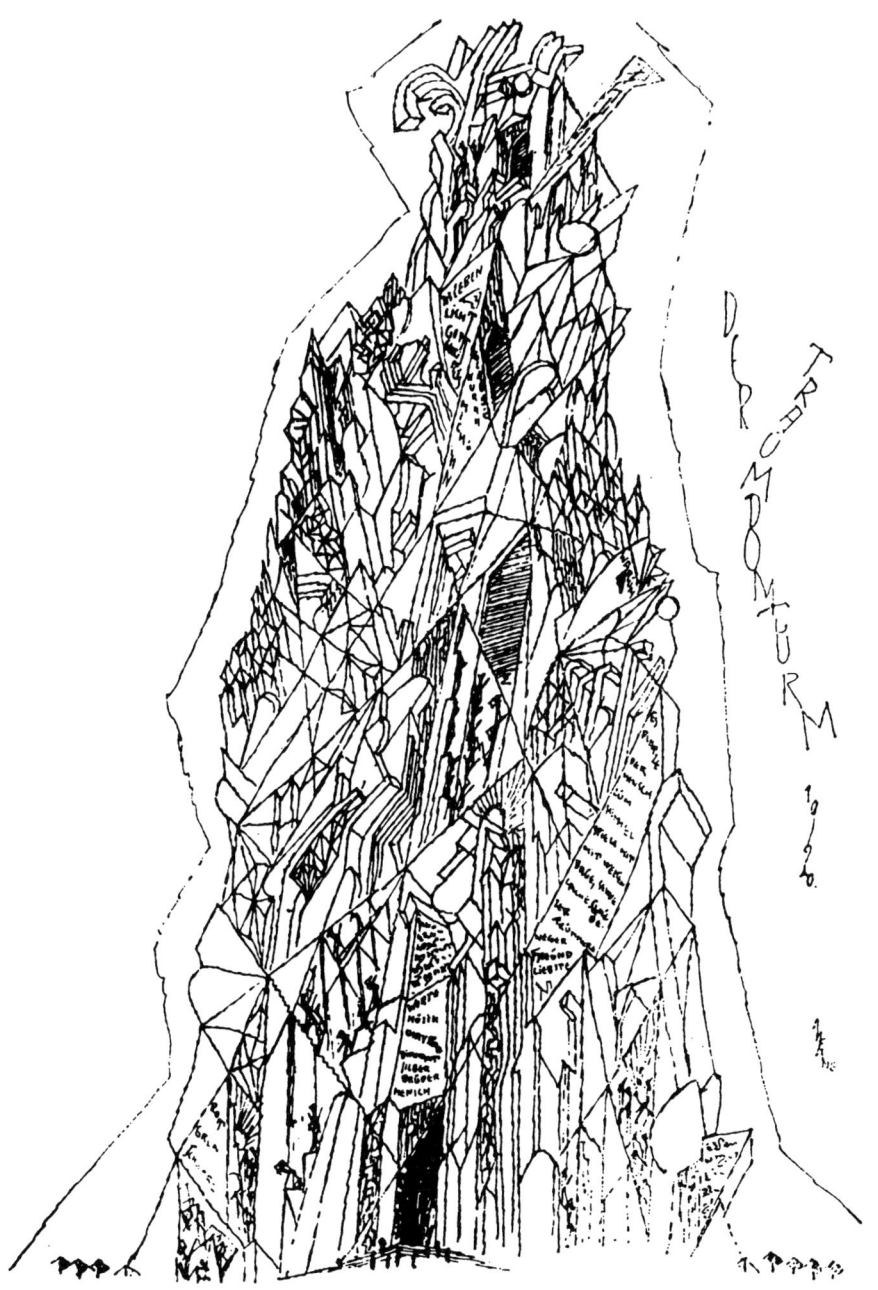

Volkshausgedanke

Merkmale, mit denen das Kind sein Leben beginnt, das Ergebnis der Arbeit früherer Lebensläufe sind.

2. Bedeutung des Geistigen

Was jetzt geistig aus Freiheit geschaffen wird, gibt für spätere Daseinsformen der Menschheit die natürliche gegebene Grundlage, wie die jetzige natürliche Grundlage unseres Daseins (Mineralreich, Pflanzenreich, Tierreich) das Ergebnis des Schaffens höherer Wesenheiten aus früheren Daseinsformen des Weltalls ist. (Himmel und Erde werden vergehen, aber meine W o r t e werden nicht vergehen.)

Volkshausgedanke

VERSUCH EINER ABSTRAKTEN ARCHITEKTUR

Jede Form (Ornament) kann Grundriß, Aufriß, Ornament und Städtegrundriß werden, z. B. Kreis, Parabel, Spirale, auch ganz freie Kurven. Ferner Quadrat, Rechteck, Dreieck, Sternformen und krumm gezeichnete Figuren.
Im Maßstab kann man Gruppen von großen, mittleren, kleineren Formen usw. getrennt auftreten lassen (Fig. 1), man kann auch beliebige Zwischenstufen und Übergänge schaffen (Fig. 2). (Eingreifen von Temperament, Anmut usw. nach dem Vorbilde der Musik.)

Dasselbe in symmetrischen und unsymmetrischen Anlagen, desgleichen aus Mischungen von beiden. (Letzteres beides auch als Ausdruck von Konflikten, vielleicht »niedere seelische Stufe« zu benennen.)

VERHÄLTNIS DER ARCHITEKTUR ZU DEN NATURREICHEN

Das bisher Auseinandergesetzte kann man im Wesentlichen mineralische Architektur nennen. Erweitert wird dies Gebiet durch Bewegungsformen: Tropfen, Strahlen, Flammen, Wellen. Durch das Prinzip der Wiederholung steigt man zum Pflanzlichen (theosophisch: ätherischen) Prinzip auf. Hierher gehört alles, was reihenweise auftritt: Fenster, Pfeiler, Dachfenster, die Häuser einer Siedlung, einer Stadt, geostete Turmkirchen im alten Stadtbild, die Krabben an einer Wimperge usw.

Fig. 1 und 2

Im weiteren Sinne gehört hierher das Problem des Herauswachsens des Baues oder der Säule aus dem Boden, des Monumentalbaues aus dem Häusermeer. Einem höheren Prinzip (theosoph.: astral) gehört das an, was einmalig auftritt, z. B. der Eingang im Gegensatz zu den Fensteröffnungen (wie Blüte zu den Blättern. Die Blüte im Pflanzenreich ist dasjenige, was dem Tierreich am nächsten steht). In diesem Sinne kann man dem Eingang eine Bekrönung geben, die Kopfformen zeigt. (Natürlich kann sich diese Bekrönung auch an den Fenstern wiederholen, die sich in diesem Sinne dann von der einförmigen Wand abheben.)

ERWECKUNG DES KÜNSTLERISCHEN SINNES BEI DEN BAUARBEITERN

Die Arbeiter werden im jetzigen Baubetrieb vollkommen zur Schablone. Durch die expressionistische Kunst kann die Furcht vor den Verzeichnungen beseitigt werden. In den Verzeichnungen offenbart sich ja das, was der Mensch zur Naturbeobachtung

Fig. 3 und 4

aus innerem Bedürfnis hinzubringt. Einen Fries nach Fig. 3 und 4 kann jeder Arbeiter selbständig ausführen. Diese Kunstübung muß an Stelle der Öldruck- und Gipsformenkultur treten. Auch muß der Bau so entworfen werden, daß der Bauleitende den Polier und die Arbeiter für den Plan begeistern kann.

Bauen ist Sterben.
Sterben ist Leben.

EIN BAUSPIEL*

Von Alfred Brust

Gestalten:
Baumeister Steen
Hortense
Sebastian
Ein Arbeiter

Im Hintergrunde der Torso eines seltsamen Gebäudes.
Hortense (kommt): Was ist das für ein sonderbares Haus?
Sebastian (mit Gießkanne und Harke): Das ist gewiß kein Haus, aber es sollte vielleicht eins werden.
Hortense: Ein Fragment also?
Sebastian: Ganz recht. Wenn es Dichtungen und Bilder gibt, die Fragmente geblieben sind, weshalb sollte es nicht auch fragmentische Bauten geben. Und die Fragmente gehören manchmal zum Besten des Schaffenden, wie die unvollendeten Sklaven des Michelangelo.

* Erstmalig im Druck. Das »Bauspiel« erscheint demnächst in einem Sammelband dramatischer Dichtungen von Alfred Brust im Verlage Kurt Woff-München.

Hortense: Aber dieser Torso, scheint's, ist bewohnt.
Sebastian: In der Tat. So ist es auch. Hier lebt der eigentümliche Mensch, der dieses Ding ersonnen hat.
Hortense: So ganz einzeln in dieser Natur...
Sebastian: Die Natur ist gar nicht so einzeln. Hier wachsen Bäume: halb Vogelbeerbaum und halb Weidenbaum, und in ihren alten Kronen gedeihen noch Himbeer-, Brombeer- und Johannisbeersträucher.
Hortense: Ich verstehe nicht. Ich meine doch: was tut der Mensch hier allein?
Sebastian: Ich glaube, er wartet auf das Schicksal, das er in diese Mauern hineingebaut hat. Aber gesehen hab' ich ihn noch nie, trotzdem ich schon zehn Jahre den Wald und die Heide bewächtere.
Hortense: Und Sie haben Kenntnisse?
Sebastian: Na, wissen Sie: Ein gebilde-

Haus

ter Mensch muß sich doch in dem irdischen Strom der Umwertung nach einem poetischen Berufe umsehen.
Hortense: Und in der Stadt kennt man den Baumeister auch nicht?
Sebastian: Sicher nicht. Aber ich bin noch niemals in der Stadt gewesen.
Hortense: Sonderbar.
(Im Gebäude werden Fenster und Türen geöffnet.)
Sebastian: Hören Sie mal! Da werden ja plötzlich Fenster und Tore geöffnet!
Hortense: Ist das etwas Besonderes?
Sebastian: Das sah ich noch nie! (Er geht mit einiger Aufregung hin und her.)
Hortense: Gehen Sie nicht fort, hören Sie!
Sebastian: Das ist sehr schwer. Denn ich heiße bloß Sebastian.
Hortense: Immerhin. Sie müssen jetzt unter allen Umständen warten.
Sebastian: Sie fürchten sich ja, Fräulein Hortense!
Hortense (erschrickt): Woher kennen Sie meinen Namen?
Sebastian: Wissen Sie denn noch immer nicht, daß man den Namen eines Menschen fühlen kann?
Hortense: Allerdings. Mein Geliebter hat mir das einmal erzählt.

Sebastian: Weshalb blieben Sie dann einsam?
Hortense: Es gibt Fragen im Sein, die man sich selber nicht beantworten kann. Es muß wohl so sein, auf daß irgendein wichtiges Ding geschehe. Aber wie können Sie dies vermuten?
Sebastian: Alte Leute wissen zuweilen alles. Sie hören nicht mehr, und sie sehen nicht mehr. Aber dann ist ihnen wahrscheinlich ein sechster Sinn aufgegangen.
Eine Stimme (vom Hause her): Worauf wartest du, Hortense!
Hortense (erstarrt).
Sebastian (stellt Gießkanne und Harke fort und faltet die Hände).
Hortense (gläsern): Ein Baumeister, der mir zehn Jahre Kraft in den Schoß sendet. Worauf warte ich? Muß ich nicht gehen?
Sebastian (in höchster Erregung): Er tritt herfür! Da ist irgendeine Sache. Und die wird bewegt.
Baumeister Steen (tritt langsam aus dem Gebäude heraus und kommt näher).
Sebastian (nimmt die Gießkanne und gießt).
Steen: Da ist das Haus, Hortense. Es hat lange gedauert, bist du es gefunden.
Hortense: Aber es ist ja noch nicht fertig.

Steen: Noch immer nicht? Nein! Aber es wird gleich der Fall sein.
Hortense: Es kann doch nicht wachsen!
Steen: Solche Häuser wachsen wirklich. Sie werden vielleicht nicht größer, wenn man sie ausmißt, aber sie runden sich ab in den Jahrzehnten, und die Landschaft zieht sie zu sich hin.
Hortense: Du hast es mit Liebe gebaut.
Steen: Ja — aber nicht mit der menschlichen Liebe, sondern mit jener mystischen und übersinnlichen, die weit höher ihren Ursprung hat. Mit derselben Liebe, mit der ich dich liebe und die du nicht verstandest und um derentwillen du hinausgingst, um sie verstehen zu lernen. — Und? —
Hortense: Die Hütte der Wilden ist stilvoll. Es läßt sich darin wohnen. Aber ich habe doch in den Käfigen der Menschen gewohnt.
Steen: Ich kenne sie nicht mehr. Wahrscheinlich verlangen sie noch immer nach einem ausdrucksvollen Baustil für Fabriken und Warenhäuser! Millionenpreise habe ich gestiftet für den abschreckendsten Fabrikentwurf, Fürstendiplome für den elendesten Schacherkasten. Aber diese Baumeister grübeln doch lieber über die künstlerische Verhüllung von Kloaken und bemühen ihren Geist, idyllische Zuchthausfassaden zu ersinnen. Bauen! Bauen! Sie legen Steine übereinander und nennen das »bauen«. Das Genie ist auch boshaft. Aber boshafte Baumeister gibt es nicht!
Sebastian: Und wie ist es mit den Nägeln?
Steen: Sie sind ein Dichter, Herr. Das sieht man Ihren Augen an. Und Dichtergespräche sind langweilig. Ich rede lieber mit Malern oder mit armen Leuten.
Hortense: Aber wie ist es denn mit den Nägeln?
Steen: Kein einziger Nagel. Alles, alles ist gebaut.
Hortense: Dann darfst du mich tragen.
Steen (hebt sie hoch und trägt sie in das Haus): Zehn Jahre Kraft, Hortense. Kannst du das begreifen?
Hortense: Ich glaube — — —. Meine Mutter starb daran. Und das Kind bin ich.
Der Arbeiter (kommt mit einer Kneifzange).
Sebastian (scharf leiernd): Wo will Er mit der Kneifzange hin?
Arbeiter: Wissen Sie nicht, daß ich mit einer Kneifzange ein ganzes Haus abbrechen kann?
Sebastian: Nein, das wußte ich nicht. Aber welches Haus?
Arbeiter: Es steht nur eines hier. Und dasselbe! Die Regierung hat das so befohlen.
Sebastian (stolz): An diesem Haus befindet sich nicht ein einziger Nagel. Alles, alles ist gebaut.
Arbeiter: Kein Nagel, sagen Sie? Dann muß ich der Regierung sagen, daß ich diese Arbeit nicht übernehme.
Sebastian: Tu Er das!
Der Arbeiter (sehr feindlich): Aber wenn Sie vielleicht das Haus schützen wollen so aus einer poetischen Schwäche heraus, das sage ich Ihnen, wir haben noch andere Werkzeuge, noch ganz andere. (Geht.)
Sebastian: Du lieber Gott, bis dahin ist ja alles vorüber.
(Das Gebäude teilt sich. Der Vordergrund wird dunkel. Der Hintergrund wird hell. Es ist ein weißes Zimmer sichtbar mit weißen Möbeln, die aber nicht in den Raum gebracht worden sind, sondern aus dem Fußboden und den Wänden herausgewachsen scheinen. Sie sind aus Stein, wie alles in dem Raum. Ein mystischer Glanz liegt auf allem.)
Baumeister Steen (sitzt ganz steif und eckig in einem steinernen Sessel; seine Sprache ist ebenfalls kalt, steif und eckig): Seit die Kraft der zehn Jahre von mir gegangen ist, fühlte ich meine Glieder hart werden — hart und kalt.
Hortense: Heute ist deine rechte Hand Stein geworden.
Steen: Ja — es ist jetzt schon dicht am Halse — ganz kalt und hart. Über meine Zunge läuft ein leises Frösteln.
Hortense: Es geht jetzt sehr schnell.
Steen (spricht immer schwerer und schwerer von Wort zu Wort): Dann muß ich noch manches wissen. Was malen die Maler jetzt?
Hortense: Noch immer die Menschen und den Mond. Aber es braucht nicht mehr immer der Vollmond zu sein. Auch der Halbmond ist schon gestattet.
Steen: Ja, ja. Der Halbmond. Ich möchte einmal den Halbmond von vorn oder von hinten seh'n. Das Profil wird auf die Dauer langweilig. — Und haben die Baumeister schon das Dach abgeschafft?

Hortense: Nein — sie haben einige neue Dächer dazu erfunden. — Doch — vielleicht hole ich den Arzt!
Steen: Weshalb immer so viel Menschen?
Hortense: Ich habe so schlecht geträumt.
Steen: Die Menschen haben meistens schlechte Träume.
Hortense: Du plinkst ja gar nicht mehr mit den Augenlidern?
Steen: Wirklich nicht? Dann — dann — gib mir noch einen Kuß.
Hortense (tritt zu ihm): Ich glaube nicht, daß er dich erwärmen kann. Du bist völlig astral. (Küßt ihn.)
Steen: Der Kuß schmeckt nach Erde.
Hortense: Deine Lippen sind hell und kalt wie Eis.
Sebastian (tritt aus dem Vordergrunde in das Zimmer).
Hortense: Sind Sie der Arzt?
Sebastian: Weshalb immer so viel Menschen? Ich bin eben der Arzt.
Hortense: Dieses Mannes Fleisch ist Stein geworden!
Steen (schwer): Das Dach... Das Dach...
Sebastian (feierlich): Aber der Geist darin wird ewig leben. (Pause.) Deshalb auch sollen sich die Menschen in Gebäuden und vor Bildwerken gesittet benehmen, denn sie können niemals wissen, wie der tiefe Geist, der darin steckt, sie durchschaut und vielen Grund findet, sie aus ganzer Seele zu verachten.
Hortense: Sollte man nicht beten?
Sebastian (hält die Hände wie offene Schalen hin): Ja — und ich sage die Worte... Es ist schon recht, daß einmal ein Künstler zu der Materie eingeht, aus der er sein Leben lang geschöpft hat. Bisher haben das nur die Weltheilande gekonnt. Gib auch uns von diesem Können!
(Das Gebäude schließt sich.)
Hortense (tritt heraus und wendet sich nach einer Seite).
Sebastian (kommt und wendet sich nach der anderen Seite).
Der Arbeiter (kommt mit der Kneifzange und bewegt sich mit eiligen Schritten auf das Gebäude zu).

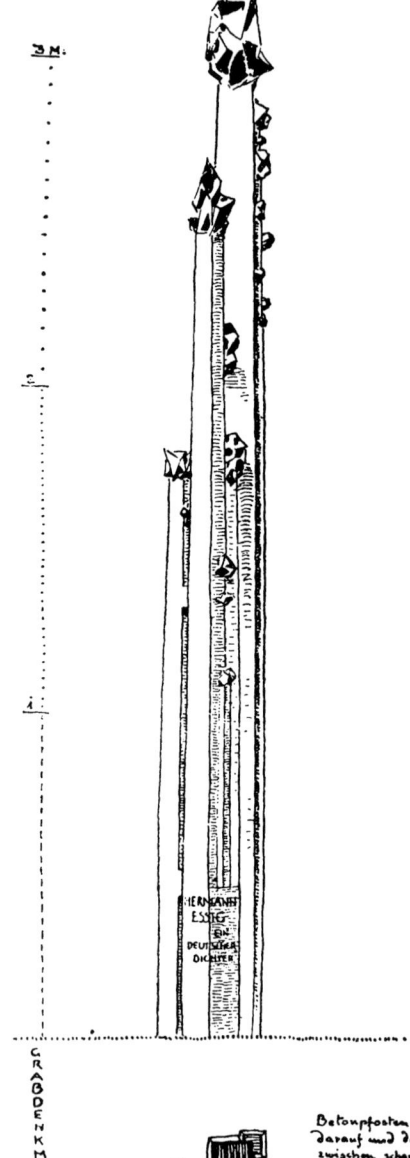

Grabmal für Herrmann Essig,
geb. 28. 8. 78 in Truchtelfingen (Wttbg.),
gest. 21. 6. 18 in Lichterfelde

> Die Menschheit ist der höhere Sinn unseres
> Planeten, der Nerv, der dieses Glied mit der
> obern Welt verknüpft, das Auge, was er gen
> Himmel hebt. *(Novalis)*

HAUS DES HIMMELS

DER ARCHITEKT

Ein Haus, das nichts anderes als schön sein soll. Keinen anderen Zweck soll es erfüllen, es soll leer sein nach dem Spruch von Meister Eckhart: »Ich will Gott niemals bitten, daß er sich mir hingeben soll. Ich will ihn bitten, daß er mich leer und rein mache; denn wäre ich leer und rein, so müßte Gott aus seiner eigenen Natur sich mir hingeben und in mir beschlossen sein.«
Das Glück der Baukunst wird den Besucher erfüllen, seine Seele leer machen vom Menschlichen und zu einem Gefäß für das Göttliche. Der Bau ist Abbild und Gruß der Sterne. Sternförmig ist sein Grundriß, die heiligen Zahlen 7 und 3 verbinden sich in ihm zur Einheit, die Sieben für den großen Raum, die Drei in den Nebenräumen, welche, kapellenartig herumgelegt, menschliches Getriebe aufnehmen: Unterricht, Vorträge, Beziehung zum Leben der Menschen. Die drei großen Kapellen sind in der Höhe ihrer Decken in sich geteilt; in ihnen führen die Treppen abseits zu anschließenden Plätzen. Vorn aber am Eingang führt eine breite Freitreppe zwischen den Säulen des Leides und des Gebetes zu der Terrasse, auf der das Haus steht.

Geht der Zug der Versammlung diese Treppe hinauf, so klingt das ganze Haus wie eine Glocke. Emporen sind in sechs Dreiecken der Zacken des Siebensterns, und in ihren Ecken stehen die Teile der großen Orgel, und Öffnungen lassen die Töne nach außen dringen. Auch beim Konzert im Innern ist Orchester und Oratorium ebenso verteilt; es kann von dem ersten Pfeiler aus übersehen und dirigiert werden. Sieben Treppen führen zu den Emporen und verbinden sie miteinander.

Das siebente Dreieck des Sterns bleibt ohne Einbau und Empore, damit der Blick frei zur Höhe steigt. Vor ihm stehen frei im Raum zwei 15 Meter hohe plastische Pfeiler, welche bis in die von der Decke hängenden Kristalle hineinragen. Zwischen ihnen könnte, wenn hier Sprache angebracht ist, ein Sprecher stehen, und vor ihm Steinstufen zum Sitzen der Versammelten. Ein Vorhang könnte unten die Pfeiler verbinden, und kosmische Dramen und Pantomimen (Stramm, Scheerbart) könnten in dem Raum dahinter in die siebente Sternnische hinein aufgeführt werden. Alle Wände, Decken und Böden sind aus Glas. Eisenbeton ist das Traggerüst, und ein Zwischenraum von 1 Meter Breite zwischen der inneren und der äußeren Glashaut sorgt für Wärmeausgleich. Freie Strebebögen beleben die hart abgesetzten Flächen des Deckensterns.

Zwischen der äußeren und inneren Glashaut sitzt die Beleuchtung. Sie wird nach innen und außen, wechselnd je nach Vorgang im Raum und Wirkung nach außen, eingeschaltet und leuchtet außen und innen durch überall farbige reiche Glaswände. Fährt man nachts im Flugzeug zum Hause hin, so leuchtet es von weitem wie ein Stern. Und es klingt wie eine Glocke.

1. Maler: Plastische Glasdecke

Zum Aufbau der Decke dienen Prismen aus farbigen, elektrolytisch verbundenen Gläsern, zum Aufbau der Wände gegossene Prismen. Bei sehr stabiler Konstruktion können die einzelnen Prismen der Decke auch gegossen werden. Decke und Wände sollen flachreliefartig, scharfkantig und schnittig das Kristallische des Außenbaues im Innern gedämpft wiederholen und in ihrem glitzernden Reichtum die in tiefsten Farben funkelnden Glasfenster aufnehmen. Glas-»Fenster« sind es eigentlich nicht, denn Decke und Wände sollen bei aller Farbigkeit hell bleiben. Die Fenster werden also wie bunte Teppiche etwas dunkler und noch viel farbiger als Wände und Decken sein müssen.

2. Maler: Teil eines bunten Glasfensters

Alle Formen steigen, streben, wachsen nach oben, angesogen vom Deckenstern. Steil und hart, weich und zart in mannigfaltigem Wechsel der Gebilde. Unendlich scheinend in immerwährender Bewegung. Die Farben sind tief glühend, geheimnisvoll leuchtend, jede Sternecke auf eine Farbe des Regenbogens gestimmt. Die Windeisen

Bruckner IX. Symphonie
3 Satz

zacken wuchtige Führung. Die Senkrechten der Säulen binden ruhegebend das Ganze. Sprühend und funkelnd entzündet die Sonne den Glanz der Farben, ernst und schwer spricht durch sie der graue Tag, und der Mond und die Sterne klingeln wie Silberglöckchen ihr Licht durch das bunte Glas.

Der Bildhauer

Die Säulen des Leides und des Gebetes beginnen am Boden mit düsterm Schwarz (gehen über in leuchtendes Blau), klingen oben aus in strahlendes Gold. Mit Ausnahme des Gold sind die Farben in Flecken und Streifen durchsetzt von blutendem Rot.

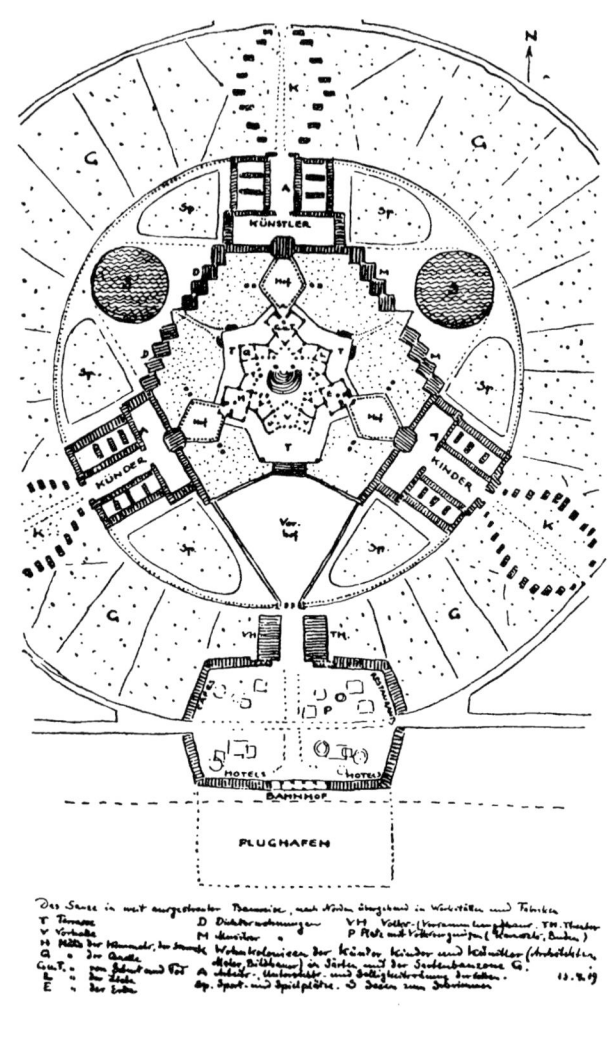

»Wenn Idealisten heute ins Traumland schweifen, so sind sie Schiebern vergleichbar, die ihr Vermögen über die Grenze bringen.« — Fritz Stahl am 14. April 1920 vor dem Bund Deutscher Architekten im Berliner Künstlerhaus.

Säule des Gebetes

Säule des Leides

> Zum Lachen gehört mehr Reife als zum Weinen, das bald zu den Atavismen gezählt werden dürfte. *Mynona*

PRO DOMO

Es ist seltsam, daß uns, die wir mit jeder Zeile Bescheidenheit und demütige Hingabe zur Baukunst predigen, vielfach das Gegenteil vorgeworfen wird. Autoritätsglaube freilich ist etwas ganz anderes. »Das ist eine alte Geschichte und ist doch ewig neu« — vergleiche die Jugend Gabriel Seidls, Alfred Messels, Theodor Fischers, Peter Behrens', Cornelius Gurlitts usw. Die »Deutsche Bauzeitung« tut uns zuviel Ehre an, wenn sie uns als Jugendverführer bekämpft, ein Verbrechen, für das Sokrates den Schierlingsbecher trinken mußte.

Der andere Vorwurf: Flucht vor der »Wirklichkeit«. Nehmen wir einmal ein sicherlich ganz einwandfreies Beispiel: Schinkel. Sind seine vielen phantastischen Entwürfe, die »nur« auf dem Papier blieben, seine Bühnenbilder zur Zauberflöte u. dgl. in ihrer Wirkung auf die Bildung einer künstlerischen Weltanschauung nicht vielleicht wichtiger gewesen als seine Bauten? Waren seine Bauten deshalb schlechter? Wenn nun die Altmeister der Kritik sagen: dann macht es mal erst so wie Schinkel! — — so sind wir geschlagen, wenn man es nicht gelten lassen will, daß zwischen 1920 und 1820 ein Jahrhundert liegt. Auch Schinkels Geist lebt noch, aber nicht, wenn seine Werke zu »Vorlagen« degradiert werden; sondern wir hören die Stimme seines Geistes, der über der formalen zeitgebundenen Erscheinung seiner Werke steht, etwa so sprechen: Die Weite des Empfindens erzeugt die Liebe zum Kleinen, so wie Makro- und Mikrokosmos sich in gegenseitiger Bedingtheit dehnen oder verengen je nach der Weite des Gesichtswinkels. An meinem Erdenwirken seht ihr, daß Phantastik und simpelster Nutzbau eines ohne das andere nichts taugt. Über jedem Stall leuchtet noch ein Stern, nicht bloß in Bethlehem. Natürlich ist Schinkel nur e i n Beispiel für solche »Verstiegenheit«. Sie muß bei jedem sein, der sich an die Architektur verloren hat, wie sie bei jedem war, den man im vollen Sinne einen Architekten nennen kann.

Jeder Mensch ist revolutionär in den Dingen, die er versteht. Zum Beispiel ist jeder, der seinen Beruf kennt, skeptisch in bezug darauf und folglich ein Revolutionär. Jeder wahrhaft religiöse Mensch ist ein Ketzer und daher ein Revolutionär. Die hervorragenden Menschen werden mit zunehmendem Alter immer revolutionärer, obwohl man gewöhnlich annimmt, daß sie konservativer werden, weil sie den Glauben an die herkömmlichen Reformmethoden verloren haben.
Jeder Mensch unter dreißig, der trotz einiger Kenntnis der bestehenden Gesellschaftsordnung kein Revolutionär ist, ist minderwertig.
G. B. Shaw

Was die Augen sehen, das glaubt das Herz; mit eigenen Augen ist gut sehen, wer aber mit fremdem Auge sieht, zweifelt immer, ob der Geist recht oder falsch sei.
Darum ist's gut, zu haben den edlen Stein, der gibt Gewißheit und zeigt an die falschen Magier, die mit den Historien einherprangen und immer schreien: Hier die Kirche, hier Christus, lauft alle zu!
Und wenn ihnen der Geist der Wahrheit unter die Augen tritt, so schreien sie: O Ketzer, o Ketzer, Feuer her, o lauft und fliehet alle, der Teufel ist da! So nennen sie den Geist Gottes, weil sie ihn nicht kennen.
Jakob Böhme

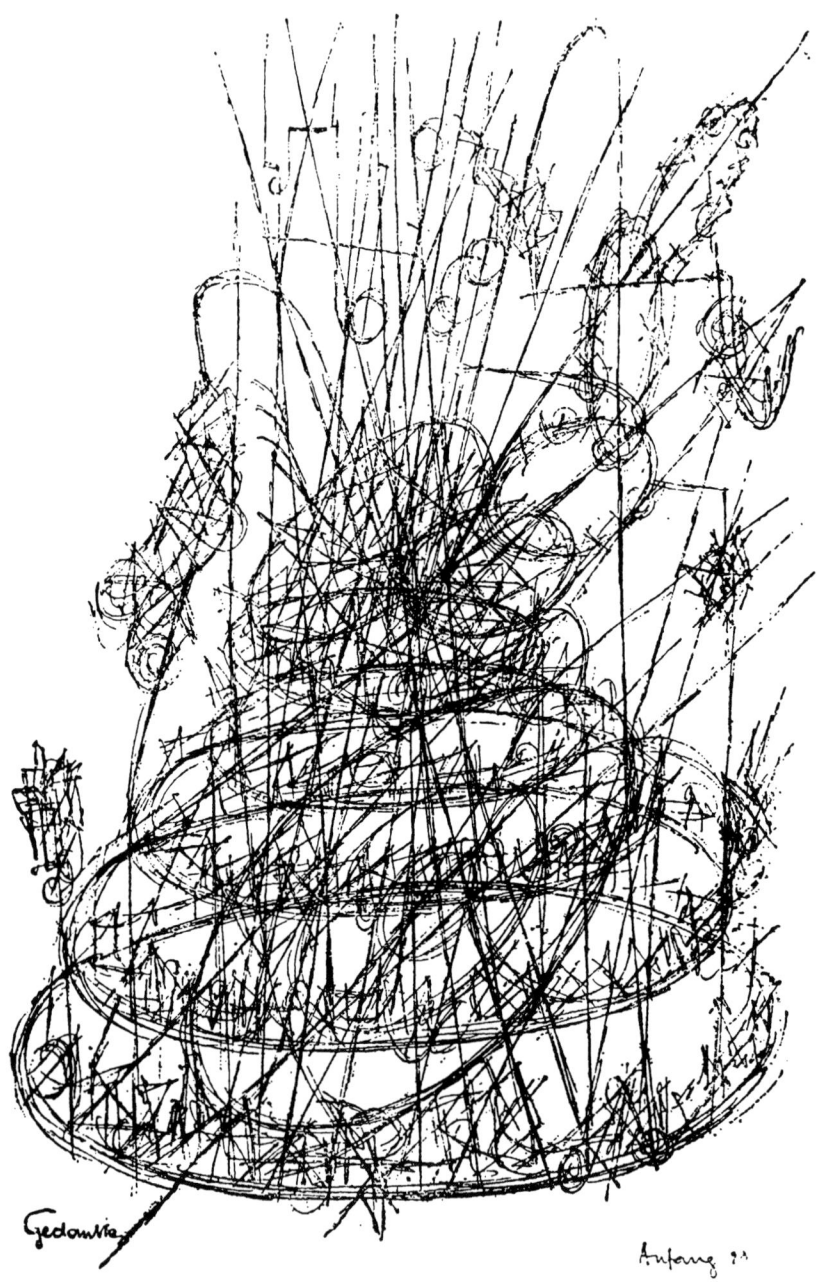

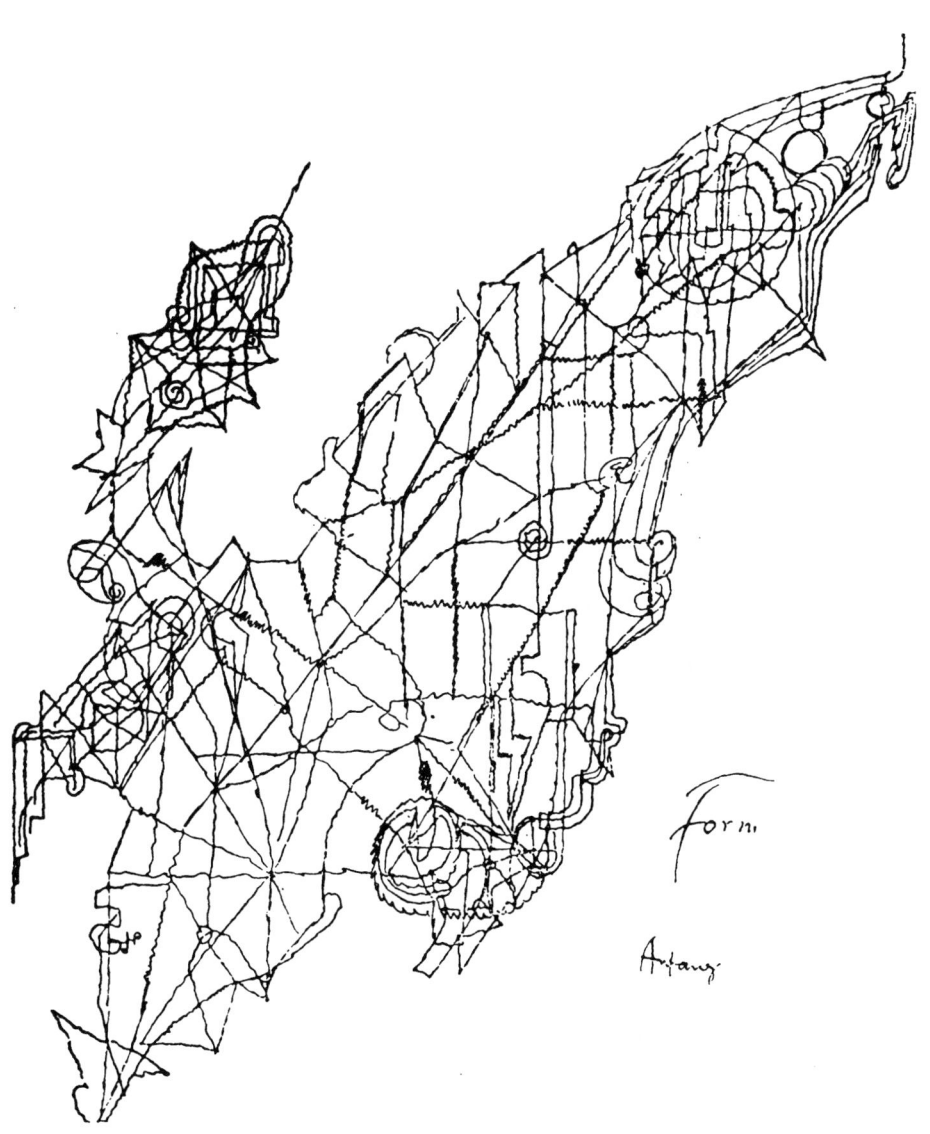

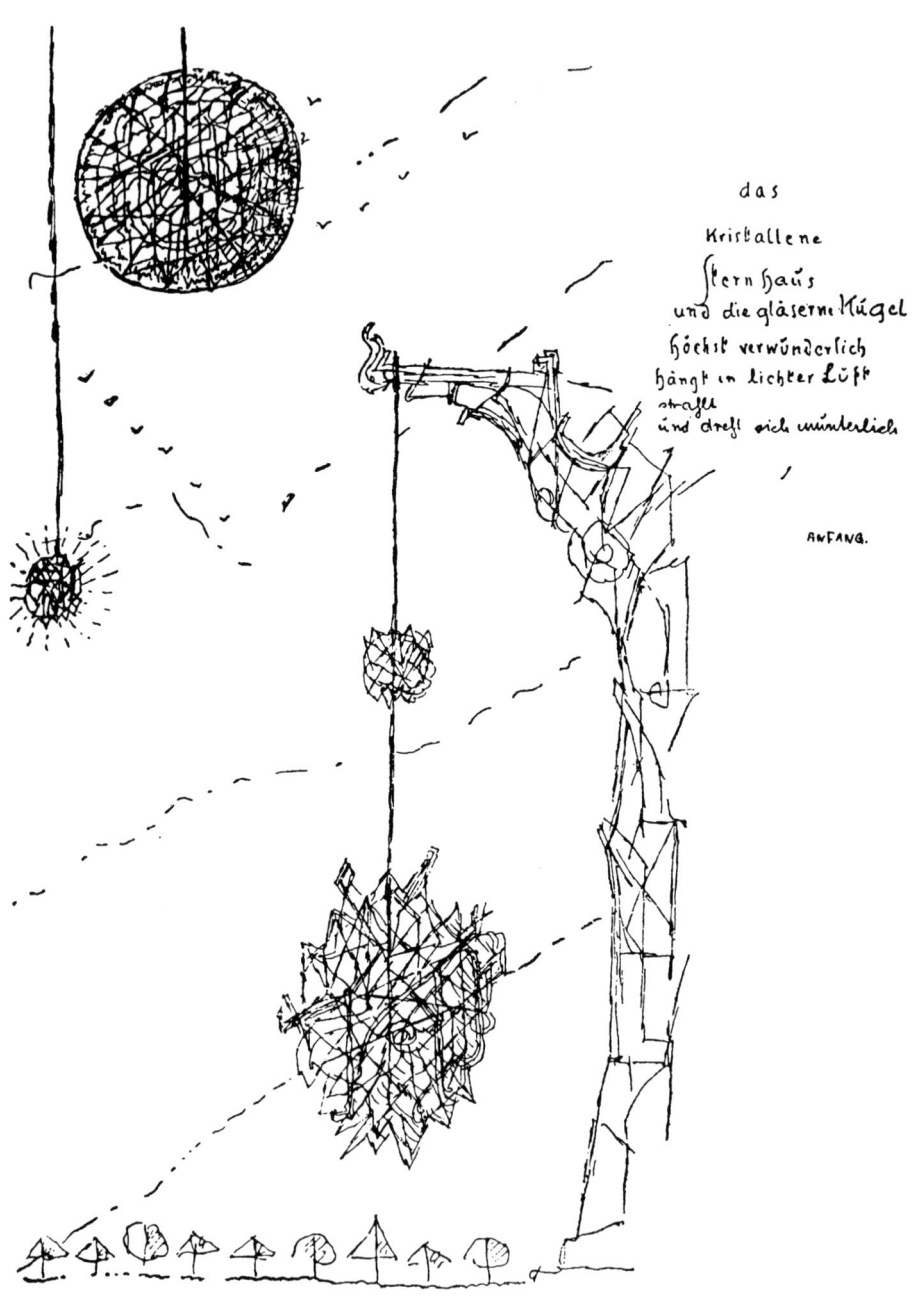

VOM HEILIGEN BAU

Von einem protestantischen Pfarrer

Unsere Frage lautet: Wie ist heute — oder besser gesagt: morgen ein heiliger Bau möglich.
Wenn wir diese Frage stellen, so setzen wir voraus, daß wir Sehnsucht nach ihm haben. Nicht nur die Baumeister suchen nach einer Aufgabe, die sie über die Herstellung von Bauten, die nur der Befriedigung der alltäglichen Zwecke dienen, hinausbringen soll. Sie suchen wieder die Reinheit ihrer Kunst, die Freiheit der Phantasie und das Schöpferische, das aus himmlischen Erlebnissen kommt und auf das Übererdenhafte gerichtet ist. Nein — auch wir, als Volk, sind im Begriff, Sehnsucht zu empfinden nach dem Heiligen und dessen Verkörperung im gestalteten Stoff. Wir haben schon lange angefangen, der kapitalistischen Zeit überdrüssig zu werden. Wir fühlten, daß wir das Ding, die Sache, das Geld und den Zweck nicht mehr beherrschten, sondern daß das alles uns zu seinen Knechten gemacht hatte. Wir fühlten auf einmal, daß unser Herz, unser besseres Ich, unser reines und frommes Empfinden erstorben war im lauten Getriebe des Alltags, in der alles verzehrenden Jagd nach Geld, äußerem Glück und äußerer Macht. Am meisten merkten wir im Kriege, daß die Fron im Dienste der Erlangung größerer Wirtschaftsmöglichkeiten und größeren nationalen Ansehens unser körperliches und geistiges Sein vollkommen aufreiben mußte. Der Krieg hat unser Entrücktwerden und unser Leiden auf die Spitze getrieben, so daß der Glaube an die Güte der Welt und an die Möglichkeit eines irdischen Glücks uns völlig entschwand. Wir haben jetzt unseren Irrweg eingesehen und suchen nach einer besseren Verankerung unseres Lebens. Auf den Gebieten der Wirtschaft und des Staates wissen wir schon, was not tut, daß nämlich die Macht in jeder Form verbannt werden muß, und in der geistigen Kultur ahnen viele, daß es jetzt die Betonung aller seelischen Werte gilt. Wir sehnen uns nach Abkehr von der Vergänglichkeit der irdischen Dinge und suchen die Ruhe eines inneren Friedens. Mannigfaches religiöses Ahnen geht durch unsere Zeit. Aber noch ist eine Einheitlichkeit, eine starke Formung, Ausdruckgestaltung und Gemeinschaftsbildung nicht erreicht. Das alles ruht noch in der Zukunft, und wir können nur versuchen, unserer Sehnsucht nachzugehen, sie auszusprechen und damit die Weiterentwicklung zu fördern. Eine Tatsache fällt uns hier auf, daß wir nämlich nur sehr schwer vermögen, unser frommes Gefühl in eine der bestehenden Religionsformen hineinzutragen. Statt der feiernden Darstellung der Frömmigkeit finden wir hier Verkündigung von Dogmen und Anschauungen, die unserer wissenschaftlichen Bildung und Aufklärung zuwiderlaufen, wir finden religiöse Handlungen, die uns heute sinnlos erscheinen und die in ihrer Gestaltung nicht das Gefühl des Erhabenen aufkommen lassen, und wir finden' als Ort der Gottesdienste Bauwerke, die, wenn sie nicht zufällig aus dem Mittelalter stammen, unseren heiligen Schönheitssinn vollkommen beleidigen. Woran liegt das? Es kann nur sein, daß eine wirkliche Frömmigkeit nicht mehr in den alten Kirchen und Konfessionen wohnt. Wir ahnen, daß Religion, Frömmigkeit, Hingebung an das Heilige ausschließlich eine Sache des Gefühls ist

und daß sich dieses Gefühl nicht in Begriffen und in verstandesmäßiger Ausgestaltung offenbaren kann, sondern nur die Veranschaulichung in Gleichnissen und Bildern malerischer, plastischer und baulicher Art als alleinigen Weg der Verkündigung kennt. Es war immer die Art einer religiös lebendigen Zeit, wie übersprudelnd neue anschauliche Vorstellungen, Gleichnisse und Symbole zu formen. Nur unsere heutige Zeit zehrt von altem Gut, das nicht mehr der notwendige Ausdruck unseres Fühlens ist, oder ist in Ermangelung einer gleichnisbildenden Kraft zur Beschränkung auf verstandeskalte Darlegungen übergegangen. Hierin liegt auch das Fehlen neuer heiliger Bauwerke, die unserer Sehnsucht genügen könnten, begründet. Es mangelt an lebendigem religiösem Gefühl, das einen Baumeister begeistern könnte, das Höchste, eine Wohnung Gottes auf Erden zu schaffen.

Ein Überblick über die Beziehungen des Christentums zur Baukunst wird uns unsere heutige Stellung weiter verdeutlichen. Jesus selbst bedeutet eine gewisse Absage an den Tempel von Jerusalem. Er hat ihn zwar als Gottes Bethaus bestehen lassen. Die Übung der neuen Frömmigkeit konnte aber nicht an ihn gebunden erscheinen. Sie war überall möglich, in der einsamen Kammer, hin und her in den Häusern, unterm Nachthimmel der Wüste und im Sonnenglanz der hohen Berge. Es war eine Frömmigkeit des Geistes und doch nicht eine Religion des Verstandes, der Weltanschauung und der theoretischen Lehre, wie man sie auf dem Markte und in Hörsälen verkünden konnte. Sondern es war etwas für die geistig Armen und die unmündigen Kinder, wenn sie nur reinen Herzens waren. Wer nur frommes Gefühl hatte, der konnte in den Gleichnissen und Anschaulichkeiten Jesu leben. Das junge Christentum war lebendigste Religion. Nichts war Denken und Begriff. Alles war das die Seele erfüllende Bild. Man kündete in Sinnbildern und Gleichnissen, man symbolisierte Gott durch die Anschaulichkeit des Vaternamens, und man lebte in den seligen Vorstellungen des Himmels und des zukünftigen Reiches Gottes. Die Anschaulichkeiten im Himmel erschienen als das einzig Wirkliche und ließen die geruhsame Ausgestaltung der Erde als unnötig erscheinen. Deshalb baute man auch nur im Himmel, aber dort um so herrlicher, große Städte aus Gold, Glas, Kristall und Edelsteinen (21. Kapitel der Offenbarung Johannes). Die ersten Christen lebten nur in der angespanntesten Erwartung dieser himmlischen Herrlichkeiten und kamen deshalb nicht zum Bau auf der Erde. Die Hütte ihres Gottes und die Stätten der seligen Feier ihrer Gemeinschaft standen aber immer anschaulich und glühend vor ihrer Seele. Und doch war es keine Religion, in der der einzelne isoliert und halbwegs im Himmel stand, man bildete auch eine Gemeinschaft auf Erden und erlebte dort das Dasein Gottes in irdischer Feier. Das Abendmahl wurde zu der Stelle, wo man in Symbolen den inneren Besitz zur Darstellung brachte. Hier war der Ort, wo die in der Seele wirksamen Anschaulichkeiten zur Äußerung kamen, nicht bloß im überall kündbaren Wort, sondern in Handlungen, die einen irgendwie zum Heiligtum gestalteten Raum verlangten. Hiermit wurde die Religion seßhaft, Gott stieg auf die Erde hinab und verkörperte sich im von heiliger Inbrunst gestalteten Stoff. Das Gefühl für die erhabene Göttlichkeit der sich aus dem Abendmahl entwickelnden Messe begeisterte immer von neuem die Künstler zur malerischen, plastischen und baulichen Formung des gottesdienstlichen Raumes.

> Qualität, gleich Qualität, hergeleitet von quellen, ist das Wallen und Treiben, das Leben eines Dinges.
> *Jakob Böhme*

Wilhelm Brückmann

Wir finden also zwei Voraussetzungen für die Verbindung von Religion und Baukunst. Einmal muß die Frömmigkeit den Trieb zum Anschaulichen und Symbolhaften haben, und dann muß ihr Gottesdienst den Charakter der Feier betonen, d. h. die Darstellung des gemeinsamen religiösen Besitzes unter dem Gefühl der Anwesenheit Gottes. Die erste Voraussetzung war beim Christentum von vornherein gegeben, während die zweite erst allmählich zur Wirksamkeit kam. So begann erst etwa im 3. Jahrhundert die Entwicklung der christlichen Kunst, die dann ihren Höhepunkt in der Gotik des Mittelalters und ihren letzten großen Ausläufer im jesuitischen Barock fand. Die verschiedensten Stilrichtungen konnten in der christlichen Feier der Messe begeisternden Anreiz finden und doch ihre besondere Erfassung des Erhabenen über der gleichbleibenden Frömmigkeit errichten.
Diese innigste Verbindung von Religion und Baukunst wurde durch die Reformation plötzlich unterbrochen. Die Unterbrechung hatte eine große Berechtigung, denn das innerliche und geistige Moment der Frömmigkeit war in Gefahr, unterdrückt zu werden von dem Hasten am gestaltet Stofflichen, von dem Aufgehen im bloßen Feiern und von dem Schlaffwerden des Gefühls der religiösen Erhebung bei der anschauenden Verehrung der alten Symbole. Es galt deshalb die Betonung des Ursprünglichen, des Vorrangs der frommen Gesinnung vor ihrer feierlichen Darstellung in Messe, Bild und Bau. Die Reformation bedeutete eine neue Hochspannung des innerlichen Erlebnisses ähnlich der des Urchristentums. Doch während dort allmählich eine Entspannung und eine Ausgestaltung des Besitzes in der Feier eintrat, so war das im Protestantismus aus verschiedenen Gründen nicht der Fall.
Einmal brachte die Reformation keine neue in sich geschlossene Frömmigkeit und entbehrte deshalb der schöpferischen Kraft zu einer eigenen Ausdrucksgestaltung ihres Besitzes in der Feier. Der Bildersturm war mißglückt und damit eine teilweise Rückwärtsorientierung beschlossen. Man übernahm fremdes Gut in der nur sehr zaghaft zum Abendmahl reduzierten Messe und stellte das Neue, die Verkündigung der Innerlichkeit, ziemlich unvermittelt daneben. Man kam zum Kompromiß, wie er sich auch deutlich in der baulichen Gestaltung der protestantischen Kirchen zu erkennen gibt. Auf der einen Seite erforderte das Abendmahl einen Raum der Feier und eine bauliche Ausprägung der Anwesenheit Gottes und auf der anderen die Wortverkündigung einen zweckdienlichen Hörsaal. Diese beiden Prinzipien mußten sich stoßen und eine einheitliche bauliche Neuschöpfung verhindern.
Aber man könnte doch fragen, warum nicht die neue Innerlichkeit zur feiernden Darstellung ihrer selbst gekommen ist. Die Ansätze dazu waren allerdings in Luthers »dritter Weise des Gottesdienstes«, in der Gemeinschaftsfeier derer, die mit Ernst Christen sein wollen, vorhanden. Aber die Erfordernisse des Tages — es galt damals, immer wieder für das Evangelium zu werben — verhinderten die Ausgestaltung dieser Auffassung von der Gemeinde und ihrer Feier. Der Prediger wurde so im ganzen Protestantismus bis auf den heutigen Tag nicht zum Sprecher einer sich zur Darstellung ihres frommen Gefühls versammelnden Gemeinschaft, sondern zum Missionar, der zur Lehre Christi bekehren will. Der Mittelpunkt des Gottesdienstes, die Wortverkündigung, ist so zu einem verstandesklaren, nüchternen Vortrag geworden, der als Ort nicht mehr den heiligen Bau benötigte, sondern nur

einen zweckdienlichen Raum. So hat besonders der reformierte Teil des Protestantismus, der mehr noch als Luther mit der Messe und damit mit dem Altar aufräumte, nüchterne Vortragshallen mit der Kanzel im Mittelpunkt geschaffen.
Der dritte Grund endlich für den Niedergang der Baukunst war der mangelnde Trieb zum Anschaulichen und Symbolhaften. Gewiß war der reformatorische Kampf wider den Bilderdienst und den Fetischismus, der im Katholizismus mit den einzelnen Symbolen getrieben wurde, berechtigt. Es hätten aber aus dem überquellenden Gefühl heraus neue Sinnbilder mit dem Bewußtsein, daß es nur Sinnbilder sind, geschaffen werden müssen, anstatt sich dem Rationalismus zu ergeben und die religiösen Erlebnisse in Begriffe zu pressen. Nur der Pietismus machte den Versuch zu einer neuen gefühlsstarken und bildhaften Frömmigkeit, ein Versuch, der allerdings sofort wieder von der Aufklärung vernichtet wurde.
Aber nicht nur die Art des Protestantismus ist an der Religionslosigkeit unserer Zeit und an dem Mangel an neuen wertvollen heiligen Bauten schuld, sondern auch die ganze Kultur selbst. Die geschichtliche Entwicklung Europas in den letzten Jahrhunderten ist gekennzeichnet durch eine immer größere Wegwendung von der Religion als dem Mittelpunkt des Lebens und eine Hinwendung zu den Aufgaben der Wissenschaft und Kunst, der Wirtschaft und des Staates. Vor allem erschien die industrielle Höherentwicklung als das wertvollste Arbeitsgebiet des Menschen, dem auch die Baukunst sich einzuordnen hatte. Was also der Architekt an schönen Formen und reichen Raumgestaltungen vor seinem inneren Auge sah, das wandte er den Bauwerken des Handels und des Verkehrs, der Industrie und des Staates zu. Religion und Kirchengebäude waren der Liebe der Schaffenden entglitten und zur Nebensache geworden.
Hier stehen wir nun, und schon beginnt die Zeit der Abkehr, die neue Sehnsucht nach dem heiligen Bau, die Sehnsucht nach einer Hingabe des frommen Gefühls an die Aufgabe, die erhabene Wohnung unseres Gottes auf Erden zu schaffen. Unsere Zeitschrift wird mannigfache Zeugnisse dieses neuen Geistes bringen und auch Bilder von dem, was wir ahnend als zukünftige Aufgabe der frommen Menschengemeinschaften schauten. Wir wissen, daß nur ein Weg zu diesem Ziel möglich ist, nämlich der über den Zusammenschluß aller Idealgesinnten. Vielleicht können wir aus dem Ahnen heraus etwas von dem zukünftigen Gang der Entwicklung darlegen: Im Sozialismus sind die Keime zu einer neuen frommen Gesinnung. Er ist die Religion der Menschenbrüderschaft. Alle, die von Hingabe dafür erfüllt sind, werden sich zusammenfinden. Sie werden ihre Gemeinschaft feiernd erleben wollen. Sie lieben die ganze Welt und alle Dinge, deshalb werden sie überall Sinnbilder ihres frommen Fühlens finden. Sie werden diese Symbole in der Feier vor ihre Augen und ihr anschauliches Empfinden stellen wollen und religiöse Handlungen, Symbole und Bauten schaffen, die der Ausdruck ihres Stilgefühls und ihrer inneren Notwendigkeit sind. Als höchste Aufgabe wird ihnen der heilige Bau erscheinen, denn sie wollen eine Verkörperung ihrer idealen Gesinnung, ihres Gottgefühls, und eine Stätte ihrer frommen Gemeinschaft haben. Ihre Sehnsucht geht auf die Kathedrale, die über ihrem Tagewerk leuchtet und das Gemeine durchglänzt als eine heilige Mahnung für alle Geschlechter.

Brüder

Wir ketten die Brust   Das Licht
Ringen die wallenden Wände die hohe Last
Glüht Dampf die schwingenden Kronen rot
Blüht Blau bauen die Liebe Gott
Der Ruf ist die Berufung wir
Ob Schrei der Freude wir tragen den Morgen
Heben auf den Kuss in die Ehrfurcht der Berge
Knieen den Kreis mit empfangenden Händen
Künde die Kunde
Wir lieben der Menschen Tiefe
Stemmen den rollenden Stein in die Steilen hinan
hinauf den Mund
Leuchten die zitternden Füsse in die Bahnen des Himmels
Wir reigen das Schweben einsam den Frühling der Sonne
In den Gründen schlummert Silber Kristall
Die Erde ist fahl die Tränen der Tiere
Verklebert rot blutet der Hirne Wahn
Der Kampf schreitet die Stürme Sieg
Wir
Türmen die Felsen
Frieden Dom ruht den Bund aller Herzen
Segnen die Zeiten ewig
GOTT

A. A.

> Das erste in der Meinung ist das letzte am
> Werk, wie ein Dach das letzte am Hause ist.
> *Meister Eckhart*

PHILOSOPHIE UND ARCHITEKTUR

Von Paul Bommersheim

In jedem großen Zeitalter steigt das Leben auf zum Ganzen. Es kann sich nicht mehr damit begnügen, daß das Einzelne und der Einzelne beziehungslos zum Umfassenden für sich allein umherirrt, daß sich beziehungslos das Vereinzelte neben das Vereinzelte setzt. Es ist ihm zu flach, nur dem Nächsten zu leben, ohne das Große Geschehen mitzuleben, das durch das Nächste pulst. Es ist ihm zu eng, nur an ein Einzelnes zu denken und nicht dabei an das Große All, von dem das Einzelne nur ein Glied ist. Es ist ihm zu eitel, daß der Einzelne nur sich selber dienen will und nicht einfließen in die Große Brüderschaft.

Es will, daß das Ungeheure Ganze sei und das Einzelne in sich trage. Es will die Weisheitskunde, die Philosophie, denn die ist das Ganze des Wissens. Es will die Gemeinschaft; denn die ist das Ganze der Menschen. Es will die Architektur, denn die ist dreifach Ganzes. Sie ist das Ganze der Künste, das Malerei, Bildhauerei, »Kunstgewerbe«, Gartenkunst in sich faßt. Sie ist das Ganze von Natur und Kunst, da sie die künstlerische Gestaltung der Natur in sich enthält. Sie ist der Ort für das Ganze des menschlichen Lebens auf der Erde.

Philosophie, Architektur, Gemeinschaft sind die drei großen Ganzen. Sie alle umschließend: Die Religion.

Philosophie will das Ganze des Wissens. Das heißt nicht: sie will von überall her einiges Wissen. In ihr legen sich auch nicht die einzelnen Wissensgebiete bloß nebeneinander. Das wäre noch kein Ganzes. Die Weisheitskunde erfaßt das Zentrum, aus dem sie selber kommt: den Weltgrund und seine Verschmelzung mit dem Seelengrund: den höchsten Wert. Nun forscht sie, wie sich die einzelnen Weltgebiete zu jenem Einen verhalten, wie sie die bunte Entfaltung jenes Einen sind. So baut die Weisheitskunde: Ihr Bau ruht in dem Einen, das schon alles in sich enthält. Von diesem Einen springen große Bogen hoch, welche die Reiche der Entfaltung tragen. Und alle Beziehungen dieser Reiche sind Entfaltungsbeziehungen. Die Kunst ist ein solches Reich. Und die Balken, die von einem zum andern gehn oder beide trennen, sind Entfaltungsunterschiede. Alles im menschlichen Leben und alles in der Welt leuchtet zum Sinnbewußtsein auf durch Eingliederung in diesen Bau: Sonnensystem und Kinderspiel, Geisteskämpfe der Dichter und körperliche Bedürfnisse, Angst und Ausgelassenheit.

Wie in der Philosophie, so entfaltet sich das selige Eine zum blühenden Ganzen auch in der Baukunst. Denn alles Leben des Menschen braucht seinen Ort. Denn alle Beziehung des Menschen zum All braucht ihren Ort: Sternbetrachtung und Tierliebe, Erziehung und Markt, Schlafen und Reisen. Architektur schafft den Ort für das Ganze des menschlichen Lebens mit dem Übermenschlichen.

Aber dieser Ort ist nicht eine kahle Fläche, die gleichgültig wäre gegen das, was auf ihr geschieht; auf der deshalb alles mögliche geschehen könnte. Die Architektur schafft für jedes besondere Glied des menschlichen Lebens einen besonderen Ort, einen besonderen Ort für die Hochschule, einen besonderen Ort für die Post. Wodurch kommt diese Besonderheit? Architektur schafft durch ihre Ortsgestaltung Mittel für das Ganze des Lebens. Das Mittel ist dem besonderen Zweck angepaßt. Und dadurch entstehen die Besonderungen, welche die Architektur den mannigfaltigen Stätten des Lebens gibt.

Aber auch durch Schaffung von Orts-Mitteln steht die Architektur noch nicht auf der Höhe ihrer Bestimmung. Sie kann sehr praktisch bauen und doch unberührt vom Einen und der Totalität. Dazu kommt sie erst, wenn sie totaler Ausdruck des menschlichen Ganzen wird. Dann ist sie Ausdruck des Einen und seiner Entfaltung. Dann wird ihr Bau Ausdruck seines Sinnes im Ganzen der Weltwerdung Gottes. Dem Schulhaus sieht man's an, daß es so aussehen muß nach der Stelle, die es hat im Hereinströmen des Einen in die Welt. Hier eröffnen sich unerhörte Aussichten auf die Ewigkeit der Baukunst.

Weisheitskunde und Baukunst sind Brüder im Baudienst aus dem Totalen. Da ist es aber nicht so, daß sie Verwandtes schaffen in Gleichgültigkeit gegeneinander, jedes bloß für sich. Eines reicht vielmehr helfende Hände dem andern. Der Philosoph kann an den festen und reichen Konstruktionen der Architekten seine Bauleidenschaft und auch Baukraft aufglühen lassen. Und umgekehrt kann der Architekt aus den klaren Gefügen philosophischer Begriffssysteme Durst zum Aufbau und strömendes Formen tragen.

Aber damit ist noch nicht die eigentliche Tiefe des Verhältnisses erreicht: Architektur spricht — wie wir sahen — das Ganze menschlichen Wesens im sichtbaren Bau aus. Das setzt ein erlebendes Wissen (echtes Wissen kommt immer aus dem Erleben und bleibt beständig auf das Erleben bezogen) von diesem Ganzen voraus. Der Inbegriff dieses erlebenden Wissens ist aber die Philosophie, die Weisheitskunde. Also muß die Weisheitskunde die Grundlage legen für das Aufsteigen der Architektur. Die Art dieser Grundlegung läßt sich genauer so bezeichnen: Weisheitskunde liefert der Baukunst ein Glied ihrer Objektivität. Dies hat ja die Baukunst mit aller Kunst gemeinsam, daß sie mehr ist als Ausdruck bloß subjektiver Stimmungen, flüchtiger, oberflächlicher Erregungen. Die andern Künste gewinnen dadurch Objektivität, daß im Einzelnen das Letzte erlebt wird und dessen Notwendigkeit das Werk gestaltet, daß durch das Einzelne der Mensch bis ins Letzte erschüttert wird und sich diese Erschütterung ins Werk ausschwingt. Weisheitskunde ist dazu gar nicht nötig. Anders ist es in der Architektur. Das eine Glied ihrer Objektivität ist das gleiche wie bei aller Kunst: das Heraufkommen aus dem Letzten. Aber Architektur kommt nicht allein damit aus. Ein Kunstwerk im obigen Sinne steht mit sich und Gott allein. Ihm kommt es nur auf das Letzte an. Der Architektur aber auf das Ganze. Da kann sie das Selbstbewußtsein des Ganzen nicht umgehen. Die Weisheitskunde gibt der Architektur dadurch Objektivität, daß sie ihr die objektiven Zusammenhänge des Ganzen bewußt macht, welche die Architektur zur Sichtbarkeit verklären soll.

Einerseits — andererseits? — —
Ja! Aber weiter: dreierseits — viererseits —
fünferseits — unendlicherseits.

Diese Verleihung von Objektivität zeigt sich in den Aufgaben, die von hier her dem
Baumeister erwachsen. Er soll eine Stadt bauen oder ein größeres Siedlungsgebiet,
das nach »Auflösung der Städte« an deren Stelle tritt. Ins Zentrum wird er eine
»Stadtkrone« oder Siedlungskrone bauen. Aber was soll die enthalten? Das kann
nur eine umfassend durchlebte und durchdachte Philosophie sagen, welche die Gegenwart durchblickt und selbst in der Religion wurzelt. In welcher Beziehung zu
dieser Stadtkrone nun Sternwarte, Versuchsgarten, Gasthäuser, Schulen, Wohnhäuser, Aquarien, Fabriken usw. stehen, das darf nicht nur praktische und hygie-
nische Frage sein. In der Lagebeziehung, der Größenbeziehung, der Formbeziehung,
der Farbbeziehung dieser Gebäude zueinander muß sich in erster Linie Geistiges
aussprechen: Die Beziehung, die sie alle zueinander haben in der Entfaltung des
Urgrundes zur Welt. So wird die Siedlung Holz, Stein, Glas gewordenes, ewiges
Gefüge der Welt sein, und das Leben in ihr kann sich im Ewigen bewegen. Die
Architektur wird wieder zu ewigen, gültigen Symbolen aufsteigen. Dann erst kann

sie der zusammenfassende Träger aller Künste sein, die sie in ihre ewige Symbolwelt erhebt.
Zu dieser Symbolwelt kann sie sich noch auf einem anderen Weg erheben: wenn sie ganz ohne Rücksicht auf Erdebebauen und Bewohnen Modelle baut vom System der Philosophie, die nichts anderes sind und sein wollen als sichtbar gewordener Geistaufbau des Kosmos. Vielleicht, daß daraus noch einmal der große Tempel wachsen wird.
Die Augen der Baumeister fragen nach uns Forschern nach Weisheit. Und wir müssen beschämt niederblicken und gestehn: »Noch gibt es nicht in unserer Zeit das System des selbstbewußten Weltgeistes.« Aber dann dürfen unsere Augen sich heben in blaue Zukunftshoffnung. Und dies noch müssen wir den Architekten sagen: Erwartet nicht von uns ein schnell Gemachtes. Wir brauchen kein Eintagshaus. Wir brauchen ein gediegen und umfassend gewachsenes, dem wir gemeinsam dienen, ihr Architekten-Brüder!

DER ACHTE TAG

Da baut ein Wirbel sich mit tausend Köpfen
In ungemeßne Alle seinen Weg,
Karyatiden sieht man Hoffnung schöpfen,
Und Wolken tragen ihre Lasten weg.

Am Kreuzwegkreuze seligster Verklärung,
Geschmiegt ins ewige Geleis
Der gegenwärtigsten Erhörung
Kreist frei das eigenste Geheiß.

Sagt mir, was Liebe ist, was Glaube und der Hoffnung eiserner Wille — und ich will Euch sagen, was Bauen heißt: der Schöpfung siebenten Tag weitertragen um eine Welle in der Brandungskette, die liebend tändelt mit Unendlichkeit. Es gibt keinen größeren Jasager als den wahren Bauer. Alles an ihm ist Expansion, Hinausdruck — je rhythmischer, harmonischer und gesunder seine Seele pulst, desto vollendeter, unnachahmlicher wird sein Überleib sein, den er aufs Weltgesicht setzt wie einen siegreichen Stempel seines Daseins. Vielfältig rieseln die Geschöpfe aus dem Füllhorn des Weltgeistes: Seelenzwillinge, die bei restloser Empfindungskonsonanz in der Ausdruckskraft völlig divergieren, Seelenkonstitutionen, die im Gefälle der Inkarnation irisierendst zersplitterten. — Diese Teilschmelzen bewirken, daß nicht jedes Geschöpf Schöpfer sein kann und muß, daß das Schenken geboren ward, das Füreinanderschaffen, das den androgynen Geist nachmalig zwiegeschlechtlich schuf, hoch über dem physischen Sexus. Aber viel schlummert auch nur; laßt uns Wecker sein, Brüder, sanfte, aber starke Wecker, daß das wenige nicht noch vermindert werde, nach dem Fluch eines neidischen Gottes. — Bauen ist alles, Liebe, Zeugen, Kampf, Bewegung, Leid, Eltern und Kind, und alles Heiligsten heiligstes Symbol. Ich sage Euch, so ein Gebild muß tönen wie des Memnon granitner Leib, wenn der Sonne wecker Blick ihn streichelt, wie der Rattenfängerflöte blühend Gebet — solch ein Gefäß muß seine Düfte haben, die es zeichnen dem Organe der Gottheit aus der Similien Unzahl — und das Echo des Weltgesangs muß haften an dem anmutigen Relief der Lust atmenden neuen Leiber, die wie Spätgeburten der alten Erde entblühen. Generationen haben ihre Schaukelperioden — unmutig und demütig war das Geschlecht der Tektonen geworden — mich dünkt, die Enkel der Könige sollen auferstehn — prall und trächtig stehen die Prototypen in der gläsernen Atmosphäre der heutigen Welt, sie lechzen nach den Erlösern, die den Urübermut im Blute tragen wie die Hybris des nahen Todes. — Bekennt Ihr, Freunde?
Irgendwo im All vergaß der Gott das Blinzeln, und seiner Freuden Tränenquell verfällt wie seines Pulses Stimme, stalagmitische Wunder bauend auf dem Mosaik der heiligen Erde. — Im Mutterleib unserer Welt rekelt sich ein seismotischer Fötus und bault ihre Haut mit den Filigranen seiner Vielgliedelei, ein Relief für verzückte Perspekten, eine Zahnplatte, in deren Lichtungen der Atem der jagenden Erde ein Orgellied anstimmt, ein Echo der sphärischen Symphonie. — Und wo die Lüfte am dünnsten sind und die Scham schmilzt vor dem Läuterblick der nahen Sonne, da diamantet sich ein Geisterbau, der Stoff, an dem die Sinne sich verfeinden, Stoff nur den Tastern, Trug dem reinen Auge, der Seele aber, die in allen Sphären heimt, ureigenstes Kleid und Tod der Widerstände. Da werden die Organe zum Mirakel, und jedes Auge umschließt, durchsickert ohne Hemmung den Leib solchen Form-

traumes; er birgt den synthetisch reinen Menschen, die Kreatur ohn' Fehl und Scham und Wehr. —

Was ist schön? Wir haben bis jetzt gebaut, als müßt die Erde morgen sterben — den Eisestod. — Ein Ameisengeist hat jedes Kind Gottes abgefieselt bis auf das Skelett des abstrahierten Stils. Die Lust war heim im Gleichmaß und der Ruhe, latent war dieser Geist scheintot oder trotzig vor einem übermächtigen Gotte — oder schlief er im ersten Äonenrausche seines jungen Daseins? Nun wacht der Gulliver und zerrt an den unzähligen Fädchen liliputanischer Gespinste, die nach Gesetz und Rechten um den schlafenden Leib gelegt. Der Wille lebt, er brodelt, und die Lust wandert vom Kindesschlummer zum Jünglingstrieb; die Extreme sind am Werk, die Feuer treiben, die Himmel jauchzen und klettern zur Höh an den trüben, immer wieder letzten Toden — die Mitternachtssonne ging endlich zur Rast, und hoch steigt der strahlende Ball, weil er schlief in schwärzesten Nächten; die Offenbarungen des Stoffes atmen, der starre Krampf verließ ihn, die Kapseln der Erdmikroben hat ein gütiger Tropfen erweckt und belebt die Sassen jahrtausendealter Geschlechter — das reizende Mißmaß, das die Bewegung gebiert, wirkt endlich wieder — Räuber sind wir und Schenke der Seel, Begaber und Vergifter — es lebt der Urgeist der Mächte neu unter uns — es lebe sein wirkend Geschlecht!

Ein Grundriß

Alles fließt. Wir Ephemeren, die wir kaum eine Lebensmeile in ruhigerer Wellung dahinglitten, wirbeln heute in Stromschnellen, die lange gewittert waren von feineren Membranen, lang vorbereitet das Entwicklungsfieber, das den Erdleib und all seine organischen Äußerungen alterativ durchschüttert. Wenn sich etwas behauptet in der Schmelzwärme dieser kritischen Temperaturen, so sind es die Mikroben menschlichen Formtriebes, die zyklopischen Äußerungen, die eine intensive homogene Gruppenarbeit an Stelle einer Riesenindividualkraft ermöglicht, in ihren gewaltigsten Typen die Dauergrenze menschlicher Wirkungen immens verschiebend, als lebende Fossile einen ungeahnten Bannzwang ausübend auf die im Sekundenzeigerkreise solche Kulturzentren umreigenden Geschlechter. Aber dieser Widerstand, so wertvoll auf dem Mittelwege des Züchtungszyklos, wird an den metamorphen Kniepunkten zum gefährlichen Hemmnis, das die schwangerste Evolutionsperiode rückzubiegen droht und Degenerationen prolongiert zum Nachteil ganzer Entwicklungskreise. Gleichwohl scheint die menschliche Architektur erst im Großkreise der Relationskurven dem Flußgesetze, der Lösung unterworfen zu sein, der Mode der Menschheit, nicht des Menschen. In solch großer Mutationsperiode stehen wir heute unzweifelhaft inmitten — da die Komplexe sich lockern und differenzieren, da die Homogenität zersplittert und also auch die Äußerungen dieser Individualorganismen irisieren läßt in flüssiger, flüchtigerer

Erscheinung, wild und manchmal amorph, bis das Spannungsübermaß der Anreicherungen wieder ausbalanciert in eine festere Neuordnung der Elemente, eine neue Szene darstellend im Kaleidoskop der unendlichen Allnatur. Auch dieser irdische Riesenkristall hat sodann seine Spirale entdeckt, seinen epizyklischen Trick, der ihn rettet vor dem pyknotischen Rückschlag der ewigen Mutation, er ist organisch geworden. Die menschliche Architektur ist ein biogenetisches Phänomen des Menschenwesens, das jenseits des Fötalen liegt; je höher die Organismen klettern, je öfter sie die Einkreisungen der Emissionen vollenden, desto rascher und weitgehender verschwimmen ihre Primärhüllen. — Jede Offenbarung eines Neugefälles geschieht nur unter einem Vernichtungs- oder Angleichungskampfe wider das Trägheitsgesetz, wider den Alterszirkel, der erstarrend aus dem Wandelreigen ausfiel, sich einwurzelnd und einsargend in den Takt eines momentan organfremden Rhythmus. In diesen Ankern, diesen Entwicklungsexkrementen lastet die gewaltige latente Gegenmacht, die Träger fördernd der entropischen Kompensationsbewegung, die von den manischen Entropisten immer noch völlig übersehen wird.
Die Sklerose der Tektonik nähert sich einer Lösung. Der Geist des neuen Baugottes schwebte längst über den Wassern, kleinste Probeschrittchen tasteten wie Elfentänze auf das Eis dieser terra nova, und darüber hin fittichte der Luftikus der heiligen Utopia und konnte das Ventil nicht entdecken, das seinen Auftrieb hätte hemmen können zum Befruchtungskuß seiner irdischen Göttin. Menschlicher Medien aber bedarf jeder neue Bildungstrieb. Interpret dieser lauernden Kräfte zu sein, die Opfer der Gorgo zu lösen vom Millenniumsfluche, eine Freizeit ihnen schenkend, eine Geisterstunde zur Neuordnung ihrer organischen Elemente, ist heiligste Mission und führte sie zum Schicksal des Bauers der Wassilij Blashennoi.
Unsere europäische Architektur ist verneinend, ein—fach, ab—bauend, wie es sich geziemt für Hyperboräer, deren Heimat dem Pole sich nähert, unfaßbar langsam, aber unfäßlich sicher und sein Gespenst auf Äonen vorauswerfend. Diesen Frostriesen aber hat der Geist der Erde einen David entgegengeboren, hat sich Wunschhelden gezeugt, die in Technik und Kunst ihm ein Widerreich entgegnen. Promethen, die das Feuer raubten im Rohr ihres Achsenstabs. Die Psyche des Menschen ist heute differenzierter als die Arten der Tiere. Die Religion des Negativen, der Angler nach dem reinen Geiste, mag das Ziel der menschlichen Entwicklung in der extremen Entmaterialisierung erblicken, in weitestgehender Vereinfachung, Abstrahierung des stofflichen Restes — diesem Pole aber wird stets der Antipode sich entgegenstemmen, dem sein dionysischer Gott die Hybride vorgeworfen auf seinem Lebensweg, die, immer sublimere Differenzierung des durchgeistigten vervielfachten Stoffes. Alles, was schöpferisch ist im Stoff, gehört diesem Geschlechte an — wo die Pole zusammenfließen und Kompromisse schließen, da spukt das Kind oder der Zwerg, das Unentwickelte oder Unfähige. Entwicklung liegt im Aufsplittern und Neukomplizieren, die Monumentalisis, das Einfache, Primäre, alles, was im Zwange der Massenanziehung genießt — ist Müdigkeit, Krankheit, Kindheit oder Alter. Es fehlen die Empfindungsbrücken, die vielfachere Komplexe auch in ihrer komplementären, translatorischen Harmonie spiegeln könnten, es fehlt der nötige Durchmesser der Reaktionslinse, es fehlt die ganze Tastatur, um das polyphone Instrument solcher Riesenvielformen empfangen zu können.
Aber übrigens ist nicht einmal der Zirkus der Primfamilie der Formen ausgebeutet — manisch preßt sich ein kleiner Ausschnitt durch die Zeitalter gleich einem dekadenten Adelstamme.

Ein Hauptvorwurf aus dem alten Lager, der das neue Haus und vor allem meine Architektur trifft, ist der der Naturnachahmung. Aus Schnecken, Pilzen, Korallen usw. soll sich mein Modellmarkt rekrutieren. Ich erkenne nur »einen« Gestaltungstrieb, einen Bildungswillen und sein Können, der wirkt im Schwan des Lotosteichs wie im Schwantierchen des Infusionstropfens, im Wechseltierchen wie im Nebel der Andromeda. Nur das Unmittelbare, Unnachahmliche destilliert die Werte. Unsere sinnliche Welt ist ein unendlich winziger Fleck des ewigen Kaleidoskops, das Höchste schafft nur angeschlossen an den Puls der Gottheit und schwingt mit in seinen Auswirkungen

und überträgt seine Manifestation auf die Lebenssphäre der irdischen Welt. Sagt mir, ob die umgebende Natur nicht viel mehr spukt in den Kreaturen der alten Kunst? Steht nicht die Säule heute noch mit ihrem aufgepfropften Akanthus oder Lotostrieb vergleichseinladend neben ihrem Palmenmodell, wölbt sich nicht der gotische Wedeldom über jeder oasenberastenden Karawane wie glutfilternde Gotteshände im grünmystischen Raumgitter, äugt nicht die Kuppel von St. Peter aus der Tiefe von Messina liliputanisch als entstachelte Echinodermenleiche und präsentieren nicht die Fassaden unserer stilfrohen Gebäudchen adelsstolz ihre Toteme, eine ganze Naturaliensammlung vom Akanthus, Venusmuscheln und dem Eileiter bis zu den gogornisierten Packträgern oder Muskelathleten einer mythologischen Strafanstalt, um den armen, guten, ideennackichten Kubus barmherzig zu maskieren, ein Mummenschanz, ein Saturnalienfest des ersten Naturreichs?

Hier liegt auch das Sesam der neuen Baukunst, den Stil nicht mehr in En- und Exanthemen primitivster Grundformen zu suchen, sondern in der mutierten, komplizierten Gestaltung der Großform selbst und ihrer organischen Subindividuen. Denn Exantheme sind diese Stilrepräsentanten alle, fremdkörperliche, mimikrale Ausschläge eines Primitivorganismus, den eine ästhetische Perversität des allzumenschlichen Auges auf dem Prinzip der Schönblindheit sanktioniert hat durch Jahrtausende.

Und noch ein kleines Intermezzo. Ich weiß, daß ich in den Augen meiner zünftigen Kollegen ein Sakrileg begehe, wenn ich die Gotik Karikatur nenne wie den Barock. Nun denn, was ist Karikatur? Mutation in einer Richtung, Hybridierung des Typischen, das, der hat, dem wird noch gegeben werden. Doch eben in dieser einseitigen Hybris liegt der Reiz dieser Stile, in diesem goldenen Schnitte, dessen meine Häuser ebensowenig entbehren, nur liegt er hier in den Komplexverhältnissen höherer Ordnung. Mit diesem goldenen Schnitte hat es noch eine eigene Bewandtnis; er ist fixiert worden und berechnet, und angeklammert an das Maß aller Dinge, sitzt er auf seinem gottesgnadlichen Dogmathrone. Ihm ergeht es wie jedem wissenschaftlichen Dogma, dem Kinde der Unwissenheit oder der Monomanie, es wird aprioriert und folgt gehorsam den Gängelbewegungen der eisernen Jungfrau heraus aus der unendlichen Kette der Möglichkeiten. Was kann der Goldene Schnitt dafür, daß aus unerforschlichen Gründen eine Mutationsperiode des Homo sapiens so lang ist, daß des Historikers Teleskop freudig umsonst nach heterogenen Prototypen tastet? Aber eine Wahrheit, eine Offenbarung setze ich über Euch, daß der starke Geist eines wechsellustigen Epityps schwanger über den Wassern schwebt — kleine, kleine Tropfen dieses Stromes fallen als ästhetische Kuriositäten der »Wilden« oder gestempelt mit anderen liebreichen Attributen aus der Sphäre der Menschenwelt. Soviel steht fest, der Goldene Schnitt ist individuell — die höheren Glieder der Lameschen Reihe nähern sich epizyklisch der großen Neuordnung des harmonischen Wertes. Ich will damit um Himmels willen keine prophetische Reform predigen, ein kleiner Kreis »Ent—arteter« wird den Brennpunkt der Linse verschieben, ob der Wille der Art nachfolgt, das ruht im Schoße der Nornen wie jedes Geheimnis der Entwicklung.

Allenfalls aber sollten wir uns freuen, daß die Architektur ein großes Erbe anzutreten berufen ist, daß sie Kind ist und nicht Greis, nicht greis und müde und klostersüchtig wie die Malerei, die lieber mit Wechselbälgen trächtig geht, die lieber Fremdlinge bebrütet, statt froh sich zu mischen mit dem Fremdartigen, sich zu versehen an der Fremdenschönheit und so den Fluch der Exosterilität zu brechen. Froh trotz des scheltenden Januszüngleins wird die Waage des neuen Baugeistes steigen, denn der Kubismus sprang von ihm wie ein elbischer Parasit, um der Muse der Malerei den schönen Leib zu versehren. Aufatmend wird der große Bauherr des Personalintellektes seine Ein-fälle hinausspannen in die dreidimensionale Atmosphäre, trotz Armut und Resignation der Gegenwart. Denn dieser Konflikt, in den dieser kulturelle Neuling gesetzt wird mit der materiellen Negative unserer Zeit, ist Chimäre. Ich deute hier nur die neuen Industriemöglichkeiten an, die Glasziegelindustrie, die Keramik, die Kunststeinindustrie, die Monolithenskulptur etc. Und um die Riesensummen, die die neuen Krösen in maskierte Kubusmumien verwandeln, getraue ich mir eine Familie neuer Baugeschöpfe herabzuholen aus Wolkenkuckucksheim auf den, ach so dürftig gewordenen Boden unserer alten, kranken Erde, ein Remedium dieser Leiderin vielleicht, die ihre Brut vergiftet haben mag mit den Autotoxinen ihres ewig Gleichen.

Zwei große Mutterpole der Kunst atmen sich durch die Jahrhunderte und Jahrtausende. »Eindruck und Ausdruck«. Zwischen diesen Polen tanzen die Mischungen und Vorherrschungen ihren unübersehbaren Reigen. Es ist höchst seltsam, daß die europäische Kultur ihre höchsten Gunstbezeigungen den restlosesten Nachahmungen reservierte, von der Schule an bis zum synthetisierenden Professor. Von welcher sterilen Rasse kam uns nur dieser Fluch, der selbst den göttlichen Schöpfer zum spiegellustigen Narzissus herabwürdigen mußte, weil es ihm anders nicht gelang, die sonst gelungene Schöpfung zu bekrönen. Die lange Nachwelt freilich wird etwas anders sieben, und der Tag mag vielleicht nicht mehr im Unvorstellbaren schwimmen, da sich die Menschenmütter nimmer versehen an ihresgleichen, und da der Mensch nimmer seinen Gott erschaffen wird nach »seinem« Ebenbilde, sondern im Rausch der ewigen Weltenkunst. Alle impressionistische Kunst, ob sinnlich oder seelisch, ist ein totes Geleise, ein isoplaner Kreislauf. Diese Kunstmenschheit gleicht einem Prozessionsspinnerzuge, den man einmal im Kreise geführt und der nun, gebannt an seinen Faden, diesen Kreis ausläuft bis zur Ermattung, wenn es nicht einem exzentrischen Individuum gelingt, den Zauberzirkel zu durchbrechen. Was ist denn Kunst? d. h. was soll sie sein? Polarisierte Schöpfung der Weltseele, die, durch die Membranen der organischen Wesen hindurchtretend, neue, sublimere Geschöpfe bildet, die sich allmählich höher organisieren müssen. Sagt mir, ob ihr nie euren heiligen Leib angesehen habt oder empfunden als Bauwerk kleinster, emanzipiertester Zellindividuen? Wie, wenn wir nur lebende Architekturen wären solch liliputanischer Elemente, die sich selbst einbauen in die Riesenwucherungen ihrer orga-

nischen Maschinen. Von den alten Atlantiern geht die Mär, sie hätten es verstanden, die einstigen wohl noch fruchtbareren Großsubstanzen ihrer jungen Erde so zu reizen, daß Dome aufwucherten auf den Substraten, Bildungen je nach Material, Form und Dynamik des Reizes — oder was uns Läuse und Käfer noch tausendmal schöner zeigen, wenn sie ihren Bruten Paläste bauen direkt aus dem Leibe lebendiger Pflanzen, grünschillernde, saftstrotzende Dome, in denen der Choros der Welt nicht minder schön erklingt als in den Säulenhallen eines Sonnensystems.
Die atlantischen Verhältnisse sind nicht mehr, aber der Wille der Weltfluidien sucht sich neue Wege, und die Prototypen neuer Formen lauern längst auf die organischen Träger, die ihre Keime aufzunehmen und zu bilden imstande sind, Ammen, Mütter, für Zwerge oder Riesen, deren Leben und Bewußtsein in anderer Sphäre vibrieren mag — »unser neues Bild und unseren neuen Bau«.
Diesem Neuland will ich Euch nähern, doch scheut den Berg nicht, der Euch heute noch trennt von der Schlaraffeninsel, die morgen Euer lieber Besitz sein kann — den Breiberg der Gewohnheit und der Trägheit.
Das Jüngste Gericht des Baugottes wird die gewaltige Grenze legen zwischen den alten und neuen Bauern, wird scheiden müssen, die da zusammenrechnen mit rationiertem, rationalem Geiste als Diener und Hörige des Stoffs, und denen, die die atmende Kraft der quellnahen Seele in den Äther beulen, auf daß der Stoff ihr zu gehorchen lerne. Der Genius lebt nur im Intuitiven — in keiner Kunst war dies Göttliche so lange gelähmt als im Schaffen der Tektonik.
Der plastische Trieb der meisten Bauer schließt ja unvermittelt an die Elastizitätsgrenze seiner ätherischen Umwelt, und nur schwer wird er mitfühlen können das langsame, zielsichere, osmotische Sicheinbohren und Auskleiden der Luftfisteln, die der grobe expansive Trieb erzwang, diesen wollüstigen Kampf wider die Luftsäule, diese Relationsfortifikationen mit ihren periodischen Ringen und Wülsten, ihren Häutungsakten — und Katarakten —, ja Häutungen können es sein unserer wandlungssüchtigen Leibseele, Häutungen, die sich verdichten an den Grenzen unserer Körperatmosphäre, ein Augenblickskind einer gehorsamen Gorgo, schützend und schön und monumental im wahrsten, nächsten Sinne unsere Form umkleidend nach den zwangsläufigen Moden unserer ureigensten, sublimsten Ent-wickelungen; die immobilen Möbel genießend als liebe, eigensinnige Rückschläge der Ätherfront, sich und den Außenleib Besitz anvertrauend diesen siegreichen kleinen Formmatrizen. Die Objektivationen können noch rückwirken, unser ferneres Wachstum fermentieren in ungeahnter Weise, jedwedes Eigenhaus kann so zum Dome werden, dessen elastischer, aber grenzabhängiger Inhalt uns weiter zu modellieren vermag, ein Sarkophag seelischer Neugeburten, ein rückwirkender, aufbauender Parasitismus, der seine Wirkungsgrenze erst bei einem gewissen, individuell veränderlichen Immunitätsgrad erreichen wird. Die Intensität solcher Wandlungen wird höchst persönlich sein, architektonische Ephemeren werden in Erscheinung treten, und die sammelnde Tätigkeit zukünftiger Kunstempfänger wird sich mit der Mimifizierung und Monumentalisierung solcher, höchst reizvoller Gebilde vertraut machen müssen. Materiale, die nicht Dauerhaftungen eingehen müssen, werden möglich werden, und der Fluch des Jahrmarktes wird von solchen Gestaltungen schwinden, wenn erst der

Wert eines gewissen Nomadismus und Proteismus erkannt und anerkannt sein wird.

Erhärtete Kraft, versteinerter Wille, so was, denk' ich, sollte doch Architektur sein, auch wenn sich die formalen Regungen nicht so folgsam lotrecht stellen zum Nabel der Erde, sondern trotzig die Demarkationslinien ihrer Raumsiege behaupten und monumentieren. Mir scheint, solch festgewordene Emanation kann so gut lasten auf der irdischen Kruste als immer ein abstrahiertes Raumgitter, das nachträglich kreaturendicht gemacht wurde — sie braucht noch lange nicht wie ein Schmuggler über die arabischen Grenzpfähle himmelsüchtig flüchtig gehen, ein Mitreiter alladinischer Geisterstädte. Und bedarf es nicht wahrhaft tektonischer Energien, gewaltige Seelengeysire staukräftig himmelaufzuschleusen, kleine, neckische Ergebungen und Niederlagen gegen den Riesenstrom der planetarischen Elektra spielerisch verschenkend, aber im Großen zerstäubend wie die irisierenden Splitter eines abgrundtiefen Wasserfalles. Und den Herren Gegnern, die so antäisch auf dem Boden ihrer Natur und deren Wissenschaft stehen, möchte ich einmal in ihrer Sprache ihr geistig Näslein sanft auf die negative Photophorese drücken, ob denn nicht einmal der Zug des Astrallichtes stark genug sein könnte, die verriesten Offenbarungen menschlichen Titanenrestes in die weitmaschigen Schichten der Erdaure zu saugen. Die Pyramide ist ihnen das Urbild statischer Erhabenheit und jedes Meisters heiligstes Exempel, trotzdem ihr reiches Fassadengewand längst gelöst von der liebenden Zeit, und doch führt der Schlund dieser Kantenkegel des Hundssterns irdischen Strahlenbund sicher zu der Erde Mitte, und des Minos Labyrinth steht bereit wie ein Gotteshaus — terrestrische Vertreter des hehren Tierkreises ranggemäß wohnlich zu beherbergen. Und seid Ihr, feindliche Brüder frühern Wurfs, unrettbar verfallen dem rationierten Trieb, dem Banne eines fernbewußten Geistes, der Eure tiefsten Atavismen verknüpft mit den Traumesahnungen des Erdtodes, so wißt, daß auch Euch »eine« Erlösung sein kann nach dem Maß Eures Wesens, nicht im Kristallwasser der Weltseele, die Ihr beschwimmt im Spiegeldruck der Jahrtausende, blinde Titanenembryonen aus dem Gottesgedächtnis einer Calpa — doch im flüssigen Kristalle, der sich uns offenbart hat als zwergigster Zwerg im Brennpunkt unseres Überauges. Ihr neulichen Brüder aber seid nimmer Leibeigene des orthoklinen Geistes, kristallisierten Menschenvolkes Vorgebilde — nein, Glasbläser, göttliche, riesige Verfestiger Eures Atems, den die Gottheit schwellt in allen Kadenzen der Weltseele — in diesen fügigen Stoff schenkt Eure Liebe, Eure Lust und Wollust, den Übermut und seine spitzen Speier, der Sehnsucht grenzenlose saugende Tiefe, der Scham Verziehung, die sich hehlend dichtet, und höchster Ahnung maßgewaltige Ruh. —

Und empfindet Ihr nicht auch unsere Architektur von gestern und heute als kosmische Auffälle, aufgepfulgt auf die Krume unserer Welt, zentrifugal deformiert und nachträglich von einem bogenfeindlichen, boshaften Geiste gekantet und geschärft, auf daß die weichen Seelen dran sich sehren statt verfallen wie ein heißer Tropfen aus den Stigmen eines Gottes, stalagmitische Wunder bauend auf dem Mosaik der heiligen Erde? Auch schreien unsere Bauten nach dem Ausgleich, schreien nach Polarisation, weil ihre Gegenbildung, ihr Rückschlag außer ihnen liegen muß, nicht in ihnen ruht wie bei organisierten Gestaltungen. Von einer Ruhe

solcher Statik kann nur eine unempfindliche, kurzfühlige Menschenkonstitution plaudern. Unsere Architektur ist künstlich, nicht künstlerisch, sie ist ein gewaltiger Vorläufer der künstlichen Ernährung und künstlichen Befruchtung, dessen Degenerationsperiode, dessen Todesinkubationsdauer merkwürdig chronisch geworden ist. Es mag in der Natur dieses Dinges liegen, daß solche Anpassung an den organfremden Zwangsweg möglich war bis zu gewissem Grade, aber kommen muß die Grenze, und ich ahne, daß sie nicht mehr ferne ist. Gleich Einsiedlerkrebsen stecken wir ja unseren unbeschützten Seelenpodex in die verlassenen oder sarkophagen Schalen artfremder Geschöpfe, und diese Unart ist zur erbfesten Artgewohnheit geworden, dem sich bis heute kein Mitglied dieses Kreises entzogen hat. Aber hoch Zeit ist es, diesen wichtigen, auch lebenswichtigen Teil menschlicher Existenzform zu regenerieren, die bedenkliche, ermüdende Autogonie zu verlassen, ehe das Maß der elastischen Faser erreicht ist. — Und oft scheinen mir unsere maserierten Riesenquader wie unsympathische Kraftprotzereien eines Pygmäenhaufens im Gigantenpelz, vortäuschend einen Kristallisationsprozeß unter gewaltigen Atmosphären, nicht ein in göttlich spielerischer Wahl modelliertes, von Schöpfermund zufrieden verewigtes, gelungenes Kunstwerk. Und wenn das letzte Aggregat schon sinnfälligst dokumentiert sein muß, liegen nicht selbst im Reiche des uns Toten übersäte Reichtümer an Form und Farbe, deren der orthokline Eckling nur ein Fragment bedeutet. Jede reiche Teufe konkurriert siegreich mit den Einöden unserer hochmütigen Menschennester. Nein, ein Schrei aus dem Exil der Demiurgen geht nach dem Heiland, der der großen Mutter das Arkanum bietet, ihr verfluchtes Lithopädion zu resorbieren und die Kraft ihrer unvergänglichen Keime in ihr vollblütiges Ebenbild zu hauchen, zu segenreicherem Idole den Enkeln dessen, der das Feuer stahl.

Hermann Finsterlin (Oberbayern)

Wer zu Sinnreichtum kommen ist, der wirket alle sinnlichen Dinge desto bass. *Heinrich Suso*

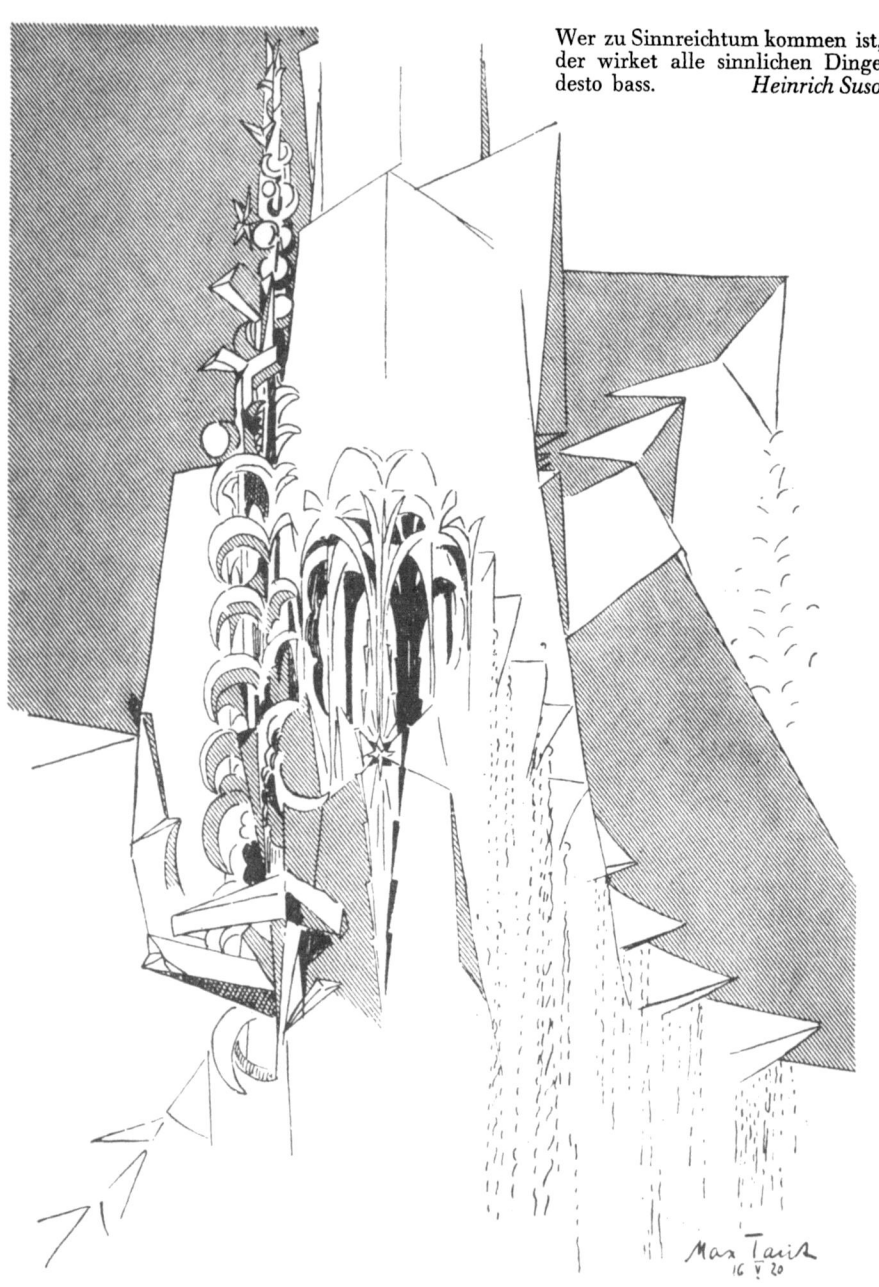

ANREGUNGEN

Von Paul Gösch

ARCHITEKTONISCHES

Dem Künstler, der innerhalb der Tradition schafft, werden beim Nachbilden des »Gewohnheitsbildes« (man ist gewöhnt, daß die Säule einen Kopf hat, usw.) Tiefen wach, die unmittelbare Klänge, Harmonien herauslassen.
Das Gewohnheitsbild ist nur Anlaß, Rohstoff. Der Kunstwert bleibt der gleiche auch für einen Betrachter, dem das Gewohnheitsbild kein solches mehr ist. Der Louis-Seize-Künstler gibt in seinem Dorischen Tempel etwas ganz anderes als der Künstler in Selinunt, der auch die Profile seines Tempels aus Griechenland holt.
Nicht so ernst! Um eine Tür kann man unbedenklich eine Girlande herummalen. Man schmückt mit dem, was man gerade zufällig da hat (oder was einem einfällt).
Das Steigern der Formen zur absoluten Schönheit muß allmählich und von selbst kommen. Es darf uns nicht dumm machen.
Flaubert sagt: ein Kunstwerk muß dumm sein wie eine Kuh, d. h. der Künstler muß tun, als ob er so dumm wäre, daß er die Forderung der »Schönheit« nicht kennt. Allerdings schwebte Flaubert dabei wohl nicht etwas so Herrliches, Reines dabei vor, wie wir es jetzt meinen. Richtig an seinem Streben war nur die Abkehr vom Klassizismis. Auf dem Wege von ihm zu uns stehen die Dadaisten.
Ein Turmhelm kann ruhig aussehen wie ein Baumkuchen, der ist schöner als ein schlecht nachgeahmter gotischer Turmhelm.
Man hat eine Zeitlang in den Putzflächen Bossen stehenlassen, um die Fläche zu beleben. Es wirkte meistens ekelhaft (»gemotzt«!), wie muß man es machen? Die hingesetzten Bossen oder Farbflecken oder ähnliche Mittel sind eine Handschrift. Man muß, während man sie hinsetzt, sich einer gläubigen, tiefen Stimmung oder einer heiteren, je nachdem, hingeben und vertrauen, daß sich diese Stimmung den Flecken mitteilt, wie der Geiger sein Gefühl dem Ton mitteilt. Der ausführende Arbeiter muß mit in dies Geheimnis gezogen werden.
Eine Tafel hübsch anordnen oder sich sein Zimmer einrichten, ist im Grunde dieselbe Tätigkeit wie das Bauen und auch das Malen. Was darüber hinaus als besonderes Talent gefordert wird, ist vielleicht nichts anderes als der Rest Antike, den wir in uns haben; es ist der Wunsch, s i c h i m p o n i e r e n z u l a s s e n.
Van de Velde sagt, eine gerade Linie tue ihm weh. Verwenden wir aber trotzdem gerade Linien und Rechtecke, so kann man sich helfen, indem man die geraden nicht exakt ausführt und besonders, indem man beim rechten Winkel die Linien, kurz ehe sie zusammenstoßen, kleine Schnörkel ausführen läßt.
Tritt man bei einer alten gotischen Backsteinkirche zwischen die Strebepfeiler direkt an die Mauer der Kirche (von außen) heran und läßt das Mauerwerk von ringsher auf sich wirken, so empfindet man einen Glutrausch in dieses Mauerwerk hineingeheimnist. — Alles in diesen Aphorismen, besonders über die Arbeiter gesagt, strebt darauf hin, solche unmittelbare Schönheit wieder schaffen zu können.
»Ich würde diese Stelle recht schön machen, wenn ich nur wüßte, daß mir alles

Marmordom

andere dann auch gelänge.« So etwa empfindet man oft beim Schaffen. Da muß man sich sagen: »Es w i r d schön! Und wenn nicht, so wird sich zeigen, daß auch die Disharmonie eine Harmonie ist.« Nur nicht lügen! d. i. verbessern und herumprobieren, auch nicht an den Profilen!

Man kann ein Gebäude »weich in die Luft stellen« (atmosphärische Auffassungsweise!) durch Umhüllung mit Zierformen; Säulenkränze, vorgesetzte durchbrochene Platten, plastische Mauervorsprünge. Die Umhüllung kann mehrfach und in wechselnden Maßstäben ausgeführt werden (First des Straßburger Münsters; Stäbe vor den Fenstern). — (Dadurch werden auch die von Ludwig Hoffmann gefürchteten großen Löcher in der Fassade vermieden. Beachtet man, daß durch diese Bemerkung auch die Forderung der nicht zu großen Fenster atmosphärisch aufgefaßt werden kann, so hat man ein Beispiel dafür, wie eine ursprünglich großen Aufwand

erfordernde Kunstforderung wie hier die Umhüllung eines Gebäudes in einfachster Ausführung ihren Widerhall finden kann. Anderseits zeigt sich hier auch etwas von den inneren Zusammenhängen der Architektur: Die Umhüllung eines Gebäudes setzt sich rein ästhetisch mit der Atmosphäre auseinander. Die Fensterabmessung regelt die praktische Verbindung der Hausbewohner mit der Atmosphäre. — Übrigens hat die nordische Baukunst [Bremen] auch große Fenster gut gelöst.)
Gedanken für einen reich ausgeführten Bau: Kalkputz nicht glattstreichen, darauf an einigen Stellen Wandmalerei, an anderen bunte Glasscherben in schönen Glasformen eindrücken, an anderen Gemälde in plastischen Schmuck gemischt. Malerei auch auf unverputzter Wand aus Hintermauerungssteinen, die Fugen nicht glattgestrichen. Plastik durch Verkragung von Bausteinen gebildet, verputzt und verziert wie oben, oder roh, und zwar entweder behauen (wirkt wie große Holzschnitzerei) oder unbehauen (wirkt wie Punktmalerei), die Steine müssen dann aber möglichst unregelmäßig gebrannt sein.
Die Plastik am liebsten nicht nach Skizze, ohne jede Vorarbeit von den Maurern ausgeführt. Keinesfalls aber dürfen die Vorsprungsmaße in Zentimetern angegeben werden. — (Auch das Mosaik von Pechstein bei Gurlitt ist noch zu exakt ausgeführt.)

Die Bauarbeiter werden in die Stimmung des Baus eingeführt wie die Virtuosen eines Orchesters. Die Einzelheiten müssen ihrer eigenen Kraft überlassen werden, diese Kraft muß für den Bau nutzbar gemacht werden.
Rekapitulation: 1. Stimmungsarchitektur: Eindrücke von Stalaktiten, eines Getreidefeldes, des Wirbelwinds, Nachbildung von Schneckenhäusern, Schädelformen, ein Grundriß nach dem Schnitt durch ein Ammonshorn mit den einzelnen Kammern.
2. Abstrakte Architektur, aus der Mathematik abgeleitet: arabisches Ornament, gotischer Dreipaß, Symphonie in Zahlen und Formen, Farben. — Trennungen, Gruppierungen, Übergänge, farbige durchbrochene Wände voneinander — etwa auf goldenem Hintergrund, alles reich verziert, nach ornamentalem Grundriß, Wandauflockerung nach plastischen Gesichtspunkten.
Vermischung beider Wege, indem in den zweiten Gefühlsklänge hineingenommen werden oder im ersten die Ausgestaltung der Grundidee nach 2 in rhythmischer Weise usw. geschieht.

> Sanna: Es ist seltsam in dieser Zeit, daß die Menschen alle anfangen, von den wahrhaften Dingen zu reden.
> Der Mann: Die Menschen beginnen langsam wieder zu denken. Die auf den Bergen und an den großen Wassern haben schon immer gedacht. Und nun sind die Berge und die großen Wasser auch zu den andern gekommen.
>
> Aus: *Alfred Brust, »Der ewige Mensch«*

 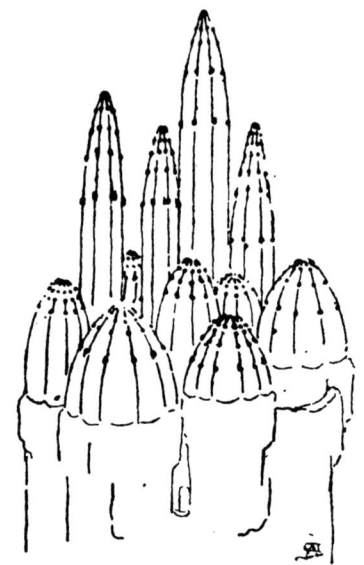

Ungefähr gleich große Glieder (Stockwerke), unten die Wände stärker und die Lichtöffnungen kleiner, nach oben erstere ab-, letztere zunehmend. Material: Eisen, Beton oder Fliesen, Glas. Seitlich davon ähnliche kleinere Gebilde, nicht besteigbar, nur als künstliche Begleitmotive zum Hauptbau, um zwischen ihm und der Horizontalfläche der Landschaft zu vermitteln. Aufzug oder Wendeltreppe.

Stahl und Glas, Fliesen und Stein. Was da alles an Instrumenten, lang und dünn oder dick und breit, erfunden und untergebracht werden kann, überlassen wir den Wetterforschern. Es könnten auch einige Kristallspitzen zum Drehen eingesenkt werden. Verraten sei ferner, daß manche Menschen schon ausgezeichnet feine Instrumente für Wetteranzeige im Leibe haben. Man könnte sie sinngemäß pflegen, ja »züchten«!

Zeigt keine getrennten Häuser, die Räume sind in den Terrassen untergebracht, deren Dächer Gärten tragen. Die Gemeinschaft, als vielfach doch einheitlich gegliedertes Ganzes, um eine Zentrale (hügelartiger Aufbau) gruppiert, ist hier stark ausgeprägt.

Gesellschaftshaus - Siedlungskern Birkerlain.

Von dem leichten, lichten Bau der Lärche soll der Heimbau etwas haben, auch von ihren hellen, frohen Farben: so fügt er sich zart ein in die stille Grundlage der Natur. Die ganz hohen und breiten blanken Scheiben lassen viel Licht ein! Wie Blumen der Wiese, so bunt versammeln sich in den Hallen die fröhlichen Menschen! Die einen kommen zu einem Schmaus für die Ohren, andere gedenken mit den Augen zu trinken, andere wollen Leben saugen aus tiefdringendem, wortscharfem Denken.

WORTE AN DIE MEISTER ALLER WERKE

Die Natur ist so eingerichtet, daß der Mensch, überall wo er sich befindet, sich als den Mittelpunkt des Weltalls sieht. Mag er auf dem Meere oder in der Wüste weilen: er ist genau der Mittelpunkt der Fläche, und der Himmelsdom bei Tag und Nacht ruft dem Menschen dauernd zu: Dies ist d e i n Saal! Nur um d i c h ist dieses große Kreisen! Nur für d i c h ! —
Es ist dieses eine der größten Tatsachen, die den Menschen unheimlich zu werden begann. Deshalb fingen sie an, diese Tatsache zu verbauen. Sie schufen Räume, die dem Einzelwesen durch ihre Breite und Tiefe das Gefühl der hohen Verantwortung, des Mittelpunktes dieser Welt nahm. Die Menschen wollten nicht der Gott sein, wollten nicht verantwortlich sein für das Wachsen und Leben der Pflanzen und Tiere. Deshalb verstanden sie es, diesen Mittelpunkt zu vergessen, indem sie in Häuser mit gründlichen Dächern krochen und sich dort überall den zuschauenden Blick angewöhnten, den sie auch mit ins Freie nahmen, um die Bäume im Walde nicht kreisförmig um sich herum, sondern »objektiv« stehen zu sehen. Auch in die Theater gingen sie als Z u s c h a u e r und begriffen nicht, daß immer nur sie selber der Held, die Geliebte, der Statist in der großen Tragödie waren.
Ich höre, daß Baumeister am Werk sind, die der Menschheit wieder den großen Blick schenken wollen. Sie wollen Bauten schaffen, die das Einzelwesen nicht einen Augenblick lang vergessen lassen, daß es der Mittelpunkt des Universums sei und sich unausgesetzt als solches zu benehmen habe.
Jedes Mittel, das dazu angetan ist, dem Menschen unausgesetzt die Tatsache, daß er und g e r a d e e r der Mittelpunkt des Universums sei, ins Bewußtsein zu graben, ist geheiligt. — Das ist ein Axiom!

Alfred Brust

Heute sehen die Menschen noch nicht den Raum, sie sehen den Himmel, aber noch nicht den RAUM.

Christian Morgenstern

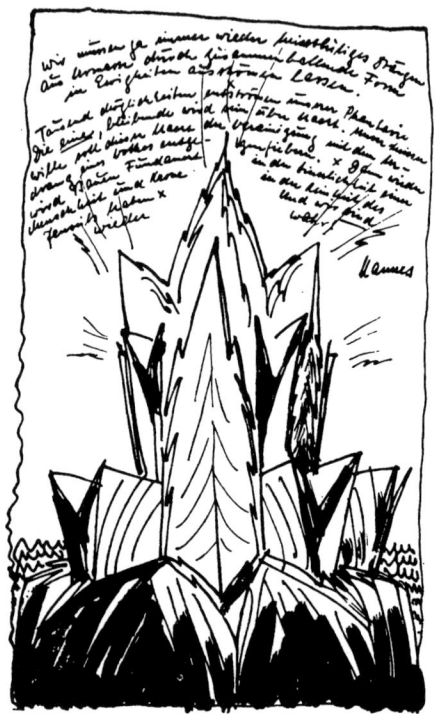

KOSMISCHE FARBEN-LIEBE

Scheerbart: Das Licht will durch das ganze All und ist lebendig im Kristall. — Es flutet aus dem Kosmos in unsere Räume; die Farben, die wir auf die Wände bringen (auch wenn sie nicht aus Glas sind), sind sein Niederschlag, unsere Auseinandersetzung mit der Tiefe, aus der es kommt, innere Entscheidung für Sterne als seine Entsender (Seelen-Horoskop, heute unbewußt, später vielleicht bewußt). Ein ausgeführtes Beispiel: Zimmer eines Paares. Ultramarinblau und Purpurrot, beides in gleicher Intensität und Substanz (Pflanzenfarbe in Leim) auf den zeltartig gegeneinander stoßenden, bis zum Boden schrägen Wänden und auf der Decke, flächenhaft einfach verteilt und im ebenso einfachen Widerspiel. Chromgelb, Orange und Schwarz als Begleitung auf senkrechten Flächen. Alles in erreichbar reinen Tönen. Spiel des Blau und Rot: Im Reflex des Sonnenlichtes glühen beide absolut gleich, im einfachen hellen Tageslicht wird Rot hell, fast rosa, Blau akkompagniert in äußerster Tiefe, und kommt die Dämmerung, so wird mit zunehmender Dunkelheit Blau immer heller, fast weiß erscheinend, Purpur aber immer tiefer und fast schwarz. Wechsel von Hervor- und Zurücktreten. Die Lampe aber, das Menschenlicht, macht beide gleich ruhig und mild. Das kosmische Spiel des Doppelsterns Blau und Rot hört auf. Das Horoskop des Paares: gefühlsmäßig unbewußt der Doppelstern Blau und Rot als Schicksal dieses Zimmers.

(Voraussetzung für solche Dinge: keine Gardinen, keine Bilder und »Kisten« an der Wand und keine Psychologie bei der Konzeption!)

(Dies, Herr Geheimrat R., zur Ergänzung unseres Gespräches für goethische oder kosmische Farbenlehre!) Glas

An unsere Leser!

Das „Frühlicht" von Bruno Taut erscheint heute zum letzten Male im Zusammenhang mit der „Stadtbaukunst Alter und Neuer Zeit". Herr Taut war für diesen Teil unserer Zeitschrift allein verantwortlich und hat unbehindert seine Ansichten und die Ideen seiner Mitarbeiter vorbringen dürfen, so oft diese auch unsern Empfindungen widersprachen, denn es war einer der Zwecke der Stadtbaukunst, der Jugend Gelegenheit zu geben, alles das, was in ihr gärt, was sie erstrebt, was sie von der Zukunft hofft, vorzubringen und weiteren Kreisen zu zeigen. Diese Aeußerungen waren heftig. Doch im Gedanken, daß der Most, „wenn er sich noch so absurd gebärde, doch guten Wein gäbe", hofften wir auf ein Reifen der sauren Früchte. In der vorliegenden Nummer hielt es der Verfasser der „Anregungen" für geboten, mit seinen philosophischen Vergleichen auf Gebiete hinüberzugreifen, die dem Kreise unseres Blattes ganz fernliegen, in einer Art, die geeignet erschien, die Scham zu verletzen. Herausgeber und Verleger baten Herrn Taut, die heikelsten Stellen fortzulassen oder abzuändern. Herr Taut glaubte aber, auf dem Abdruck bestehen zu müssen, da er sie für die Entwicklung der Baukunst und zum Verständnis der neuen Ideen für notwendig halte. Da eine Einigung nicht zu erzielen war, hat Herr Taut seine Tätigkeit bei der Stadtbaukunst niedergelegt. Die umstrittenen Stellen sind nicht zum Abdruck gekommen. Wir halten an den Zielen fest, die wir uns bei der Gründung gesteckt haben. Alt und jung sollen zu Worte kommen. Den Fachgenossen aller Richtungen wollen wir unsere Spalten offen halten. Wir wollen uns des Großen und Schönen freuen, das uns die Vergangenheit brachte, das im Ringen der Zeit geborene Gegenwärtige pflegen und vor allen Dingen auch die Bestrebungen, Hoffnungen und Entwürfe der jungen Künstlergeneration zu allgemeiner Kenntnis bringen, soweit bei ihnen zu erkennen ist, daß sich die künstlerischen Phantasien auf technisch mögliche Grundlagen aufbauen. Auf diese Weise hoffen wir die hohen Werte der alten Kunst in eine spätere bessere Zeit hinüberzuretten und die Schwungkraft des jungen Künstlergeschlechtes vor der Verkümmerung zu bewahren, die ihm droht, wenn es sich ausschließlich mit dem Einerlei der heute allein möglichen sparsamsten Notbauten befaßt. Aber wir wollen nicht in die politische Arena hinabsteigen und wollen die Besprechung religiöser und sittlicher Fragen den dazu Berufenen überlassen.

Die Schriftleitung.

Verlag: »Der Zirkel« Architekturverlag G. m. b. H., Berlin. — Druck: Buchdruckerei Gustav Ascher, G. m. b. H., Berlin. Verantwortlich für den Schriftleitungsteil: Walter Lehwess, Berlin-Nikolassee; für den Anzeigenteil: Hans Cuno, Berlin.

Inhalt der 14 Berliner »Frühlicht«-Ausgaben Januar bis Juli 1920

Die in der vorliegenden Auswahl *fehlenden* Beiträge sind *kursiv* gesetzt.
Die wiedergegebenen Beiträge sind mit der Seitenzahl (in Klammern) versehen.

1   Bruno Taut: Nieder der Seriosismus! (11) / Adolf Behne: Glasarchitektur (12) / Zeichnungen von Paul Gösch (15)

2   E. T. A. Hoffmann: Rat Krespel / Bruno Taut: Was ist Perspektive? (16) / Zeichnungen von Carl Krayl (18), *Paul Gösch* / Wenzel Hablik: Das drehbare Haus (17)

3   *Bruno Taut: Siamesischer Tempelbau* / Paul Scheerbart: Glashausbriefe (18) / Bruno Taut: Notiz (23) / Zeichnungen von Carl Krayl (21), Bruno Taut (22), Wassili Luckhardt (19)

4   Matthäus 9, 16—17 (23) / *Jesaia Kap. 43, 49* (24) / *Prophet Haggai Kap. 1, Vers 3—14* / *Marcus 9, 23* / *Paul Claudel: Peter von Ulm (aus »Verkündigung«)* / *Prophet Nahum Kap. 3, Verse 12, 16, 17* / Zeichnungen von Wassili Luckhardt (24), Carl Krayl (25)

5   *Paul Claudel: Peter von Ulm (Schluß)* / Paul Gösch: Architektonische Aphorismen (24) / *Tschuang-Tse: Der Glockenspielständer (aus »Reden und Gleichnisse«, ausgewählt von Martin Buber)* / Zeichnungen von Hans Scharoun: Volkshausgedanke (26, 27)

6   Alfred Brust: Ein Bauspiel (29) / *Hermann Finsterlin: Die Polarität der Weltarchitektur* / Zeichnungen von Hermann Finsterlin (30) / Bruno Taut: Grabmal für Hermann Essig (32)

7   Bruno Taut: Haus des Himmels (33) / *G. Th. Fechner: Vom Leben nach dem Tode* / Zeichnungen von Bruno Taut (34, 35, 36)

8   *Offenbarung Johannes, Kap. 21 (Das siebente Gesicht vom Neuen Jerusalem)* / *Cor.: Notizen* / Bruno Taut: Pro domo (37) / Zeichnungen von Carl Krayl (38, 39, 40)

9   Von einem protestantischen Pfarrer: Vom heiligen Bau (41) / Zeichnungen von Wilhelm Brückmann (43)

10 A. A.: Brüder, wir ketten die Brust (46) / Paul Bommersheim: Philosophie und Architektur (47) / *Paul Gösch: Allgemeine Kunstbetrachtungen* / Zeichnungen von *Wilhelm Brückmann*, Carl Krayl (49), Hans Scharoun (50, 51)

11 Hermann Finsterlin: Der achte Tag (52) / Zeichnungen von Hermann Finsterlin (53, 55, 59)

12 *Gotik (Meister Eckhart)* / *Aus den Visionen der Schwester Hadewich* / *Paul Scheerbart: Der Tortenstern (aus »Liwuna und Kaidoh«)* / Paul Gösch: Anregungen (61) / Alfred Brust: Aus »Der ewige Mensch« (63) / Zeichnungen von Max Taut (60, 62), Hans Scharoun (66)

13 *Friedrich Hugo Kaldenbach: Aus Briefen an seine Frau* / *Zeichnungen von Friedrich Hugo Kaldenbach (Entwurf für eine Musikschule)*

14 Mitteilung der Schriftleitung (Cornelius Gurlitt): An unsere Leser! »Das ›Frühlicht‹ von Bruno Taut erscheint heute zum letzten Male...« (67) / Paul Gösch: Anregungen (64, 65) / Bruno Taut: Kosmische Farben-Liebe (66) / *Waldemar Bonsels: Brahmine und Christus (aus »Indienfahrt«)* / Alfred Brust: Worte an die Meister aller Werke (65) / *H. de Fries: Es ist notwendig* / Zeichnungen von Paul Gösch (64, 65)

FRÜHLICHT

EINE FOLGE FÜR DIE VERWIRKLICHUNG DES NEUEN BAUGEDANKENS
HERAUSGEBER: BRUNO TAUT

»DIE KUNST IST ÜBERHAUPT NICHTS, WENN SIE NICHT NEU IST.«
KARL FRIEDRICH SCHINKEL — (NACHGELASSENE SCHRIFTEN)

WIE ES EINMAL TAGEN WIRD — WER WEISS ES! WIR SPÜREN ABER DEN MORGEN. WIR IRREN NICHT MEHR ALS MONDSÜCHTIGE DURCH DIE NACHT VERTRÄUMT IM BLASSEN SCHEIN DER HISTORIE. EIN KÜHLER FRÜHMORGENWIND UMSPÜLT UNS; WER NICHT FRÖSTELN WILL, MUSS SCHREITEN. UND WIR UND ALLE MIT UNS SCHREITENDEN SEHEN IN DER FERNE DAS FRÜHE LICHT DES ERWACHENDEN MORGENS. WO SIND ALLE NACHTGESPENSTER! GLÄSERN UND HELL LEUCHTET IM FRÜHLICHT EINE NEUE WELT AUF, SIE SENDET IHRE ERSTEN STRAHLEN AUS. VORGLANZ DER JUBELNDEN MORGENRÖTE. JAHRZEHNTE, GENERATIONEN — — UND DIE GROSSE SONNE DER BAUKUNST, DER KUNST ÜBERHAUPT, BEGINNT IHREN SIEGESLAUF. / DER FRÜHLICHTGEDANKE FINDET IN DIESER FOLGE SEINEN SPIEGEL NICHT ZUM ERSTEN MALE. ES WAR UND IST GUT, IN FREIER PHANTASTIK DEN HORIZONTBLICK UNGETRÜBT ZU ERHALTEN. ABER ES GIBT SCHON PROBEN DER VERWIRKLICHUNG DES NEUEN GEDANKENS IM STOFF, UND VORWIEGEND DIESER VERWIRKLICHUNG SOLLEN DIESE BLÄTTER DIENEN, AUSGEHEND VON DEM WIRKEN IN EINER ZUKUNFTSFROHEN STADTVERTRETUNG. SIE SOLLEN DIE KAMERADEN IN DEUTSCHLAND FREUDIGER MIT UNS SCHREITEN LASSEN. UND UNSERE WEGE WERDEN SICH MIT DENEN BEGEGNEN, DIE UNSERE BRÜDER IM GEISTE SIND JENSEITS DER GRENZEN. / WIR GLAUBEN AN KEINE PARALLELE VON MATERIELLER UND GEISTIGER BLÜTE. DER VOLLE MAGEN LIEBT NICHT DIE GEDANKEN, DER ÜBERVOLLE HASST SIE, ER WILL RUHE. WIR GLAUBEN GERADE HEUTE UM SO MEHR AN UNSER WOLLEN, DAS UNS DEN EINZIGEN LEBENSWERT SCHAFFT. UND DIESER WERT IST: DIE EWIGE WANDLUNG.

FRÜHLICHT IN MAGDEBURG

Von Bruno Taut

> Habe ein festes Bleiben in dir selbst, bis daß du aus dir selbst ohne dich selbst gewirket werdest.
> *Heinrich Suso*

Von Magdeburg nimmt nun ein »Frühlicht« seinen Lauf. Es mag vermessen klingen und auch sein, besonders im Hinblick auf das übliche Urteil über diese Stadt. Wir kennen dieses Urteil und bestreiten es am wenigsten: die einst blühende Stadt — der Dom allein bezeugt neben vielen wenig bekannten anderen Schätzen ihren alten Glanz — erlitt drei Zerstörungen; die erste durch Tilly, eine grausame, deren Folgen wegen der ungebrochenen Kulturkraft der Zeit aber überwunden wurden. Die zweite aber, die durch die Franzosen, griff tiefer. Sie machte die herrlichen Kirchen zu ausgeweideten Leichen, und vollends die dritte kannte kein Erbarmen. Sie zerstörte nicht bloß, sondern »baute« in völliger Ratlosigkeit »auf«, so daß heute ein Gefäß da ist, ein großes zwar, aber ein leeres, wenn man an das denkt, was einen Menschen und eine Stadt anziehend macht. Dieses Urteil erkennen wir als ein richtiges und erkennen hieraus das, was zu tun ist. Wir sehen, daß es auf diesem Boden kein Zurück gibt und daß gerade hier das Klagen über die Häßlichkeit unserer Umwelt sentimental ist. Wir wissen, daß gerade aus dieser Sentimentalität die architektonischen und stadtbaulichen Fehler »unserer Väter« herrühren und daß diese Zeit in dem Sinne einzig war, als sie sich selbst im Grunde nicht mochte und deswegen ihre eigenen Bedürfnisse in einem nur scheinbar alten, wissenschaftlich »echten« und künstlerisch darum unechten Kleid schamhaft zu verdecken suchte. Dies ist allerdings keine allein magdeburgische Erscheinung. Sonst würde es ja nicht überall im Reiche und auch im Ausland die der unsrigen verwandte Bewegung geben. Diese Bewegung verdammt kein Bedürfnis, keinen Wunsch unserer Zeit. Sie erklärt nichts für häßlich a priori, sie erkennt jedes wirkliche Wollen an und überläßt die Entscheidung: schön oder häßlich, späteren Zeiten, nach dem Grundsatz jedes Künstlers, der diesen Namen verdient. Für ihn gibt es nur die Frage: wahr oder unwahr, und was wahr ist, wird ganz gewiß auch einmal schön sein. Nur das ist wahres Leben. »Überall ist man nur da wahrhaft lebendig, wo man Neues schafft — überall, wo man sich ganz sicher fühlt, hat der Zustand schon etwas Verdächtiges; denn da ›weiß‹ man etwas gewiß. Also etwas, was schon da ist, wird nur gehandhabt, wird wiederholt angewendet. Dies ist schon eine halbtote Lebendigkeit. Überall da, wo man ungewiß ist, aber den Drang fühlt und die Ahnung hat zu und von etwas Schönem, welches dargestellt werden muß, da, wo man also s u c h t , da ist man wahrhaft lebendig. Aus diesen Reflexionen erklärt sich das oft furchtsame, ängstliche und demütige Naturell der größten Genies der Erde.« Dieses Zeugnis eines doch gewiß der Stürmerei unverdächtigen Kronzeugen, des erfahrenen Schinkel, der es kurz vor seinem Tode schrieb, deckt sich durchaus mit der Feldtagebuchaufzeichnung Franz Marcs: »Traditionen sind eine schöne Sache. Aber nur das Traditionen schaffen, nicht von Traditionen leben«.

Die städtischen Körperschaften haben durch meine Berufung diese Erkenntnis und den Willen zu ihrer Verwirklichung bekundet. Da dies der Wille ist, der uns beseelt, so mögen diese Blätter von dem Wirken in einer Stadtgemeinde ausgehen als von einem Beispiel und einer Probe. Besteht es sie nach jenen Worten Schinkels und Marcs, so ist das Wort »Frühlicht« nicht anmaßend gewesen. Im anderen Fall bleibt es Sammlung und Ermutigung zu größeren Leistungen für die mit uns Suchenden und für die Kommenden. Diese Folge soll weiterhin das Freie und Kühne unserer Kameraden in anderen Orten zeigen und Rechenschaft von den hier noch nicht berührten Problemen meines Amtes geben, an Stelle eines festlegenden Programmes, das vielleicht nur Versprechen bleiben könnte. Das einzige Programm liegt in dem diesen Zeilen vorangesetzten Motto des mittelalterlichen Mönches Suso: »Habe ein festes Bleiben in dir selbst«.

Alles liegt in dem »du selbst«, das schließlich ein »außer dir selbst« werden kann. Die Weite der Umfassung entscheidet und daraus die Freiheit von der Furcht, sich selbst zu verlieren, ja, sie schließt sogar den Wunsch dazu in sich ein. Heute gibt es für den Architekten und auch sonst für den Künstler kein Problem der Form und keine Doktrin darüber. Es gibt nur immer die Frage der Wahrheit, der Wahrheit des künstlerischen Verstandes und des künstlerischen, nicht sentimentalen Gefühls. Der Architekt aber, der vom Vertrauen einer Stadtleitung das Leben des Bauens hervorzurufen erwählt ist, er darf sich nicht auf ein Steckenpferd formaler Art kaprizieren, er muß die Kräfte wecken, die überall da sind, wo Menschen leben. Jedes Kind ist vor der Beeinflussung durch Erwachsene ein Künstler, und die Erwachsenen sind nur deshalb so »halbtot lebendig«, weil jene schwere Decke auf ihnen lastet, unter der ihre Augen das Sehen und ihr Gefühl das Fühlen, ja sogar ihr Verstand das Denken fast ganz verloren hat; denn Einmaleins ist kein Denken. Diese dicke Decke kann nicht allein von einer Stelle aus gehoben werden; sie muß im Ganzen ergriffen werden. Nicht bloß einzelne gebaute Beispiele gilt es hinzustellen, von denen doch so wenig heute zur Ausführung kommt. Und das ist nicht zu bedauern, weil wir endlich wieder lernen müssen, bedachtsam zu bauen und vor allem große Dinge zu beginnen, auch wenn wir wissen, daß unser Leben nur für einen winzigen Teil davon ausreicht. Wir müssen wieder Vertrauen haben zu dem großen Strom, der uns mit unseren Nachfahren verbindet, wir müssen wieder, wie zur Zeit der stärksten europäischen Kultur der Bau der Dome auf lange Jahrzehnte liegenblieb und doch begonnen und doch weitergeführt wurde, ein anderes Zeitausmaß zu unserem eigenen machen, in dem ein Menschenleben so wenig und gerade darum so viel wird.

»Wer viel beginnt, vollbringt nur wenig.« Sicher! Ich predige keine unüberlegte Zersplitterung der Kräfte. Wer sich zu viel zunimmt, wird sich nur einen Beruf von verwirrten Begriffen schaffen. Aber ebenso wahr ist es, daß man zu keinem richtigen Urteil gelangt, wenn man einen allzu geringen Teil von all dem nur blöde anstiert, was uns umgibt. Geistiges und Stoffliches stehen miteinander in Beziehung — unmittelbar mit dem Nächstliegenden, mittel-

71

bar mit dem Entfernteren. Im Erfassen der Erddinge ist die Beachtung dieses Zusammenhanges unerläßlich.

Wer nur mit einer Lupe die Steine eines Gebäudes beschaut, kann höchstens ein Urteil fällen über die Art des Materials, das Gebäude selbst hat er nicht gesehen. Dazu ist ein weiteres Gesichtsfeld erforderlich, mehr Blickraum.

»Wer wenig erreicht, der beginnt zuwenig«, möchte ich das angeführte Sprichwort umdeuten. Die richtige Grenzlinie zwischen zu **viel** und zu **wenig** ist schwer zu ziehen, aber wer sich nur das Allergeringste zum Ziel setzt, für den wird sicher keine Weisheit zu finden sein. Wir können — das ist wahr — keinen Sonnenstrahl umspannen, aber das Staubkörnchen ebensowenig. Die Eiferer für das Nichtige, die Anbeter der abgöttischen Kleinheitskrämerei sind — selbst nach dem Maßstab ihres eigenen beschränkten Strebens — ebenso weit von **Wahrheit** und **praktischem Nutzen** entfernt wie der verunglückte Hochflieger, der dann wenigstens noch ein wehmütiges »Ich habe Großes gewollt« anführen kann zur Begründung seines Elends. »Wer zuviel will, erreicht nichts«, heißt es allgemein. Das ist unrichtig. Das Wollen selbst ist **etwas** und das Verachtenswürdigste nicht. Das Mitleiden mit dem gefallenen Adler schließt keine Ehrfurcht aus, aber eine stolpernde Schildkröte ist lächerlich. — *(Multatuli)*

Die nachfolgenden Arbeiten sind größtenteils aus dem städtischen Bauamt und als ein Ergebnis kameradschaftlicher Arbeit zu betrachten im Sinne des Freimachens der Kräfte. Hier ist kein »Stempel« aufgedrückt, es entscheidet für uns nicht die Frage, was habe ich, was hast du gemacht, sondern nur jene Frage der Wahrheit. Wir lehnen jedes Schlagwort, jeden Ismus ab, selbst das Wort »Gemeinschaft«. Ist sie da, dann spricht man nicht davon. Die schönsten Dinge des Lebens darf man nicht be-sprechen und be-greifen wollen. Wie am Schmetterlingsflügel ist der Hauch, der alles ist, dann weg; und wenn man sie rühmt, dann sind sie nicht mehr da.

In diesem Sinne bleibt das Eigentliche wie im Leben so auch in der Kunst das Unaussprechliche, das Rätsel von Geburt und Tod (G.U.T.), kurz die Mystik, rein, glashell und doch nicht banal klar. Denn »Nie klar wird das Verklärte!«

(Scheerbart).

Und also soll ein Mensch sein Leben richten, der vollkommen werden will. Darüber spricht Meister Eckhardt: Die Werke, die der Mensch von innen wirkt, sind lustvoll, sowohl dem Menschen wie Gott, und sind sanft und heißen lebendige Werke. Sie sind Gott deswegen wert, weil er es allein ist, der die Werke in dem Menschen wirkt, die von innen gewirkt werden. Diese Werke sind auch dem Menschen süß und sanft, denn alle die Werke sind dem Menschen süß und lustvoll, wo Leib und Seele miteinander einhellig werden. Und das geschieht in allen solchen Werken. Diese Werke heißen auch lebendige Werke, denn das ist der Unterschied zwischen einem toten Tier und einem lebenden Tier, daß das tote Tier nur von einer äußeren Bewegung bewegt werden kann. Aber das lebende Tier bewegt sich selbst, wohin es will, denn seine Bewegung geht von innen aus, und alle seine Werke sind lebende Werke. Recht in gleicher Weise heißen alle Werke der Menschen, die ihren Ursprung von innen nehmen, wo Gott allein bewegt, und die von dem Wesen kommen, unsere Werke und göttliche Werke und nützliche Werke.

Wenn der Mensch sich dem beschaulichen Leben hingibt, so kann er vor großer Fülle sich nicht halten, er muß ausgießen und muß im wirkenden Leben tätig sein. Gerade wie ein Mensch, der gar nichts hat, der kann wohl mild sein, denn er gibt mit dem Willen, jedoch, wenn ein Mensch großen Reichtum hat und nichts gibt, der kann nicht mild heißen. Und ebenso kann kein Mensch eine Tugend haben, der sich nicht dieser Tugend hingibt, wenn es Zeit und Raum erlauben. Da sage ich, der Mensch, der im beschaulichen Leben ist, kann wohl und soll sich von allen äußeren Werken frei machen, solange er im Schauen ist; aber hernach soll er sich äußeren Werken widmen, denn niemand kann sich allzeit und fortwährend dem beschaulichen Leben hingeben, und das wirkende Leben wird ein Aufenthalt des schauenden Lebens. —

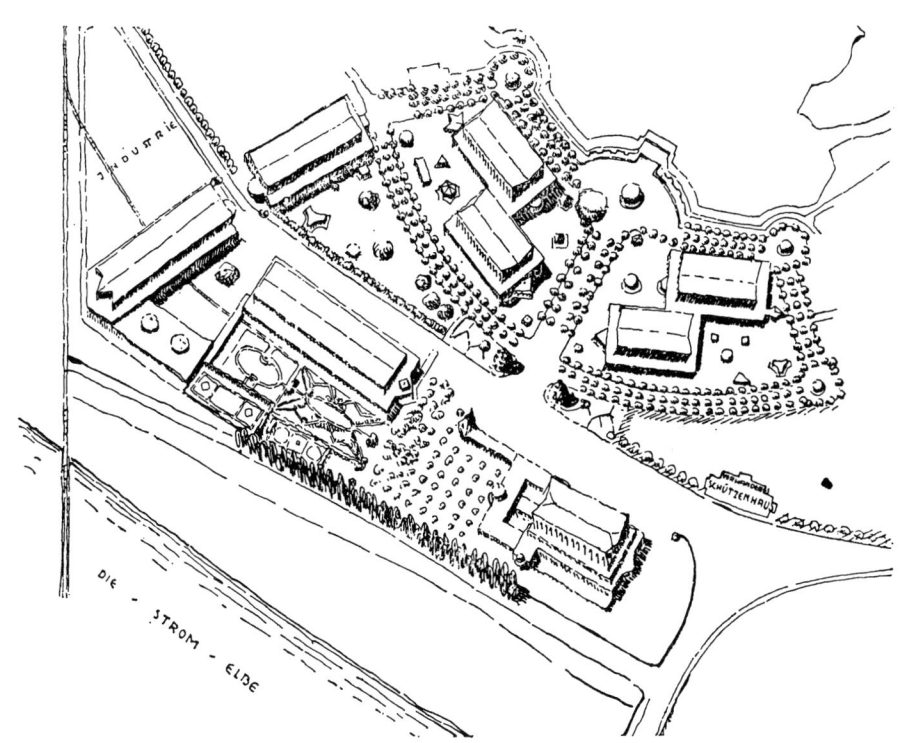

Lageplan der Mitteldeutschen Ausstellung Magdeburg, Hauptanlage
Arch. Paul Mebes und Bruno Taut

Die Mitteldeutsche Ausstellung für Siedelung, Sozialfürsorge und Arbeit in Magdeburg soll Anfang Juni 1922 eröffnet werden. Dieser Plan zeigt die wichtigsten Teile der Ausstellung, die auf dem Festplatz am Mittagsee und dem benachbarten Gelände errichtet wird. Nicht leicht für die Architekten war die Bebauung des Festplatzes mit den großen Ausstellungshallen wegen der wenig glücklichen Gestaltung des Platzes, dessen geschwungene Trapezform wahrscheinlich durch den benachbarten Garten des Schützenhauses entstanden ist. Die gewählte Anordnung dieser gekuppelten Ausstellungshallen von zusammen 10 000 qm Grundfläche schafft am Mittagsee einen Konzertplatz, der nach dem See hin durch die vorhandene Pergola begrenzt wird, und ferner zwei kleinere Platzanlagen für Pavillons und Kioske. Die Harzhalle verbindet die Baulichkeiten des Festplatzes mit den ständigen Ausstellungsgebäuden, die auf dem ehemaligen Strauchschen Gelände und den benachbarten Grundstücken erbaut werden sollen. Der Ziergarten an der Stadtmarschstraße läßt den Blick auf den Dom frei. Im Zusammenhang mit dieser Dauerausstellung steht die neue Stadthalle, deren Haupteingang an dem Brückenkopf der der Vollendung entgegengehenden Sternbrücke liegt und deren großer Saal allein für etwa 4000 Personen Platz bietet. Wie dieser umfangreiche Bau mit den bescheidensten Mitteln errichtet werden muß, so heißt es auch für die eigentlichen Ausstellungsgebäude einfach und sparsam bauen. Von der Verwendung der üblichen Dekorationen und kostspieligen Materialien muß abgesehen werden. Durch lebendige Gruppierung, klaren Aufbau und kräftige Farbenverwendung werden die Architekten ihr Ziel, ein einheitliches Ganzes zu schaffen, erreichen. *P. M.*

LANDWIRTSCHAFTS- UND VIEHMARKTHALLE FÜR MAGDEBURG

Der Zweck des Gebäudes soll folgender sein: Viehauktionen, Vorführung von Tieren für Prämiierungen, Reiter- und Wagenspiele, sportliche Veranstaltungen sowie auch Massenveranstaltungen, große Konzerte, politische Versammlungen u. dgl. Der Raum mußte demnach eine Arena für Sprungvorführungen von etwa 100 m Länge haben, welche von allen Plätzen aus gut zu übersehen ist. Aus dieser Voraussetzung sowie aus der zweiten, welche Stallungen für 550 Stück Großvieh und Pferde erfordert, ergab sich der rhombenförmige Grundriß. Zur Abtrennung des Geruches sowie auch für Garderobe, Vorraum usw. sind in die 4 Stallfluchten neutrale Zwischenräume eingeschaltet. Die Sitzreihen mit etwa 4000 Plätzen gehen über die eine Hälfte des Stalles hinweg, welche ihre Beleuchtung dadurch erhält, daß die Fenster unterhalb der oberen Sitzreihen angeordnet sind. Die Arena soll bei großen Konzerten u. dgl. nach Abräumen der oberen Schüttung ein Parkett für etwa 2000 Personen erhalten. Die Flügel vor der Haupthalle nehmen eine Restauration, Büros für den Betrieb sowie für eine Ausspannstelle der Bauerngenossenschaft ein. Die Architektur der großen Halle entwickelt sich logisch in Abstaffelung der Binderhöhen entsprechend ihrer zunehmenden Breite. In den dadurch entstehenden senkrechten Flächen sollen die Fenster sitzen. Die weiteren Formen entwickeln sich aus diesem Hauptthema, das gleichzeitig ein optisches und musikalisch-akustisches ist.

Die Lage des Gebäudes soll, nachdem verschiedene andere Bauplätze fallengelassen worden sind, endgültig für den Schroteplatz in Aussicht genommen werden, sobald die Verhandlungen mit dem Reichsfiskus zum Abschluß gelangt sind, welcher zur Zeit der Besitzer des Geländes ist. Das Gebäude wird dann in unmittelbarer Nähe des Stadtzentrums liegen mit bequemem Anschluß an den Güterbahnhof und außerdem so, daß es sich für den Blick von der Strecke Berlin–Köln ausgezeichnet repräsentiert. Die gesamten Baukosten sind nach dem augenblicklichen Geldwert auf rund 13,5 Millionen berechnet, welche in der Form eines gemischt-wirtschaftlichen Unternehmens unter Beteiligung der Stadt und der Interessenverbände aufzubringen wären. *B. T.*

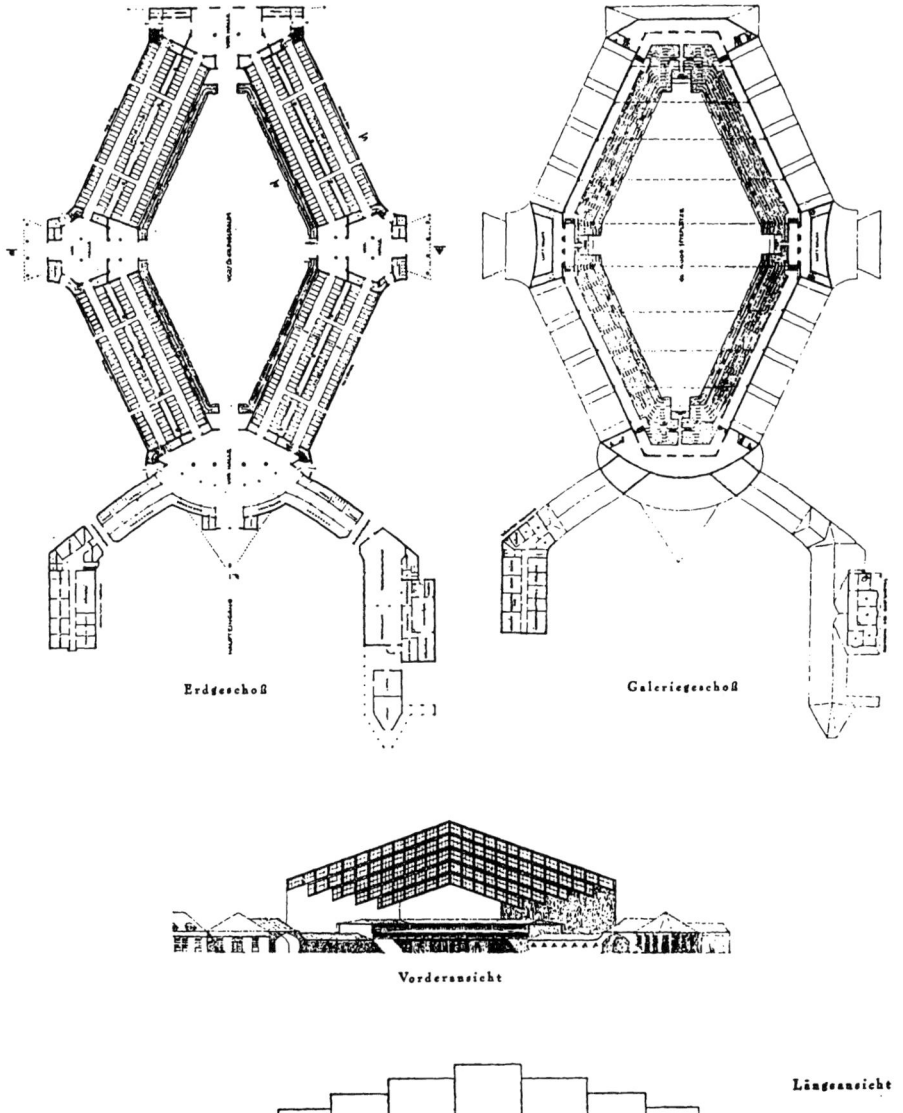

Seitens der Stadt Magdeburg soll mit Unterstützung der in Frage kommenden Interessenkreise dieses Bauwerk geschaffen werden zur Förderung von Landwirtschaft und Handel, das, auf geeignetem Platze errichtet, auch eine ganze Reihe anderer Zwecke erfüllen und damit dem bekannten »längst gefühlten Bedürfnisse« entsprechen könnte.

Ist die Stadt Magdeburg dazu der rechte Ort? Die Frage muß nach jeder Richtung hin bejaht werden. Seine 300 000 Einwohner zählende Bevölkerung, seine Lage inmitten der landwirtschaftlich hoch entwickelten Magdeburger Börde und unfern der in Viehzucht und Viehproduktion sehr bedeutsamen Altmark und des Jerichowschen Landes sowie endlich der Umstand, daß hier von allen Richtungen her Wasser-, Land- und Schienenwege sternförmig zusammenlaufen und die Stadt zu einem Verkehrsmittelpunkt ersten Ranges machen, sichern einem Unternehmen dieser Art von vornherein den erwünschten äußeren und inneren Erfolg. Stadt und Land werden in gleicher Weise daraus ihren Gewinn ziehen. Regelmäßige Zuchtviehmärkte, die das beste vorhandene Material in reicher Auswahl heranziehen, sind zweifellos geeignet, die gesamte Vieh- und Fleischproduktion zu heben und vorwärtszubringen, der Volksernährung zu dienen und damit Produzenten und Konsumenten in gleicher Weise zu nützen. Es darf angenommen werden, daß jeder dieser Märkte an die 8 000—10 000 Besucher vom Lande und aus anderen Städten herbeiführen wird, die zwecks Ein- und Verkaufs den Markt aufsuchen. Die Halle würde neben ihrem eigentlichen Zwecke noch eine Reihe anderer Aufgaben lösen, die für besonders interessierte Kreise von Wichtigkeit sind und in ihrer Wirkung und zweckmäßigen Durchführung das Gesamtinteresse der Bevölkerung treffen: Tierschau, Mastvieh-, Hunde-, Geflügel-, Gemüse-, Obst-Ausstellungen, Ausstellungen für landwirtschaftliche Maschinen sowie auch Massen-Versammlungen festlicher und sonstiger Art, wie sie bereits im vorigen erwähnt sind. Ein Ort, der Entwicklungsmöglichkeiten volkswirtschaftlicher Art außer acht läßt und tatenlos zusieht, wie andere Städte klüger und weitsichtiger das tun, was von der eigenen Seite unterlassen worden ist, wächst sich leicht aus zu einer Sammlung versäumter Gelegenheiten. Das ist schon immer verhängnisvoll gewesen, würde es aber am allermeisten sein in einer Zeit, in der nur derjenige wieder emporkommen und auf der Höhe bleiben kann, der die Augen weit öffnet und entschlossen zufaßt.

Wilhelm Kobelt, Stadtrat

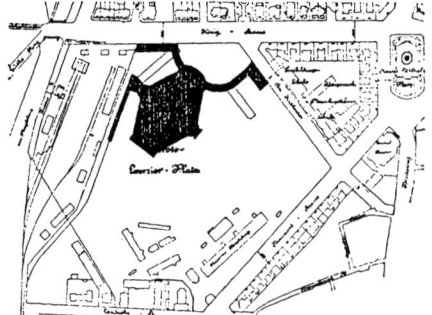

KIOSKE

Die abgebildeten Zeitungskioske werden an den wichtigsten Verkehrsstraßen der Stadt Magdeburg errichtet, und zwar 9 Stück des kleineren und 3 Stück des größeren Typs. Ihre Form ist sehr wesentlich dadurch bestimmt, daß größere Flächen für Reklamezwecke entstehen sollen, welche naturgemäß von der Zeitungs- und Bücherauslage getrennt sind. Die Ausführung geschieht in stark farbiger Behandlung, so daß die Reklame durch Farbenflächen gebunden wird.

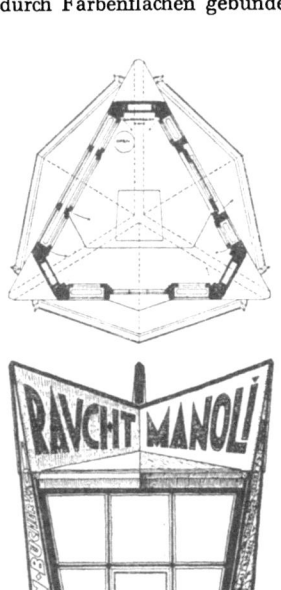

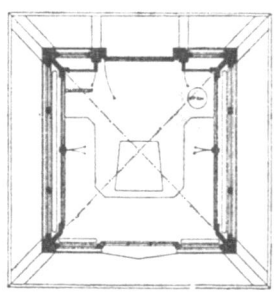

Das Reklamegestell mit Schutzdach soll auf der Insel gegenüber dem Bahnhofsausgang errichtet werden und transparente Flächen für Reklame mit Innenbeleuchtung tragen. Die beiden äußersten Stützen sind Plakatsäulen, die mittlere soll in ihrer dreieckigen Fläche einen ebenfalls abends beleuchteten Stadtplan enthalten. Die Ausführung dieses Gestelles soll in eisernen Rahmen geschehen, die der Zeitungskioske in Holzkonstruktion.

*Im städt. Bauamt bearbeitet
von Arch. Günther*

ZUR BIOLOGIE DES KUNSTGESCHMACKS

Niemand bestreitet, daß der Kunstgeschmack jedes Zeitalters eine Auswirkung der schöpferischen Kunstwerke ist, welche ihre erregende und aufreizende Eigenschaft schon lange gegen die der klassischen Allgemeingültigkeit vertauscht haben, wenn der Zeitgeschmack sich ihnen nachgebildet hat. Dies ist eine selbstverständliche biologische Tatsache. Aber selbstverständlich ist nicht das übliche Verhalten gegenüber Kunstwerken, wenn diese Tatsache als solche anerkannt wird. Die Äußerung »soweit gehe ich nicht mit« sollte vielmehr etwa so gesagt werden: »vor Ablauf von 20 Jahren werde ich das nicht mitmachen können«. Denn bei rückwärtiger Betrachtung unseres Zeitalters scheint sich eine Periodizität herauszustellen. Man vergleiche die folgenden Jahreszahlen untereinander und die Einstellung des breiten Publikums auf die Kunstwerke, wobei man finden wird, daß auch die ältesten Leute immer noch sagen werden, daß sie das vor 20 Jahren aktuell Gewesene gerade noch mitmachen, wobei sie immer vergessen, daß dieses nun 20 Jahre Alte genausogut bei seinem ersten Auftreten beschimpft, buchstäblich bespien und tätlich angegriffen wurde wie das heute Perhorreszierte. Ich erinnere an Courbet, Manet und dgl.

    1870 · Courbet, Daumier
    1880 · Manet, Monet, Millet
    1890 · Marées, Leibl, Thoma
    1900 · Renoir, Cézanne, Liebermann
    1905 · van Gogh, Hodler, Munch
    1910 · Marc, Chagall, Kandinsky, Archipenko
    1920 · Dada (Schwitters, Groß, Dix)
    1925 · ?

Die Klammern zeigen die Beziehungen zwischen schöpferischem Künstler und breiter Masse, wobei heute die ältesten Leute wahrscheinlich durchweg 1900 verstehen werden, aber noch nicht 1905, wozu eben noch einige Jahre nötig sind.
Die Zahlen sind wie alle Zahlen nur sehr relativ zu nehmen. Sie bedeuten nicht etwa die Entstehungszeit der Werke oder den »Höhepunkt« der Künstler. Courbets Steinklopfer sind bereits 1851 gemalt, Manets ebenso angegriffenes Bild (d. h. buchstäblich mit dem Schirm) Déjeuner sur l'herbe 1863; van Gogh starb schon 1890 usw. Sie bedeuten nur im Großen die Epoche, in der sie aus der Stille des Ateliers in die volle Öffentlichkeit, und hier zwar vorwiegend die deutsche, heraustraten und die Gemüter für oder wider zu erregen begannen. Diese Periodizität wird natürlich immer von einer Reihe von Zwischenerscheinungen durchbrochen. Z. B. werden Künstler durch die mit gewissen banalen Instinkten zusammentreffende Inhaltlichkeit ihrer Werke zu einer Mode, die nicht immer eine Überschätzung sein muß, sie aber zu rasch in die Unterschätzung zurücksinken läßt: Böcklin, Stuck, Lenbach, Klinger, Richard Wagner. Daneben gibt es die bekannten Fälle, in denen der rasche Ruhm ein offensichtlicher Mißgriff war, z. B. Makart, Begas, Birch-Pfeiffer, Sudermann. Gegenüber diesen Erscheinungen, die mehr oder weniger außerhalb jeder künstlerischen Wertung stehen, erscheinen jene anderen, welche für sich einen ganz anderen Maßstab des Urteils schaffen. Ihre Auswirkung beginnt oft spät nach ihrem Tode. Der von ihnen erlebte Ruhm war nur die Anerkennung eines engen Kreises.

Zu ihnen gehören alle Künstlererscheinungen, deren Werke erst spät nach ihrem Tode wieder ausgegraben wurden, um dann eine gewaltige Wirkung auszuüben, z. B. Greco, Grünewald, Rembrandt, Shakespeare, Kleist, Bruckner. Wie weit in unserer Gegenwart solche Erscheinungen liegen, auch wenn man die Gegenwart auf einen Zeitraum von 50 Jahren bezieht, läßt sich schwer behaupten (Marées).
Es kommt bei dieser Betrachtung nicht auf die mathematische Genauigkeit von Zahlen an. Daß eine derartige biologische Tatsache nicht bloß unserer Zeit angehört, sondern immer eine Tatsache gewesen ist, ist natürlich selbstverständlich. Das Wesentliche liegt auch nicht in dieser Tatsache, sondern in dem Verhalten auf Grund derselben. Es ist keineswegs selbstverständlich, daß dieses Verhalten ablehnend sein muß. Vielmehr gibt es Beispiele dafür, daß man gerade aus dieser Erkenntnis heraus mit aller Energie das Neue aufgriff und unterstützte, in dem Bewußtsein, daß es nach Ablauf einer gewissen Zeit die Macht haben wird. Die katholische Kirche zeigt eine Reihe solcher Fälle: mittelalterliche Erzbischöfe, welche die in Frankreich entstandene moderne Gotik nach Deutschland brachten, indem sie die Meister, wie es in einigen Fällen scheint, nach der modernen Seite hin besonders aufstachelten, und dann später die Jesuiten, welche die ursprünglich verpönte Barockarchitektur geschaffen haben, trotzdem ja ursprünglich gotisch soviel wie barbarisch bedeutete und barock soviel wie verzerrt, in ähnlichem Sinne wie heute im breiten Publikum Expressionismus, Futurismus, Dadaismus und dgl. Immer rotes Tuch für den Stier! Daß die Kunst überhaupt zur Auswirkung gekommen ist, beruht nur auf den Folgerungen, die der fruchtbare Menschengeist aus jener biologischen Tatsache gezogen hat. Der überlegene Verstand erkennt in ihnen ein Mittel, die rohen Triebe zu verfeinern und von der Brutalität weg nach einer anderen Richtung zu »verdrängen«. Diese Wirkung ist um so stärker, je mehr die Kunst die Menschen erregt und je weniger sie leichthin gefällig, anmutig, heiter und dgl., das heißt gewöhnlich und gewohnt ist. Verfehlt ist die Vorstellung, als seien die Menschen in ihrer wesentlichen Konstitution jemals anders gewesen, als wir es sind, als hätte es z. B. niemals derartige kurzfristige künstlerische Umwälzungen gegeben, wie es scheinbar die heutige ist. Der Schritt vom Meister der Maria im Rosenhag zu Multscher und Konrad Witz war vielleicht ein viel größerer und erfolgte in wenigen Jahrzehnten. Ebenso verfehlt ist aber auch die Vorstellung, als müßte das Verhalten der Menschen immer gleiche Formen gehabt haben. Unser Abhängigkeitsverhältnis zur Historie kannte man z. B. nicht, und wir müssen heute das historische Mittel, wie hier versucht ist, anwenden, um uns von der Historie zu befreien. Der historisch gerichtete Sinn muß aus seiner Überfütterung zu der Erkenntnis kommen, daß alles Historische zweifelhaft und daß jedes historische Bild nur immer die Projektion aus unserer Gegenwart ist. Wenn diese Erkenntnis sich durchgesetzt hat, dann tritt ein Gedanken-Vakuum ein, das sich selbsttätig neu füllt. Dann ist das Nachhinken des allgemeinen Geschmacks fruchtbringend. Man erkennt, daß er nichts weiter ist als die Auswirkung einer bereits längst vergangenen Gegenwart, daß die scheinbare Gegenwart bereits ein Stück Vergangenheit und die wahre Gegenwart eben die gefürchtete »neue« Kunst ist. Diese Furcht ist Furcht vor dem Tode, in diesem Falle vor dem Tode von Begriffen. *Bruno Taut*

BÜRO- UND GESCHÄFTSHAUS
AUF DEM KAISER-WILHELM-PLATZ IN MAGDEBURG

Wie in vielen anderen Großstädten, so gewinnt auch in Magdeburg das Bedürfnis nach einem modernen Bürohause zur Entlastung der für Büros in Anspruch genommenen Wohnungen immer festere Form. Da mir von seiten einiger Magistratsmitglieder und Stadtverordneten die Vorbereitung eines solchen Baues nahegelegt wurde, untersuchte ich die Möglichkeiten vorhandener privater und städtischer Grundstücke für diesen Zweck. Die Auswahl ist in solchem Falle wie wohl in den meisten deutschen Städten eine recht schwierige, da ein solches Gebäude wegen seiner ungewöhnlichen Form, besonders in bezug auf die Höhenentwicklung, städtebaulich mit der größten Vorsicht orientiert sein muß, weil sein Zweck eine unmittelbare Verbindung mit dem Stadtinnern erfordert. Nach verschiedenen Versuchen an anderen Stellen gelangte meine Überlegung zu dem Entschluß, einen bisher als Denkmalplatz mit gärtnerischen Anlagen vorgesehenen Raum dafür in Angriff zu nehmen. Das an den jahrzehntelangen Bestand dieses Platzes gewöhnte Auge wird zunächst über einen solchen Eingriff empört sein. Aber die nähere Betrachtung muß den Unbefangenen zu der Erkenntnis führen, daß dieser »Platz« kein solcher ist, d. h. kein Platz im räumlichen Sinne des Wortes. Wenn man den

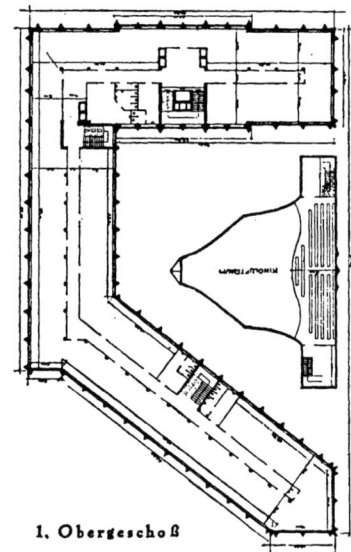

Erdgeschoß

1. Obergeschoß

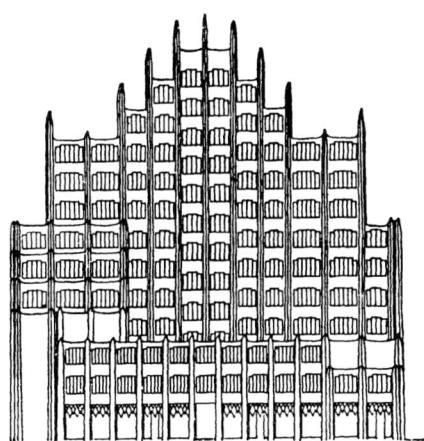 

Breiten Weg in seiner glänzenden Führung durchschritten hat, so verliert sich der Blick hier nach allen Richtungen, in krassem Gegensatz zu der mittelalterlichen Stadtanlage. Deshalb muß hier eine grundsätzliche Platzregulierung geschehen, welche die heutigen Mängel vergessen läßt und im Gegenteil zu Vorzügen macht.

In welcher Weise die stadtbauliche Lösung die irreguläre Einmündung vom Breiten Wege und der Beaumontstraße zu einem Platzgebilde bindet, welches die Richtung des Verkehrs besonders betont, und in welcher Weise die symmetrische Straßeneinmündung an der Kaiser-Wilhelm-Straße durch entsprechende Symmetrie des Neubaues gefaßt ist, ergibt sich aus Lageplan und Modell. Die Aufstellung des Denkmals, welche heute so unglücklich wie möglich ist, wird jetzt durch ihre Beziehung zum Baukörper mit seiner geschlossenen Wand zu einer solchen, die den Grundsätzen bester Denkmalsaufstellung in alter und neuer Zeit entspricht (Bismarckdenkmal in Bremen, Gattamelata usw.). In der Silhouette der Stadt folgt der hochgeführte Teil genau in seiner Längsrichtung der Richtung aller Kirchen Magdeburgs von Osten nach Westen, wie der Scherenschnitt (von Arch. Zabel) zeigt.

Für den Zweck des Gebäudes ist die Lage insofern eine glückliche, als sie den Knotenpunkt der Hauptverkehrsstraße, des Breiten Weges sowie der unmittelbar vom Bahnhof herführenden Beaumontstraße bildet. Dazu kommt, daß sich infolge der durch den Mittellandkanal zu erwartenden starken Entwicklung des Industriehafens das geschäftliche Leben in der Richtung der Neuen Neustadt steigern wird.

Das Gebäude soll im Erdgeschoß Geschäftsräume für Läden u. dgl. erhalten, im Umfange von etwa 1600 qm, in den Stockwerken Büroräume von etwa 10 000 qm. Außerdem soll ein Kino die Verzinsung erleichtern, wozu noch etwa 1500 qm Lagerkeller kommen.

Aus diesen Grundrißbedingungen sowie aus den städtebaulichen und konstruktiven Rücksichten ergab sich von selbst die architektonische Form, welche in ihrer Höhenstaffelung gleichzeitig Rücksicht auf die Nachbarschaft nimmt, indem im wesentlichen nach den alten baupolizeilichen Grundsätzen die Höhe nicht über die Breite des Straßenraums hinausgeht, ja sogar an wesentlichen Stellen darunter bleibt. Die Häuser der Umgebung erleiden keine Beschattung. Das konstruktive Gefüge des Pfeilerbaues soll im Äußeren hervortreten und die architektonische Gliederung ergeben, im Gegensatz zu dem trichterförmigen Kinoraum, der als Betongewölbe rein plastisch gestaltet ist. Der Grundriß enthält die nötigen Treppen, Aufzüge und Paternoster, Toiletten usw. in einer Anlage, welche die besten Außenseiten für zusammenhängende Büros freiläßt.

Die Ausführungskosten werden nach dem heutigen Geldwert auf etwa 22 Millionen

Mark berechnet, eine Verzinsung der Baukosten mit 7 % würde eine Miete von 350 Mark für den qm Ladenfläche im Erdgeschoß und von 95 Mark für den qm Bürofläche in den Obergeschossen erfordern. Es muß einmal der Zeitpunkt eintreten, an dem die Normalverzinsung des Baukapitals durch die Miete erreicht wird. Und es dürfte gerade bei solchen Bauten am leichtesten sein, deren Existenz nicht bloß einem Augenblicksbedürfnis entspringt, sondern auch wertschaffend ist. Ein solches Gebäude wird allein über 1500 arbeitende Menschen in sich aufnehmen und dadurch das geschäftliche Leben der Nachbarschaft sehr wesentlich erhöhen, so daß etwaige Klagen über den Fortfall eines an sich schon geringfügigen Anlageplatzes ganz erheblich durch dieses Moment ausgeglichen werden, das ja doch einmal, auch ohne diesen Bau, für die Stadt Magdeburg zur festen Tatsache wird. Es ist die Aufgabe des Städtebauers, Grünflächen in großen Zusammenhängen zu schaffen, dort, wo sie wirklich eine Lunge der Stadt sein können, gegenüber derartig leicht verstaubten und verkümmerten Anlagezwergen. Die Aufschließung Magdeburgs nach der Richtung der Elbe, die Zuführung der frischen Stromluft in die innere Stadt, die es heute nicht gibt, ist ein so gewaltiger hygienischer Faktor, daß ihn die Zukunft lösen muß und leichter lösen kann, wenn das geschäftliche Leben in der Art ähnlicher Projekte klarer orientiert ist.

Die Finanzierung ist in diesem Falle Aufgabe der beteiligten Interessenkreise und nicht schwer, wenn das Zusammenfallen von Egoismus und Gemeinschaftssinn zur Erkenntnis geworden ist. Das Bedürfnis nach Stadtkontoren wird für die in der Peripherie liegenden Fabriken immer größer, dazu kommen die Bedürfnisse der Banken und nicht zuletzt auch die der Stadtverwaltung selbst. Eine Erleichterung der Finanzierung könnte dadurch eintreten, daß die Beteiligung am Bau als Entlastung des Wohnungsbedarfes verrechnet wird. Es kommt alles darauf an, die Bedürfnisse der nächsten Zukunft klar zu erkennen und daraus die Schlüsse zu ziehen, denen wir doch nicht ausweichen können. Und je früher dies geschieht, je früher die ohnehin schwierigen Vorbereitungen eines solchen Baues geschehen, um so mehr tut jeder Beteiligte für das Wohl der Stadt, das in seinen Auswirkungen schließlich das eigene Wohl ist. *B. T.*

Um für Magdeburg mit einigen Zahlen die Entwicklungsrichtung vor dem Kriege zu kennzeichnen, seien die Einwohnerzahlen der alten Hauptverkehrsstraße, des Breiten Weges, soweit er in den

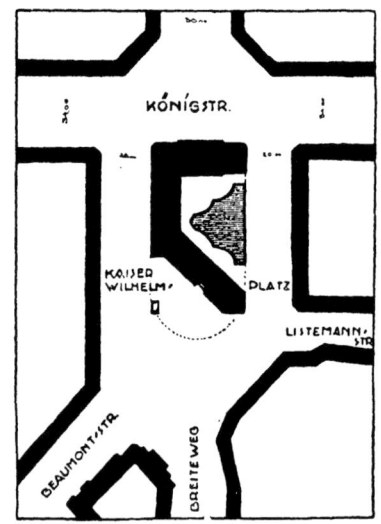

Stadtkern hineinfällt (Nr. 1 bis 213 a), nach den Volkszählungen angeführt:

1890	1900	1905	1910
3776	3452	3158	2742

Die gleiche Entwicklung zeigte aber auch bereits die erst in den 70er und 80er Jahren

Gesehen vom Breiten Weg

des 19. Jahrhunderts auf den niedergelegten Festungswällen entstandene westliche Stadterweiterung. Als Beispiel seien hier die Bevölkerungsziffern der Kaiserstraße (abgesehen von den militärfiskalischen Grundstücken) angereiht:

1890	1900	1905	1910
4254	3762	3502	3420

Die Entwicklung vom Wohn- zum Geschäftsviertel wird sich in verschiedener Weise vollziehen, zum Teil durch Neubau, insbesondere Abreißen kleinerer Wohnhäuser und Aufbau großer Geschäftshäuser, oder durch Umbau z. B. der Erdgeschoßwohnungen in Läden, zum Teil werden aber auch die Wohnungen ohne jede Veränderung zu Büros benutzt.

Der Krieg und die nach seiner Beendigung einsetzende große Wohnungsnot haben dieser Entwicklung zunächst Einhalt getan, da die

Zeichnung von C. Krayl

Gesehen von der Katharinenkirche. Gezeichnet von Arch. Schütz

Wohnungsämter streng darüber wachen, daß keine Wohnung durch Verwendung zu geschäftlichen Zwecken verlorengeht, ja es wird sogar versucht, frei werdende Büroräume, insbesondere solche, in denen sich von früher her noch Küchen befinden, ganz oder wenigstens teilweise für Wohnzwecke in Anspruch zu nehmen. So begreiflich dieses Vorgehen der Wohnungsämter auch ist, so muß es doch vom wirtschaftlichen Standpunkte aus als schädlich bezeichnet werden, weil es Handel und Gewerbe, die wirtschaftliche Grundlage der Großstädte und ihrer Bevölkerung, stört und dadurch nicht nur der Arbeitslosigkeit Vorschub leistet, sondern auch die Steuerkraft der Städte, die zugleich zur Milderung der Wohnungsnot aufs stärkste angespannt werden muß, beeinträchtigt. Diesen Streit der Meinungen zu überbrücken, scheint es notwendig, dem Gedanken der Erbauung von Bürohäusern näherzutreten. Kann man auf diese Weise das unleugbar vorhandene Bedürfnis nach Büro- und Geschäftsräumen befriedigen, so wird ein Teil der bisher hierfür in Anspruch genommenen Wohnungen

Modell von Arch. Krayl

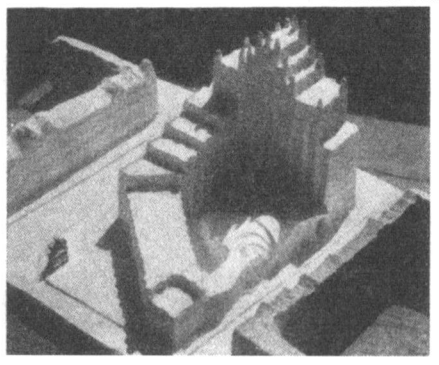

von selbst frei, mit ihnen Küchen, die im geschäftlichen Betrieb mehr eine Störung als ein Vorteil sind, die aber bei der herrschenden Wohnungsnot ganz besonders wertvoll erscheinen und oft bei Wohnungsteilungen mit großen Kosten eingebaut werden müssen. Ohnedies erscheint die Benutzung von Wohnungen für geschäftliche Zwecke, für die sie nicht erbaut sind, nur als ein wenig befriedigendes Aushilfsmittel, während ein Bürohaus, welches von vornherein nicht auf Wohn-, sondern auf geschäftliche Bedürfnisse zugeschnitten ist, unzweifelhaft wirtschaftlicher ist. Dies gilt z. B. von der Ausnutzung nach der Höhe. Die Umwandlung des Wohnhauses in ein Geschäftshaus wird von unten anfangen, die oberen, schwerer zugänglichen Stockwerke bleiben als Wohnungen erhalten, während bei Bürohäusern durch Einbau von Aufzügen eine gleichmäßige Benutzung der Stockwerke erreicht werden kann. Ebenso wird in der zu geschäftlichen Zwecken benutzten Wohnung ein Teil der Räume, wie Hinter-, Nebenräume, Küchen, weit weniger zu ihrem Rechte kommen als in einem von vornherein für diese Zwecke erbauten Hause. Das früher häufiger angewendete Verfahren des Niederreißens von Wohnhäusern mit darauffolgendem Aufbau von Geschäftshäusern erscheint heute noch unwirtschaftlicher als früher, weil es Werte zerstört, die nur mit unverhältnismäßigen Kosten wiederhergestellt werden können; es ist deshalb noch mehr als früher nur den größten Betrieben möglich, während die Bedürfnisse gerade der mittleren und großen Betriebe durch ein Bürohaus, in dem sie nicht Eigentümer, sondern nur Mieter sind, ungleich besser befriedigt werden.

So erscheint volkswirtschaftlich die Erbauung von Bürohäusern geeignet, Handel und Gewerbe zu fördern und zugleich der Linderung der Wohnungsnot zu dienen.

Stadtrat Prof. Dr. Landsberg

Magdeburg vor der Zerstörung (Kaiser-Friedrich-Museum in Magdeburg)

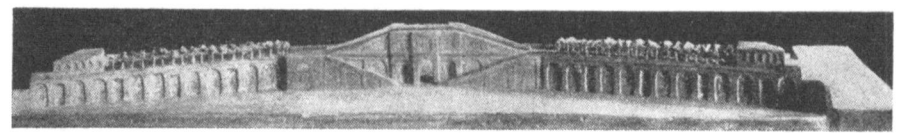

Zitadellenmauer. Bestehender Teil der Innenseite

DIE ZUKUNFT DER ZITADELLE

Seit Jahren hatte sich Magdeburg mit der Frage befaßt, was mit der Zitadelle geschehen solle. Sie paßte, seit Magdeburg nicht mehr Festung war, nicht mehr in das Bild der Stadt. Schwer und lastend lag die gewaltige Steinmasse am Ufer der Elbe, ein unzugängliches Geheimnis für alle vorüberwandernden Magdeburger, eine seltsame Wegsperrung in den Augen der Fremden. Erregbare Gemüter nannten die Zitadelle schon vor dem Weltkriege »einen Pfahl im Fleische Magdeburgs«.

Da war es begreiflich, daß die neueste Zeit das ganze Werk hinwegzufegen wünschte und daß man den Plan erwog, an seine Stelle eine Siedlung für die drängenden Wohnungszwecke der Gegenwart zu schaffen. Es schien bereits, als ginge man über die Einwendungen derer wortlos zur Tagesordnung über, die aus historischen und aus ästhetischen Gründen soviel wie möglich von der monumentalen Wucht dieses Zeugen ferner Vergangenheit zu erhalten und vor allem den Magdeburgern den wunderbaren Blick auf ihre turmreiche Stadt zu erschließen wünschten, den die Terrasse auf den hohen Wällen gewährte. Da trat Bruno Taut sein Amt als Stadtbaurat an. Er bemächtigte sich sofort auch dieses Problems. Und heute liegt der nebenstehende Entwurf für die Umgestaltung der Zitadelle vor. Man nennt die Künstler, die neue Wege gehen, gern »pietätlos«. Ich glaube, man kann nicht pietätvoller und schöpferischer sein, als Taut es hier gewesen. Das Architektonisch-Wertvolle befindet sich nämlich an der Innenseite des Riesenbaus. Die Außenseite sollte nichts weiter sein als

Treppenanlage an der Elbe

ein mächtiger ungegliederter Trutzwall dem Feinde gegenüber. Die Innenseite aber erhielt die vornehm-starke Gliederung, die das Zeitalter barocker Gestaltung liebte. Den schönsten Teil dieser reichen Innengliederung hat nun der Entwurf gerettet. Und er hat dann den wundervollen Rhythmus der Gliederung in freiester Phantasie auf die Außenseite übertragen und zugleich aus dieser Außenseite etwas überraschend Neues und Wuchtiges geschaffen: aus der unnahbaren Festungswand wurde eine Schauterrasse von kraftvoller Eigenart.

Zwischen Freitreppen von ungewöhnlicher Breite (je 90 m) führt ein weites Portal zu

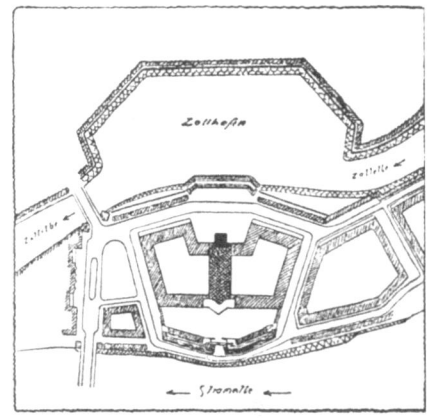

Lageplan

Skizze von Arch. Thürmer

der alten pietätvoll geretteten Rückseite des Zitadellen-Runds. Die Freitreppen selbst aber führen zu einer Estrade hinauf, die von Arkaden-Nischen abgeschlossen und von einer Terrasse überragt wird: ein Promenadengelände sondergleichen, das nun endlich jedem Magdeburger den Blick über seine Elbe und über die turmreiche Stadt freigibt, ein Blick, von dessen Schönheit bisher fast nur die Festungsgefangenen der Zitadelle zu berichten wußten. Auf der oberen Terrasse deuten ein paar Pavillons an ihren Abschlüssen die Möglichkeit an, daß hier für Erfrischungen und für gastliche Tische unter einer Pergola gesorgt werden kann. Der Tautsche Entwurf bietet also der Stadt Magdeburg mit einem Schlage ein Dreifaches: er schafft ein bedeutsames Schaustück selbstbewußter, moderner Stadtarchitektur, er ermöglicht die genußreiche Betrachtung des schönsten Teiles eines altehrwürdigen Bauwerks, und er gibt den Einwohnern der Stadt den stolzen Blick auf Magdeburg zurück, von dem uns das Gemälde »Magdeburg vor der Zerstörung«, das in unserem Museum hängt, beredt genug erzählt (siehe Abb. S. 85).

Trotzdem wird mancher praktisch veranlagte Magdeburger fragen: »Und was wird aus dem weiten Gelände, das hinter diesem Schaustück liegt?«

Bruno Taut hat, wie die beigegebenen Zeichnungen zeigen, eine Antwort bereit. Er zeigt, daß hier, auf dem Boden der eigentlichen Zitadelle, der gewiesene Raum für ein Magdeburger Stadthaus der Zukunft ist, für das, was Taut selbst mit dem guten Worte »Stadtkrone« geprägt hat: für einen ragenden Bau, der von Magdeburgs zukünftiger Größe und Stärke erzählen soll und dem dann die Zitadellen-Terrasse für den Blick von der Elbe aus wie ein mächtiger Sockel vorgelagert sein wird.

Theodor Volbehr

NATÜRLICHES BAUEN · ORGANISCHES SIEDELN

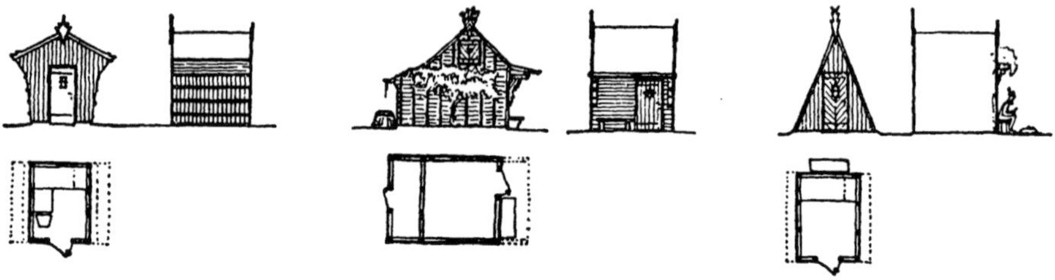

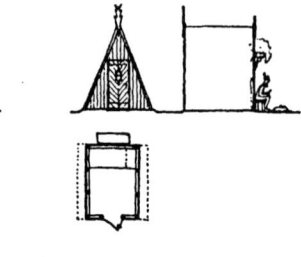

Gegenwärtig erleben wir in der Kleingartenbewegung, deren erste Ansätze in Deutschland in Kiel um 1830, Ende des vorigen Jahrhunderts in Leipzig in der Schrebergartenbewegung erkennbar sind, den Auftakt zu einer neuartigen Siedlung. Das Problem der städtischen Kolonisation im Sinne der Stadt-Land-Kultur (L. Migge) wird gelöst werden auf dem Wege der organischen Umsiedlung. Kolonisieren heißt darum wachstümliches oder natürliches Gestalten von Land und Haus mit Hof, von Garten und Heim. Der Weg führt also vom Laubenkolonisten zum Siedler. Lehrmeister und Wegweiser ist uns der Krieg gewesen. Er zeigte uns, daß »die Erde eine gute Wohnung« ist. Aus den Erdlöchern wurden bald festgefügte Unterstände und endlich vollkommene Wohnungen. So wird auch gegenwärtig und in kommenden Tagen der Kleingärtner und Kleinsiedler bei der Arbeit auf der Scholle von der Gartenbank zur Laube kommen und von dieser zur Wohnlaube. Rücksicht auf die Allgemeinheit in bezug auf das Stadtbild und Rücksicht auf die eigene wirtschaftliche Lage werden den Charakter der Bauform künftig bestimmen. Aufgabe des Stadtbaukünstlers wird es sein, Kleingärten und Kleinsiedlungen rhythmisch in das Gesamtbild der Stadt einzugliedern in Form und Farbe. Stärker denn je muß der Hauptwert auf den Grünausbau gelegt werden. Erst der Garten, dann das Haus. Ohne Landbau kein Flachbau. Die Laube, Wohnlaube oder das Siedlerhaus müssen herauswachsen aus dem Boden, organisch, stufenweise, wachstümlich sich entwickeln.

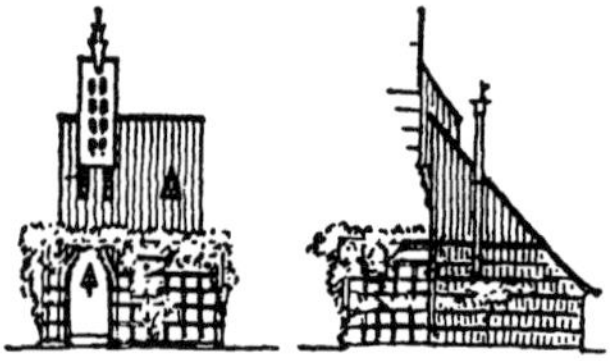

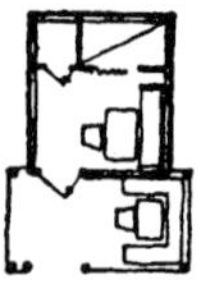

Eine Kleingärtner- und Siedlerberatung in der Form des Kleingarten- und Siedlungsamtes wird hier ungeheuer wichtige volkswirtschaftliche Arbeit leisten. Garten und Wohnung gehören zusammen. Wir müssen also rationelle Boden- und Bauwirtschaft verlangen. Die Form der Gartensiedlung wird also der Typus der neuen Stadtlandsiedlung sein. Schutzhütte, Laube, Wohnlaube, Kleinhaus sind die neuen Bauformen, die mit der finanziellen Leistungsfähigkeit des Siedlers in Einklang stehen müssen.
Von wesentlicher Bedeutung wird die farbige Behandlung auch des kleinsten Baukörpers und Siedlungstyps werden. Die neue Wohnlauben- oder Gartensiedlung muß leuchten wie ein Blumenbeet. Die Farbe als Anstrich wird dann ebenso wie die natürliche Bewachsung und Berankung aus häßlichen Laubenbildern gute kleinste Bauformen schaffen helfen.
Wie der äußere Aufbau in Form von Bauabschnitten (siehe Skizzen), so wird auch der Innenausbau sich den natürlichen Bedürfnissen des Kleingärtners und Siedlers anpassen. Eine weise Ökonomie aller Kräfte muß geübt werden, wie sie Hans Weisen in seiner »Baukunst« trefflich erläutert.
Das wird wahre Stadtbaukunst bedeuten, die auf engstem Raum höchste künstlerische und wirtschaftliche Werte erzielt.

Erich Fresdorf

Entwürfe im städt. Bauamt von Arch. Schütz

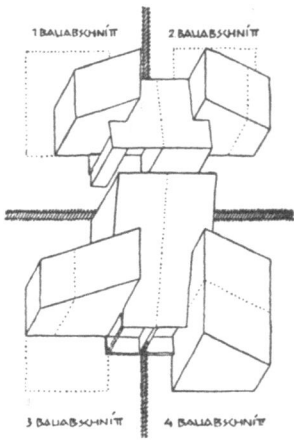

Schematische Darstellung der zellenförmigen Entwicklung

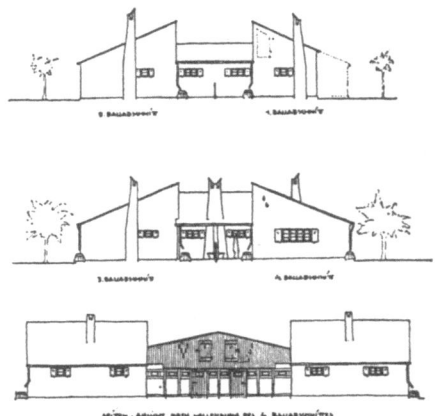

89

DER NOTWENDIGE NEUE BAUSTIL

Von Friedrich Paulsen

Lesen wir einmal eine Darstellung der Kunstgeschichte, wie sie vor etwa 60 Jahren aufgefaßt wurde, so finden wir neben vielfach feinen Bemerkungen tatsächlicher Art Urteile über die Entwicklung neuer Stilabschnitte, die uns schlechthin unerklärlich erscheinen. Bekannt ist die niedrige Einschätzung der späten Antike, gar der byzantinischen Kunst. Ebenso verständnislos pflegte man vor zwei Menschenaltern dem Barock gegenüberzustehen. Dabei berief man sich auf die »wahren Gesetze der Schönheit«, d. h. auf das sogenannte klassische Altertum, wenn es auf Baukunst und Bildnerei ankam, auf Raffael, wenn es sich um Malerei handelte. Ob man in dieser Frage Goethe oder Jacob Burkhardt oder den »Hofnarren der Philosophie«, Schopenhauer, hörte, ist nicht erheblich.

Hätten diese Leute recht, so dürften wir von den Alten lernen und sie nachahmen und arbeiteten um so besser, je treuer wir ihnen folgten, oder wir entwickelten, nach einem neueren Schlagwort, aus der Aufgabe und den Baustoffen die Zweckform und warteten auf das Wunderbare, einen heiligen Geist, oder sonst eine äußere Kraft, die aus der Zweckform die Kunstform bildet. Auch auf das stilbildende Genie hat mancher gewartet. Käme das erst, so sähen wir den neuen Stil geboren werden, wie Athene voll gerüstet aus dem Haupte des Zeus entsprang.

Aber das Warten war vergebens. Das Wunder kam nicht.

Wie war es denn früher? Die Renaissance pochte darauf, das zu neuer Jugend geborene Altertum zu sein. Ein herrlicher Frühlingsmorgen, voller Begabung, Tatkraft, Schönheit; aber kaum war sich das heitere Volk von Florenz klargeworden über die neue Zeit, da stank die Stadt von den Scheiterhaufen, die auf Savonarolas Geheiß die »Werke der Lust und Eitelkeit« verzehrten (1497), auch Gemälde der besten Meister. Dann, gerade ein Menschenalter später, kam die schreckliche Verwüstung Italiens durch die Franzosen und 1527 der Sacco di Roma, seit dem der Frohsinn der Renaissance dem prunkenden Ernst des Barock, die Anmut der Ekstase Platz machte. Gleichzeitig fast eroberte sich von Spanien aus eine bislang unerhörte religiöse Kraft der Hingabe das Geistesleben der katholischen Welt; der heilige Ignaz gründete und leitete seinen Orden. Ausdruck dieser Bewegung ist das Barock. Doch in der Entwertung ihrer Ziele im Herzen der Menschen lag der Keim zum Rokoko, der reizvollen Schale tiefster geistiger und sittlicher Entwürdigung der Menschheit. Kaum beherrschte man die äußeren Kunstmittel, und schon folgten die anderen Stile, die sich von der Antike herleiten, wie die Renaissance, wie einst schon die Pisaner, wie vordem Karl d. Gr., wie Hadrian, wie Augustus, sie alle zurückkehrend zu den »ewig schönen Formen« der Antike, wie man sie jeweils auffaßte, d. h. letztlich zum 5. Jahrhundert. Denn die leibliche Schönheit, dieses irdische Leben, war der Angelpunkt jener Kunst der Schönheit, war die Wirklichkeit, der wir doch glauben müssen, weil ja die Augen sie uns beweisen, weil wir sie fühlen, auch riechen und schmecken.

Wie aber ist es dann mit der Kunst jener Zeiten, in denen das christliche Leben entstand? Hatten die künstlerisch nichts zu sagen, die mit oder gegen Augustin um die Rechtfertigung stritten, denen Thomas von Aquin sein Gottesreich predigte? Langsam und stetig erarbeiteten sich die Griechen bis 400 v. Chr. ihren Stil, der einzig das heitere Leben der Herren dieser Erde abbildete. Denn die breiten Massen spielten im griechischen Altertum keine Rolle im geistigen Leben, und die braven Bürger der athenischen Demokratie verlachten die Reste alter geistiger Religion, töteten den Sokrates, ließen Platon, der ihnen das Wirkliche anderswo zeigte als in den Erscheinungen, sie ließen diesen halben Narren seinen unfruchtbaren Liebhabereien und politischen Versuchen im Ausland, fern in Syrakus und Tarent. So hielten sich die Griechen ihr Leben rein von allem nicht Diesseitigen und gaben ihm den Stil, der noch heute alle Schönheitssucher blendet, ihnen den klarsten Ausdruck der Schönheit dieses irdischen Daseins gibt.

Da kam das Christentum; »einem Einzigen zu Gefallen mußte diese Götterwelt vergehen«, klagt ein Schwärmer für ein Hellenentum eigener Vorstellung und Prägung, ein Dichter, dessen unsicherer Instinkt auch da Geistiges sah, wo außer sehr Diesseitigem nur wüster Aberglaube herrschte, wo aber zugleich der im 18. Jahrhundert unendlich bewunderte Schritt zur Wissenschaft getan wurde und von wo die Überhirnten unserer Zeit ihren Stamm herleiten können.

Mit dem Christentum kamen neue Völker, denen die Wirklichkeit nicht ohne weiteres das war, was man sieht und greift, die mit den Völkern des Ostens tiefer sahen als auf die schönen Körper jugendlich prangender Söhne reicher Familien und auf die Leiber ausgewählter Haremsfrauen. Denn das war es, was die griechische Kunst meinte. So bildete sich die christliche Kunst ihre Stile, in denen Askese oder mystisches Einswerden mit Gott, Nächstenliebe oder Vergottung der ganzen belebten Natur ihren Ausdruck fanden. Auch die Ekstasen des 17. Jahrhunderts meinen noch das Überweltliche. Aber seit der Wiedererweckung des Altertums ist der Ton unrein, die neuen Stufen des Stils gehen nicht ohne fremde Beimengungen aus den früheren hervor. Nicht mehr überweltlich, nicht fromm sollten die Bilder sein, sondern schön, so schön wie... nun wie die alten heidnischen Teufelinnen. Das ist der Sinn der Renaissance.

Und seit diese Besinnung kam, seit das Menschenwerk der Kunst vor allem schön sein sollte, haben wir den Wirbel der neuen Stile, jedes Menschenalter einen neuen. Denn die Renaissance ist wirklich eine Neugeburt der Menschheit, aus dem Geistigen, Überweltlichen des Mittelalters zum diesseitig Irdischen, aus der Wirklichkeit Platons zu der Wirklichkeit der »verständigen Menschen« mit Maßstab und Waage, bis Haeckel und Ostwald. Ja, der Mensch ist nun wieder das Maß aller Dinge. Aber darum auch der Stilwirrwarr seit jenem Frühlingsmorgen vor 450 Jahren.

Doch ein neuer Wind durchweht die Welt, spürbarer seit 30 Jahren. Die Zeit ward wieder einmal erfüllt, die Leerheit dieser Welt unserer Sinne den Besten längst bewußt. Der Osten, der dem Intellektualismus, dem mißbrauchten wissenschaftlichen Sinne der Griechen nicht verfallen ist, meldet sich mit ewigen Gedanken. Das Gedenken an die geistige Großtat der iranisch-germanischen Völker, an das Christentum, wendet sich wieder dessen wichtigstem Inhalt zu und läßt das zeitlich Bedingte auf sich beruhen. Damit wird uns auch das wieder verständlich und sichtbar, was in der Kunst dieses Jahrtausends den Kern ausmacht. Nicht, wer Monsalwasch geschäftig sucht, findet die Burg, wer sie findet, den suchte sie. Nicht wir finden an der Hand fleißiger Bönhasen den Geist der Gotik, aber vielleicht begnadet er uns, in uns zu fahren. Erneuert sich die geistige Stimmung, so haben wir den neuen Stil, auch in der Kunst, dann brauchen wir uns nur zu geben, wie wir sind. Dann können wir derer lachen, die in den ersten Schritten nur die Ungeschicklichkeit kindlichen Gehens beachten.

Aber der alte Seufzer eines bedrückten Herzens: Gib mir Gott einen neuen, gewissen Geist, ist es schon der Ausdruck vieler? Erleben wir nicht auch heute noch von den sogenannten Führern, daß sie aus der Aufgabe und den Gegebenheiten der Baustoffe, der Verarbeitung, die künstlerische Form zu erklügeln glauben? Wird nicht eifrig gesucht, die »Tradition fortzusetzen«? Soll nicht gar die letzte, wohl entgiftete, aber auch entgeistete Ausfertigung jener Diesseits-Kunst vor 25 Jahrhunderten der Ausgangspunkt u n s e r e r Kunst sein? Wird nicht jene Kunst, deren Götter schon der alte Homer nicht mehr ernst nahm, noch immer zur Grundlage der Baukunst gemacht?

Wollten wir in jene alten Schläuche neuen Wein schütten, es würde beides verdorben. Wir könnten dann die Hoffnung aufgeben. Doch das brauchen wir nicht. Wie das Christentum nicht mit Apoll und Dionysos, sondern mit dem niederen Aberglauben, dann aber mit dem Lichtgott Mithras und den anderen jenseitigen Göttern der neuen Völker zu kämpfen hatte. So ist in geistigen Kämpfen, auch in künstlerischen, nicht der Held von gestern der Feind, sondern neben den niederen Menschlichkeiten aller Art sind es geistig hochstehende und doch feindliche Gewalten. Die merkwürdigen Welterlösungspläne, ob sie von Tolstoi oder Marx, Rousseau oder Lenin ausgehen, es ist der Kampf gegen jenes Wohlsein in dieser Welt der Erscheinung, und in diesem Kampf haben sich noch immer die Besten gefunden. Nun mag jeder prüfen, ob die Waffe, die man ihm bietet, gut ist und für ihn paßt. Der Feind, das Ziel des Kampfes, ist für alle eines, das Behagen in dieser schönen Welt. Der Waffen sind viele. Für manchen ist die bildende Kunst das Mittel, sein Selbst, sein unzerstörbares Wesen durchzusetzen. Wenn er nun nicht von dieser Welt ist, einer höheren angehört, aber nur die Sprache einer Diesseits-Kunst erlernt, da kann er sich nicht oder nur unvollkommen ausdrücken. Er wird sich im Kerker fühlen, seine Kräfte gefesselt. Und wenn er die ihm anstehende Sprache auch zunächst noch stammelt, es wird ihm eine Erlösung sein, die neue Sprache zu versuchen, und der Druck ist von ihm genommen.

Ein Gefühl der Befreiung, die Lösung ihrer Zunge werden viele empfinden, wenn man ihnen gestattet, die alte, fremde Sprache zu vergessen, wenn man, wie die unbeholfenen Laute einjähriger Kinder, das unvollkommene Stammeln in neuen Sprachen hört und ihnen die Freiheit gibt, in neuer Sprache das Große oder Kleine zu sagen, das einer in sich trägt. Der Einzelne braucht den neuen Stil, weil er im alten stumm ist, der seiner Seele fremd, wenn nicht feind ist. Doch nicht kampflos geben die vielen die Sprache auf, in der sie i h r Bestes zu sagen haben, sei es auch schal und roh, jedenfalls gemein. Es sind doch die meisten, es ist die große Masse.

Aber weil viele schon empfinden, daß Wertvolles in den alten Formen nicht gesagt werden kann, daß sie gerade für das Hohe, das sie empfinden, nicht ausreichen, darum der neue Stil, darum m u ß er kommen. Das Licht, von dem Johannes sagt, war in der Welt, und die Welt ist durch dasselbe gemacht, und die Welt kannte es nicht. Auch unsere Welt ist längst innerlich eine andere geworden als die des Humanismus und seiner letzten Blüte, der naturwissenschaftlichen Aufklärung des 19. Jahrhunderts. Das Licht, durch das unsere Welt gemacht ist, und den Ausdruck dieser neuen Welt, d. h. ihren Stil, kennen wir noch nicht.

Ist er deshalb nicht? Hängt sein Dasein von seiner klaren Erkenntnis ab?

Nein, sondern unter uns ist der Stil unserer Zeit im Entstehen. Wohl mögen viele falsche Propheten auftreten und sagen, sie seien des neuen Geistes voll. So war es noch stets. Wir verlangen Bestätigung, darum wollen wir auch die Früchte sehen. Nicht ob sie den alten gleichen und unseren Augen gefallen, aber ob sie uns bekommen. Daß eine Kunst, die an Dingen des Gebrauchs geübt wird, dessen Anforderungen entsprechen muß, ist ohnedies klar. Worauf es uns ankommt, ist, daß sie mehr bietet, als was die Notdurft erheischt. Die griechische Kunst bot noch Schönheit, die christliche sprach vornehmlich aus, was die Herzen bewegte und nicht von dieser Welt war. Wie sie das tat in den verschiedenen Jahrhunderten, und daß sie es sehr verschieden tat, zwischen Konstantin und Maria Theresia, sollte uns zu denken geben. Daß die Gruppe der heiligen Theresa von Bernini eine religiöse Verzückung mit starker sinnlicher Erregung darstellt, hat man immer gesehen. Wenn, der gute alte Lübke den Engel verbuhlt nennt, so verkennt er den seiner Zeit fremden Ton damaliger Hingabe an religiöse Inbrunst. In der Baukunst ist nun die Sprache nicht so eindeutig. Aber der Ton der Kuppelhalle im Münchener Justizgebäude, der im Berliner Amtsgericht, haben mit dem Ernst der Rechtsprechung nichts zu tun, so wenig wie der Ton des Verwaltungspalastes der Stadt Berlin mit der Gemeindeverwaltung. Wer das Gefühl dafür hat, dem ist ein Lustschlößchen Cuvilliés auch schon im Grundriß eine Schamlosigkeit, wenn sie auch ästhetisch vollkommen ist.

Vom neuen Stil erwarten wir, daß er mehr ausdrückt als Freude am Sinnenleben dieser Welt. Freude ist allerdings eine starke Feder, aber sie mag den Ablauf unseres

Lebens regeln und vor Stockungen bewahren, sie gibt weder Richtung noch den Schritt an. So mag auch die Schönheit dieser Welt der Erscheinungen gern in den Kunstwerken sich spiegeln, in Schmuck und Nebensachen, aber in den Hauptdingen, den Raumformen, den Massen, den Farben, da ist der Mensch das Maß der Dinge nicht. Der diesseitige Zweck des Bauwerks gibt nach dieser Richtung schon genug und übergenug. Wo er Freiheit läßt, da sollte, so wie in der gotischen Kunst, das Jenseitige bestimmen.

Also keinen rationalen Stil als Ausdruck unserer Zeit?

Nein, gewiß nicht! Denn unsere Zeit ist nicht rational wie die des Perikles, d. h. sie ist es auch, aber dieser Teil wird untergehen wie seine Zwecke von dieser Welt und also vergänglich sein. Und wenn sich etwas von uns erhält, so ist es der irrationale, der gotische, nicht der hellenische Teil.

Ewig klar und spiegelrein und eben floß das zephyrgleiche Leben der griechischen Götter dahin. Aber sie sind tot. Sie waren für Homer schon tot, waren es, als Perikles baute, Praxiteles meißelte, als Raffael sie in die Farnesina malte, und waren es, als Schiller ihnen seine Verse widmete. Was kümmern wir uns um das Gewand hellenischer Kindermärchen! Ist etwa das Mephisto-Hohnwort vergessen:

Noch immer glücklich aufgefunden.
Die Flamme freilich ist verschwunden.
Doch ist mir um die Welt nicht leid.
Hier bleibt genug, Poeten einzuweihen,
Zu stiften Gild- und Handwerksneid,
Und kann ich die Talente nicht verleiten,
Verborg' ich wenigstens das Kleid.

DER ARCHITEKTENKONGRESS

Eine Parlamentsgeschichte

Von Paul Scheerbart

Es war im zweiten Viertel des 20. Jahrhunderts — in der Nähe der Stadt Brandenburg an der Havel. Dort lag ein großes Parlamentsgebäude, das benutzt werden konnte von allen möglichen Vereinen und Korporationen, die sich mal aussprechen wollten oder mußten. Im Mai hatten sich die Architekten angemeldet. Noch vor Sonnenaufgang wollten sie kommen, in einer guten Stunde mußten sie da sein.

Der alte Portier Hannemann stand im kleinen Empfangssaal und sprach zu seinem Sohne Georg folgendermaßen:

»Dein Sinn, mein Sohn, ist zu sehr auf das Praktische gerichtet, darum willst du Ingenieur werden. Laß das sein; es ist nicht mehr zeitgemäß. Die Zeit schreit jetzt nach den großen Architekten, die unser Leben endlich einmal lebenswert machen sollen. Vor zwanzig Jahren war das noch anders, da spielte der Ingenieur tatsächlich die erste Rolle im menschlichen Leben. Heute jedoch leben wir schon im zweiten Viertel des 20. Jahrhunderts. Darum geh in dich, laß das Praktische beiseite und werde Architekt. Dann kannst du ein berühmter Mann werden und das Leben der Menschen köstlich ausgestalten. Setz dich heute in die Portierloge und höre ordentlich zu, was die Architekten sagen.« Georg wollte etwas erwidern, aber da dröhnten die Alarmsignale, der alte Herr Hannemann ging rasch hinaus auf die große Terrasse und blickte in die Ferne. Gerade ging die Sonne auf. Und die großen Luftschiffe wurden sichtbar — die Luftomnibusse mit den Architekten, die rechtzeitig auf dem Kongreß erscheinen wollten.

Gleichzeitig hörte man von allen Seiten das Propellergeschnurr der Aeroplane.

Und bald war die ganze Gegend von landenden Luftfahrzeugen dermaßen bewegt, daß Georg Hannemann nicht mehr dazu kam, ein einziges Wort zu seinem Vater zu sagen. Die Automobile brachten die Ankömmlinge rasch näher.

Und bald saßen alle Kongreßteilnehmer im großen Sitzungssaal.

Dem amerikanischen Millionär Macpherson wurde das Präsidium übertragen. Georg Hannemann saß schweigend in seiner Portierloge.

Der erste Redner war der große Architekt Geheimer Regierungsrat Krummbach; er sprach: »Meine Herren, die Staatsregierungen haben uns Architekten diesseits und jenseits des Ozeans sehr ungeduldig gemacht. Wir sind nicht länger bereit, die Entwicklung der Architektur unserer Staatsgebäude hemmen zu lassen. Wir wollen mehr Glas — mehr farbiges Glas. Und wir wollen Stahlgerippe überall und keine Backsteine mehr und möglichst wenig Holz. Die Staatsregierungen dürfen fürderhin nicht mehr soviel Rücksicht nehmen auf Maurer und Zimmermann; die können ja Schlosser werden und Klempner. Ich war, um Ihnen meinen Seelenzustand ganz deutlich zu zeigen, vor drei Jahren in der alten Alhambra im fernen Granada. Und da war ein Saal, in dem das Ornament zumeist aus arabischer Schrift bestand. Sah man näher hin, so erkannte man plötzlich, was die Schrift sagte — überall stand: Allah allein der Sieger. Das sprachen siegreiche Araber aus. So wollen auch wir als siegreiche Architekten ornamental ausrufen: Das Grenzenlose das Größte. Wir wollen keine von der Welt vollkommen abschließende Wand — wie die alte Backsteinwand: wir wollen farbenprächtige, durchscheinende, doppelte Glaswände haben — überall — wo sie nur angebracht werden können — besonders in den Staatsgebäuden. Wir wollen Wände haben, die uns nicht abschließen von der großen, unendlichen Welt. Das Grenzenlose ist das Größte. Das wollen wir nicht vergessen. Das Grenzenlose ist aber der unendliche Weltenraum. Von dem wollen wir nicht länger getrennt sein. Darum wollen wir, daß die Glasarchitektur alles andere besiegt. Die Glasarchitektur soll allein bei uns der Sieger sein. Wir wollen Wände haben, durch die die Sonne scheint am Tage — und nachts der große Mond mit den Sternen des unbegrenzten endlosen Weltenraumes.«

Alle Anwesenden nickten mit den Köpfen. Jeder Kongreßteilnehmer hatte einen kleinen Klumpen Blei zur Linken und eine silberne halbkugelartige Glocke zur Rechten. Schlug er mit seinem kleinen silbernen Hammer auf den Bleiklumpen, so war er nicht einverstanden mit dem, was ein Redner sagte — erklang die silberne Glocke, so war er's.

Nun klangen die Glocken sehr fröhlich durcheinander. Und der Geheime Regierungsrat Krummbach verbeugte sich und sprach: »Einen kleinen Saal, in dem die Worte: Das Unbegrenzte das Größte! ornamental angebracht sind, habe ich mir auf meiner Besitzung bei Zossen herstellen lassen. Die Interessenten sind höflichst eingeladen.« Abermals erklangen die silbernen Glocken.

Da dröhnte aber der Bleiklumpen des Präsidenten, und der Mr. Macpherson sprach: »Wir wollen hier aber nicht schwärmen — sondern sachlich reden. Durch schwärmerische Ansprachen, für die der praktische Amerikaner gar keinen Sinn hat, wird der sachliche Ton irritiert.«

»Oho!« rief man nun von allen Seiten, »wir können auch sachlich reden.«

Und Mr. Macpherson rief lachend: »Na ja! Ich rechne ja auf Ihren Widerspruchsgeist.« Und gleich ergriff das Wort ein Italiener, der Baumeister Mirandulo — der sprach so: »Wir in Italien wissen doch wahrlich, was Baukunst heißt. Noch im vorigen Jahrhundertviertel kamen die Architekten scharenweise zu uns, um unsere Backsteingebäude zu bewundern. Das gibt's heute nicht mehr. Auch der Italiener weiß, daß nur durch den Eisenbau die Entwicklung der Architektur gefördert werden kann — das Eisen gestattet jede Kurve —, und den schiefen Turm zu Pisa können wir durch Eisengerippe noch viel schiefer bauen.«

Don Rasimpo aus Sevilla: »Aber auf das Schiefe kommt es nicht an — wir können die großen ausgeschweiften Kurven bevorzugen — Häuser in Kronenform bauen — das Ausschweifende endlich in die Architektur bringen. Daran wollen wir uns von unseren Regierungen nicht hindern lassen.«

95

Monsieur Beauclair aus Bordeaux: »Nun haben uns die Militaristen versprochen, uns kräftig beizustehen. Sie haben uns versprochen, die besten Backsteinbauten durch drahtlos dirigierte Aeroplantorpedos zu zertrümmern, damit wir Neues in Glas und Eisen bauen können. Aber die Militaristen haben nicht den Mut, sie fürchten die Volkswut. Also: auf die Militaristen und ihren Mut können wir fürderhin nicht mehr warten. Die Geduld ist uns gerissen. Jetzt muß es endlich anders werden. Wir müssen die Regierungen boykottieren.«
Der Präsident: »Ich bitte um Mäßigung. Nicht gleich Gewaltmaßregeln vorschlagen.« (Dumpf dröhnen die Hämmer auf den Bleiklumpen.)
Der Chinese Ta-Bio: »Die chinesische Regierung will nur noch in Glas und Eisen bauen lassen. Das weiß ich ganz genau. Heute marschiert China an der Spitze der Kultur.« (Helles Glockengeklinge. Der Präsident Mr. Macpherson rauft sich ein paar Haare aus.)
Der Türke Abu-Babu: »Wir aber haben erkannt, daß das Glas das reinlichste Baumaterial ist. Da geht keine Ratte ran — und auch das andere Ungeziefer bleibt dem Glase fern —, besonders dann, wenn in der Nähe eines jeden Hauses viele Fliesenplatten sind, die täglich abgespült werden können mit reinlichem Wasser.« (Stürmisches Gelächter auf allen Seiten.)
Der Präsident: »Der Türke hat recht!« (Die Glocken klingen wieder lustig durcheinander.)
Ein Mann aus Peru: »Das Glas ist auch in den Tropen zu brauchen. Man braucht da nur drei- und vierfache Glaswände und ein paar Schutzwände aus weißem Segeltuch. In den Wänden sind die Kühlapparate bequem unterzubringen. Luft ist ein schlechter Wärmeleiter.«
Ein Japaner: »Erdbebensicher sind die Glasgebäude auch. Selbst Dynamitbomben tun den Glasgerippe nicht viel. Ein paar Stangen werden wohl verbogen, aber das ganze Gebäude fällt nicht ein — wie ein plumper Backsteinbau.«
Der Präsident: »Nicht so viel von Bomben reden! Das kompromittiert uns.«
Geheimer Regierungsrat Krummbach: »Wir können aber doch gar nicht genug zum Besten des Glaseisenbaus reden. Daß die Bomben ihm nicht mal allzu gefährlich werden, das ist doch ebenfalls ein Vorzug. Außerdem gegen dumme Jungens werden wir uns schon zur Wehr setzen können! Wir haben doch besondere Geheimpolizisten!« (Lautes, sehr helles Glockengeklinge.)
Der Präsident: »Dann reden Sie nur ruhig weiter!«

*

Und sie redeten ruhig weiter. Schließlich wurden aber keine Beschlüsse gefaßt. Man beschloß nur, im Juli noch mal zusammenzukommen. Ein deutscher Konsistorialrat wollte noch behaupten, daß das Eisen doch nicht so gemütlich sei wie das alte Holz. Diese Bemerkung weckte stürmisches Gelächter auf allen Seiten des Glashauses.
Krummbach sagte: »Das Eisen wird doch mit feinstem Email überzogen. Wir sind doch nicht so arm wie im vorigen Viertel des 20. Jahrhunderts. Und — wenn man merkt, daß eine Glaswand immer warm sein kann, so wird man das Glas doch auch als warm empfinden. Die kalten Kacheln in den holländischen Häusern wirken auch warm. Überhaupt: die Gemütlichkeit!« Abermals ertönte stürmisches Gelächter.
Danach aber verließen alle in gemütlichster Stimmung den Sitzungssaal und begaben sich in die großen Glasrestaurants.

*

Der alte Portier Hannemann fragte danach seinen Sohn Georg: »Nun, wie hat dir die Sitzung gefallen? Bist du umgestimmt worden?«
»Vater«, rief da der Georg, »ich werde Ingenieur und Architekt. Dann bist du hoffentlich zufrieden, nicht wahr?« — »Ja«, sprach der Alte, »damit bin ich zufrieden. Sieh nur zu, daß du bald berühmt wirst. Du kannst heutzutage — wir leben doch im zweiten Viertel des 20. Jahrhunderts — nur als Architekt berühmt werden. Das vergiß nicht. Früher dachte man manchmal, könnte auch als Portier berühmt werden. Aber von dieser Ansicht ist man abgekommen. Nur in der Architektur ist wahrer Ruhm zu erobern. Versprich mir, daß du dir die größte Mühe geben willst!«
Und Georg reichte seinem Vater die Rechte und sprach feierlich: »Das will ich dir gern versprechen, lieber Vater!« Nach diesen Worten ging gerade die Sonne unter.

DER REGENBOGEN

AUFRUF ZUM FARBIGEN BAUEN

Die vergangenen Jahrzehnte haben durch ihre rein technische und wissenschaftliche Betonung die optische Sinnenfreude getötet. Grau in graue Steinkästen traten an die Stelle farbiger und bemalter Häuser. Die durch Jahrhunderte gepflegte Tradition der Farbe versank in dem Begriff »Vornehmheit«, der aber nichts anderes ist als Mattheit und Unfähigkeit, das neben der Form wesentlichste Kunstmittel im Bauen, nämlich die Farbe, anzuwenden. Das Publikum hat heute Angst vor dem farbigen Haus und vergißt, daß die Zeit nicht so lange her ist, in der die Architekten keine schmutzigen Häuser bauen durften und in der man kein Haus verschmutzen ließ. Wir Unterzeichneten bekennen uns zur farbigen Architektur. Wir wollen keine farblosen Häuser mehr bauen und erbaut sehen und wollen durch dieses geschlossene Bekenntnis dem Bauherrn, dem Siedler, wieder Mut zur Farbenfreude am Innern und Äußern des Hauses geben, damit er uns in unserem Wollen unterstützt. Farbe ist nicht teuer wie Dekoration mit Gesimsen und Plastiken, aber Farbe ist Lebensfreude, und, weil sie mit geringen Mitteln zu geben ist, deshalb müssen wir gerade in der Zeit der heutigen Not bei allen Bauten, die nun einmal aufgeführt werden müssen, auf sie dringen. Wir verwerfen den Verzicht auf die Farbe ganz und gar, wo ein Haus in der Natur steht. Nicht allein die grüne Sommerlandschaft, sondern gerade die Schneelandschaft des Winters verlangt dringend nach der Farbe. An Stelle des schmutzig-grauen Hauses trete endlich wieder das blaue, rote, gelbe, grüne, schwarze, weiße Haus in ungebrochen leuchtender Tönung.

Bruno Taut

ARCHITEKTEN: Bruno Ahrends, Berlin / W. C. Behrendt, Herausgeber der »Volkswohnung«, Berlin / Peter Behrens, Berlin / Hans Bernouille, Basel / H. Daniels, Düsseldorf / v. Debschitz, Direktor der Kunstgewerbeschule, Hannover / Elkart, Stadtbaurat, Spandau / Martin Elsässer, Stuttgart / August Endell, Direktor der Kunstakademie, Breslau / Eugen Fink, Bauinspektor a. D., Hamburg / Paul Gösch, Schwetz / Jakobus Göttel, Köln a. R. / Hans Grässel, Stadtbaurat, München / Robert Greuter, Direktor der Gewerbeschule, Bern / Walter Gropius, Direktor des staatlichen Bauhauses, Weimar / Albert Gut, Direktor des Wohnungsamtes, München / Erwin Gutkind, Referent im Reichsarbeitsministerium, Berlin / Josef Hoffmann, Direktor der Kunstgewerbeschule, Wien / A. Holländer, Baugewerkschule, Berlin / Carl Theodor Höpker, Bausachverständiger der Amtshauptmannschaft Dresden-N. / Paul Hosch, Basel / P. A. Kesseler, Crefeld / Paul Klopfer, Direktor der staatlichen Baugewerkschule, Weimar / Fr. O. Kurzrock, Leiter der Bauberatungsstelle für die Provinz Hannover, Hannover / Erich Leyser, Geschäftsführer der provinziellen Wohnungs-Fürsorge-Gesellschaft »Märkische Heimstätte« und des »Groß-Berliner Vereins für Kleinwohnungen«, Berlin /. C. Krayl, Tuttlingen / Walter Liebsch, Kleinwohnungs-Baugenossenschaft, Oranienburg /

Hans und Wassily Luckhardt, Charlottenburg / John Martens, Ortelsburg / Paul Mebes, Berlin / Meyer, Direktor der staatlichen Kunstgewerbeschule, Hamburg / Rudolf Mitzkeit, Wilmersdorf / Bruno Möhring, Berlin / Oehring, Staatsbaumeister, Baupolizeiamt Bremen / Bruno Paul, Direktor der Kunstgewerbeschule, Berlin / Friedrich Paulsen, Schriftleiter der »Bauwelt«, Berlin / Hans Poelzig, Stadtbaurat, Dresden / Scharoun, Insterburg / Paul Schmitthenner, Stuttgart / Schreuff, Stadtbaurat und Senator, Gotha / Fritz Schumacher, Baudirektor, Hamburg / Heinrich Straumer, Berlin / Max Taut, Berlin / Fritz Voggenberger, Frankfurt a. M. / Martin Wagner, Stadtbaurat, Berlin-Schöneberg / F. Wagner-Poltrock, Stadtbauanwalt, Leiter des Stadterweiterungsamtes und der städtischen Bauberatung zu Chemnitz / Alfred Wiener, Wilmersdorf / Hugo Zehder, Herausgeber von »1919, Neue Blätter für Kunst und Dichtung«, Dresden / Paul Zucker, Charlottenburg u. a. Bund Deutscher Dekorationsmaler E. V. München / Dr. Adolf Behne, Charlottenburg / Theodor Däubler, Berlin / Ferdinand Göbel, Generalsekretär des Deutschen Volkshausbundes, Berlin / Bernhard Kampffmeyer, Vorsitzender der Gartenstadt-Gesellschaft Bergisch-Gladbach bei Köln a. Rh. / Dr. Hans Kampffmeyer, Landeswohnungsinspektor, Karlsruhe (Baden) / Prof. Dr. Hermann Mehner, Physikochemiker, Berlin / Münchener Gesellschaft für Licht- und Farbenforschung, München II / Dr. Karl Ernst Osthaus, Hagen i. Westf. / Adolf Otto, Generalsekretär der Deutschen Gartenstadt-Gesellschaft, Grünau / Ausschuß für Kunst, Volksbildung und Wissenschaften, Oberbürgermeister Rosencrantz, Insterburg / Dr. John Schikowski, Charlottenburg / Prof. Dr. Strzygowski, Universität, Wien / Erich Worbs, Chemiker, Berlin u. a.

Dieser Aufruf erschien erstmalig in der »Bauwelt« im Jahre 1919.

FARBE IM ÄUSSEREN RAUM

Farbe im äußeren Raum war lange Zeit ein völlig verlorener Begriff, so verloren, daß schüchternste Versuche zur äußeren Farbigkeit im günstigsten Falle nachsichtiges Lächeln der alles besser wissenden Zeitgenossen erregten. Und der »Praktiker« warnte und fehmte. Gerade Fachmänner sabotierten von je die Farbigkeit der Hausfront. Kein Wunder! Es war ja mit der Farbe auch das früher so sichere Gefühl für die räumliche Wirkung von Plätzen und Straßen geschwunden, und auch noch heute ist es schlecht bestellt um diese Dinge. Man zog Striche um Striche und nannte das dann »Straßennetz«. Grau war und blieb die Stadt.
Die schmucken bunten Häuser und Höfe auf dem Lande waren immer noch da. Man erfreute sich auch gelegentlich ihrer Farbigkeit. Aber anregen ließ man sich nicht durch diese Heimatkunst. Sie war ja nicht zünftig. Gar nichts Akademisches. Mehr Hausmacher. Der derbe, lebensbejahende und farbenfrohe Bauer allein hatte sich das ursprüngliche farbige Gefühl in die graue Städterzeit hineingerettet; ein starkes farbiges Gefühl für Innen und Außen bis zum Raum seines bunten Bauerngartens.
Grau war und blieb die Stadt. Dafür aber numerierte man die Häuser — ehemals Individuen in der guten, alten, farbigen, deutschen Stadt. Grau nun 1 bis 1000. Farbenmerkmale zeichneten die Häuser nicht mehr aus. Sollte etwa die große Masse der individuellen Einheiten der gewachsenen deutschen Stadt durch

Haus H. Mittag, Magdeburg, Breiteweg
Neubauentwurf von Bruno Taut

die graue Normaluniform künstlerisch zur Einheit der Masse gebracht werden? Hätte man das wirklich und bewußt gewollt, dann wäre man neuzeitlichsten Problemen trotz aller Gräue theoretisch ganz nahe gewesen. Großzügige Einheit der Masse ist auch in Grau zu ertragen. Sie ist ja letzten Endes bewußt räumliche Anschauung. Der Architekt ist dann nicht nur Raumkünstler, sondern auch in noch erhöhtem Maße der Maler in Licht und Schatten. Rodin nennt das hohe Malerei. Die Baumeister der Gotik sind ihm die größten Maler aller Zeiten. Nein — an solche großen Probleme hat man gewiß nicht gedacht. Zeugen einer fürchterlichen und noch nicht völlig überwundenen Bauunkultur stehen ja noch überall herum und werden in ihrer Blendsteinsolidität trotz bröckelnder bombastischer Stuck-»Dekoration« noch lange Eid um Eid ablegen, daß man künstlerischen städtebaulichen Masseneinheits-Gedanken durchaus verständnislos gegenüberstand.

Wir können heute behaupten, daß die alte deutsche Stadt in räumlicher Farbigkeit stand. Sie war wohnlich auch im äußeren Raum, trotz enger Gassen, trotz mangelhafter Wegbefestigung, trotz aller merkwürdigen Eigentümlichkeiten, die derbes Ackerbürgertum und zünftige Gewerkwesen an sich hatten. Derbfarbig oft das Bürgerhaus. Farbig das Rathaus und farbig auch der hohe Dom — edel in Form und Farbe. Die äußere Farbigkeit war verschieden nach landsmannschaftlichem Geschmack. Vor allem aber verschieden je nach der Verwendung der Aufbaumaterialien. Im Werksteingebiet zierlich-bunter als im Backsteingebiet; beweglicher dort als hier.

An St. Trinitatis in Danzig stellte ich vor Jahren hoch oben an einem östlichen Giebel umfangreiche Putzstellen mit starkdeckender Farbe fest. Rot — nachgedunkelt zwar, aber immer noch leuchtend — mit breiten aufgemalten schwarzen Fugenbändern, deren Lehren in den Putz eingeritzt waren. Mit dem Abputzen wurde also im noch feuchten Putz sofort der nachher gemalte Farbverband als Lehre hergestellt. Geschlagenes Ochsenblut mit Kreide gemischt. Mit den grünfarbigen Glasurkrabben und leuchtenden riesigen Kreuzblumen ein wunderbares farbiges Bild. Es war die Zeit

Umbau Liesegang & Kosch, Magdeburg,
Kaiserstraße. Arch. C. Krayl

der welschen Haube, jener eigenwilligen Turmhelmformen, die die schwere Hausmasse der unbeweglicheren Backsteinkirchen so spielend gegen den Himmel auflösen und die Stadt so kapriziös silhouettieren. — Über vier Jahrhunderte hatten Putz und Farbe der Witterung getrotzt und sich an einer gefahrvollen Stelle dem Klopfhammer einer späteren Bilderstürmerei entzogen. In der Färbung der Danziger Dome scheint Rot vorherrschend gewesen zu sein. Da wo das steigende Mauerwerk im Zinnenkranz endigte, vermittelte ein farbiger Fries den Übergang. Weiß und Blau waren an verschiedenen Kirchen noch festzustellen. Auch hier die spätere Bemalung im Putz schon vorbereitet. — Die oben schon genannten Glasurfarben, die einzigen, die man damals zur äußeren Verwendung kannte, wurden zudem an St. Peter und Paul zum Schmuck eines hohen Portals verwendet. Heute noch leuchten sie unverwittert aus dem Mauerwerk heraus.

Die östliche Backsteinbaukunst gibt das Beispiel der Farbe auf der großen, ungeteilten Fläche.

Alle jene Danziger Kirchen zeigen heute, durch Putz und Farbe nicht mehr geschützt, ein durchweg flüchtig und unsauber ausgeführtes Mauerwerk. Danziger Maurer haben es nach Feierabend »um Gottes Lohn« aufgeführt. Man richtete ersichtlich seine Technik schon auf die Farbigkeit ein. Man überzog ja nachher die Mauerfläche mit starkem Buntputz, der alle Ungleichen ebnete. Der Westen hatte den teils kunstvoll bearbeiteten Werkstein zur Umrahmung seiner Formen. Ihn färbte er, während der Osten sich an reicheren Beispielen die Werksteinarchitekturglieder durch Glasuren zu ersetzen bemühte. Auch im Westen zeigt sich das Bruchsteinmauerwerk, das heute ohne Putz und Farbe kahl, jedoch in edler Patina dasteht, oft merkwürdig unmaßstäblich und vom Standpunkt der Technik aus allzu unregelmäßig und zu reichlich verzwickt. Da liegt denn der gleiche Fall vor, den ich von Danzig berichtet habe. Man verließ sich auch hier auf Buntputz und schmückende Farbe. In Magdeburg sind die Westturmseiten der Johanneskirche ein geeignetes Studienobjekt. An ihrem Mauerbefund vermag jeder, der sehen kann, auf dem gezeigten Wege zur gedachten Rekonstruktion des farbigsten und prächtigsten Bildes zu kommen. Die gründlichsten Studien über die Färbung der gotischen Werksteinkirchen und ihrer prachtvollen Details hat wohl der Danziger Hochschulprofessor Phleps gemacht. Auch andere Schüler Karl Schäfers und dieser selbst haben gelegentlich wertvolles Material in dieser Hinsicht zusammengetragen. Das große runde Maßwerkfenster am Straßburger Dom ist nicht nur ein Meisterwerk gotischer Steinmetzkunst, es war auch ein Kabinettstück farbenfrohester gotischer Außenmalerei.

Es ist nicht meine Absicht, ein Kolleg über äußere Farbe im historischen Sinne zu lesen. Es genügt festzustellen, daß die westliche und östliche Gotik und im besonderen Sinne am ureigentümlichsten die Übergangszeit im Osten — in der so vieles steckt, was wir heute wieder als richtig empfinden — schon alle Elemente der äußeren Farbigkeit sogar an den mächtigsten und umfangreichsten Bauwerken enthält. Wir haben also nicht nötig, auf die Griechen zurückzugreifen, die den Marmor ihrer Tempel und reichen Häuser mit prachtvoll leuchtender und typischer Bemalung verdeckten. In der Gesamtfarbigkeit aller alten deutschen Raumkunst steckt alles in erhöhtem Maße. Vielleicht hat gerade deshalb der Nachfahre der klassischen Architektur, als er nach und nach farbloser sah, die volkstümliche nordische Art der Kunst eine »gotische«, eine barbarische genannt. Damals »gotisch«, heute »boche«. Und zur Nachahmung der hochstrebenden deutschen Form kam der klassische Epigone schließlich doch.

Wenn ich von der Farbe im äußeren Raum reden wollte, dann hatte ich die Absicht, die Farbe als wesentlich mitbestimmend für den Charakter der äußeren Räume neben die Form zu stellen. Dabei ist ein »neben« als Verbindung der beiden Begriffe: Form, Farbe — noch nicht treffend genug. Form mit Farbe ist klarer: Form und Farbe als sich ergänzende, im Wert sich erhöhende Faktoren beobachtete man gleicherweise in jener Zeit, die noch das ursprünglichste und fast selbstverständliche Gefühl für die räumliche Wirkung der Plätze und der Straßen hatte. Die Farbe gab der Form erst das echte Leben. Die Form richtete sich auf die Farbe ein — von der plastischen Form des Details bis zur kubischen des Bauwerks und hinüber zum äußeren Raum, der die Baukörper in einen irgendwie gearteten Rhythmus stellte. Ein jeder Baukörper jener Zeit, die als wesentlichste im Sinne des Themas hier behandelt wurde, ein Individuum. Und doch der Platz, die Straße als Raum ein einheitlicher Klang. Die Masse der Einheiten kam so zur Einheit der Masse durch die Farbigkeit, die dennoch jedem Individuum sein Recht ließ.

Entstanden aber einfachste Bauten einheitlicher Grundlage — wir würden heute sagen: Typenbauten —, wie das, allerdings selten, der Fall war bei städtischen Bauten zur Befriedigung allereinfachster Wohnbedürfnisse, dann mag damals schon die Farbe sich dem einheitlichen Grundzug angepaßt haben. Es gibt heute noch in einigen Städten Gassenbezeichnungen, die auf eine im wesentlichen einheitliche Färbung schließen lassen: die blaue Gasse, die grüne Straße. Es hat in der Zeit nach 1900 nicht an Versuchen gefehlt, auf farbenarchäologischer Grundlage getreue Rekonstruktion zu üben. Keine der äußeren Farbgebungen hat überzeugt. Man war zunächst schon einmal nicht kühn genug in der Anwendung des vollen Tones, den jene Zeit liebte. Alle Versuche der getreuen Rekonstruktion der Farbe mußten aber auch aus anderem und tiefer liegendem Grunde verfehlt erscheinen: die alte Nachbarschaft ist nicht mehr da, weder in Form noch in Farbe. Die ehemaligen räumlichen Grundlagen sind verschoben.

Färbt man also heute, dann muß solche neue Farbigkeit schon in dem Sinne der räumlich veränderten Sachlage geschehen, die mit dem heutigen Auge und nicht mit dem zeitlich zurückversetzten zu betrachten ist.

Farbenarchäologie ist so gesehen ein unnützes Bemühen. Unsere gotischen Dome in alter Art farbig rekonstruieren zu wollen, hieße gleichzeitig ihre wundervolle Patina vernichten.

In der farbigen freien Rekonstruktion von inneren Räumen sind jedoch einige hervorragende Leistungen zu verzeichnen, die von innen nach außen befruchtend wirken werden. Ich sah vor einigen Jahren Steinbrechts letzten großen Wölbsaal auf der Marienburg. Ein prächtiger und kühner Angriff.

Der Trieb zur äußeren Farbigkeit ist da. Ich finde eine Parallele in der Abkehr vom uniformierenden, tötenden Grau und der Rückkehr zur Farbe im äußeren Raum und in der Abkehr von der großräumigen Tendenz weltumspannender materialistischer Machtpolitik der Kriegerkaste und der Rückkehr zur kleinräumigen des seßhaften und heimfrohen Bürgers, der auf seiner Scholle gesundet.

In keiner der beiden triebhaften Bewegungen wird es an Mißgriffen fehlen können, weder in der Wiederbelebung der äußeren Räume durch Farbe noch in der Siedlungstätigkeit. Aber noch in jeder starken Bewegung war es so: »Wer Männer wollte, mußte Knaben wagen.«

DER MAGDEBURGER FARBENSTREIT

Man wird nur bescheiden, wenn man sieht, welches Ausmaß von Erregung, in Zustimmung und Ablehnung, eine einfache natürliche Handlung erwecken kann. Mein Aufruf, der im Juli in der Lokalpresse darauf hinwies, daß es mit dem ewigen Grau schließlich nicht so weitergeht, rief eine Flut von Debatten, Zuschriften an die Zeitungen, genannte und ungenannte an mich hervor, die zum mindesten von einem lebhaften Interesse des Publikums sprachen. Aber wenn man selbst zähe ist, so hat man auch seine Freude an fremder, anders gerichteter Zähigkeit; man weiß, daß, wenn sie einmal gewonnen ist, dann auch darauf zu bauen und — zu malen ist. Und so ist es schon etwas, wenn sich im Anschluß an die Vorträge und Debatten, in denen ich zunächst fast als Angeklagter betrachtet wurde, die Meinung gebildet hat, daß es kein bloßer Farbenfimmel bei mir ist, sondern ganz einfach die Absicht, die guten Straßenzüge in Erscheinung zu bringen.

»Die Macht der Gewohnheit« könnte man hier auch zur Überschrift nehmen. Besonders, wenn man daran denkt, daß, als der »Farbenfimmel« begann, das Wohl und Wehe der Stadt Magdeburg einzig von der buntgestrichenen Selterswasserbude auf dem Alten Markt abzuhängen schien. Aber man könnte auch eine positive Überschrift wählen, wenn ich auch noch nicht so optimistisch bin, vom »Sieg der Farbe« zu sprechen. Wenigstens sind doch einige Beispiele entschlosseneren Neuanstrichs erreicht. Das Haus Louis Behne am Breiten Weg, das den Reigen eröffnete, kann ich in seiner Lauheit, die ein Kompromiß des Malers mit der Furcht des Besitzers wurde, nicht decken. Das zweite, Haus Hirte, Ecke Alter Markt, erhielt ohne uns ein unpassendes Olivgrün an den Jalousien. Aber es folgten dann das kleine grüne Haus Moses am Ratswageplatz, Haus Jacob, Breiter Weg 44, das Raabe-Haus der Buchhandlung Kretschmann, dem letzten gegenüber, und das Kaufhaus Barasch. Außer diesen Häusern am Breiten Weg und den Häusern Bahnhofstraße 41/42, Guerickestraße 6, Kaiserstraße 2 und den Häusern Hauswaldt in der Neuen Neustadt gibt es nun noch einige recht entschlossene Anstriche in den engen Straßen der Altstadt: Tränsberg 13, das rote in der Stephansbrücke, das rosa-blaue in der Lödischen Hofgasse und das gelbe in der Schwerdtfegerstraße. Das alte Zollhaus an der Strombrücke und der Außenanstrich des »Kristallpalastes« in der Leipziger Straße schließen vorläufig den Reigen dieser »bauamtlichen« Beratung. Abseits davon — und das ist das erfreulichste — gibt es nun schon einige selbständige Versuche von Malern und Besitzern, mit der furchtbaren Graupinselei zu brechen. Zwar bleibt manches noch in angstvollen Brechtönen; aber eine ausgezeichnete Leistung ist das Haus Wilhelmstraße 13.

Das Rathaus und der Kaiser Otto stehen noch fahl und schmutzig da. Aber in seinem Innern klingt doch schon ein wenig die Farbe: seriös noch und repräsentativ, wie es sich für ein altehrwürdiges Bauwerk gehört, im Vestibül und Treppenhaus auf der Ostseite und im Magistratsberatungszimmer. Zum Angewöhnen! Denn:

> Wer die Farbe flieht,
> Nichts vom Weltall sieht.
> (Scheerbart)

Bruno Taut

Aus der »Auflösung der Städte«
von Bruno Taut.
Folkwang-Verlag, Hagen i. W.

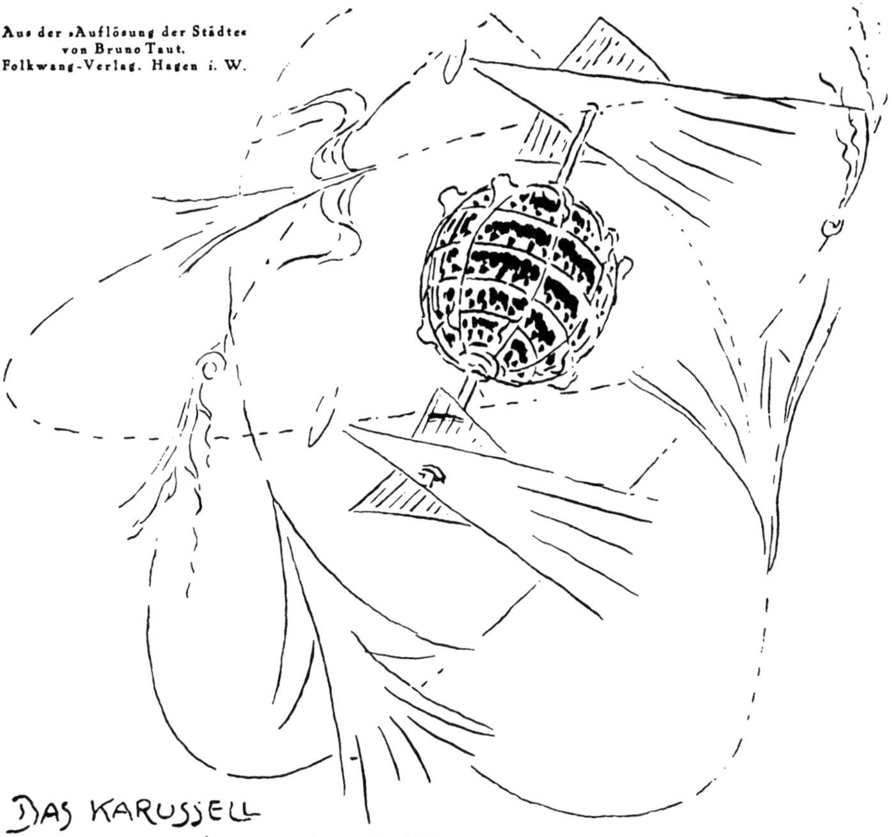

DAS KARUSSELL
Kosmisch-komisches Lustvergnügen in Silber
Auf der grossen Kugel Sitzreihen über einander
Sie wird von Flugzeugen getragen u. dreht sich um sich
Durch Schraubenflügel im Wind — Flieger als Kometen
verkleidet, umschwirren das Karussell ~ ~ ~

DIE REIFEN   Diese Welt besteht aus Reifen,
Die voll Ärger immer pfeifen,
Daß sie gar nichts mehr begreifen!
Sollen sie sich weiter schleifen,
Dürfen sie sich nicht versteifen
Auf das ewig dumme Keifen!
Laßt sie täglich anders pfeifen —
Sonst gehören diese Reifen,
Die uns immer wieder kneifen,
Nicht zu jenen guten Pfeifen,
Deren Wohlklang wir begreifen.

Aus Paul Scheerbart, »Mopsiade«,
Verlag Alfred Richard Meyer, Wilmersdorf

Klarheit wollt ihr?

Dicke Klarheit?

    Seid ihr echte Untermenschen?

    Wollt ihr nicht den kummervollen

    Rausch der Ewigkeit umhalsen?

    Wollt ihr nicht den götterhaften

    Allempfindungs-Dünkel kosten?

    Aber nein, ihr seid gescheiter.

    Eure Sehnsucht will ins Bettchen,

    Denn der liebe Sandmann kam.

            Paul Scheerbart, Katerpoesie

FRÜHLICHT
EINE FOLGE FÜR DIE VERWIRKLICHUNG DES NEUEN BAUGEDANKENS

HERAUSGEBER: BRUNO TAUT

INNENARCHITEKTUR

Es gibt einen eigenen Raumsinn, den wohl erst wenige ihr eigen nennen, einen Sinn, der stets alle Koordinaten registriert, neutral oder lustig-unlustig verzeichnet: die Distanz von der Erde (wohl auf magnetischer Grundlage), den elastischen Rhythmus der Stiege, die Himmelsrichtung, die Raumform — das Material —, all das tritt in ein intensives Dämmerbewußtsein, das sich zu unglaublicher Deutlichkeit wenigstens für kurze Zeit steigern läßt. Für diese Empfindungssphäre gewinnt die Raumkunst erst Bedeutung.

Der Großteil unserer Erdgeschwister ahnt noch nicht, welch ungemein feinkörniges Material unsere Seele ist, welch kompliziertestes Siegelrelief unser Wesen darbietet, welch unfaßbarer Kupferstecher der Geist der Kräfte und Stoffe ist, der unsere Wesensgrenze umwogt. Ihr habt vielleicht gehört, daß es Menschen gibt, die mit geschlossenen Augen nur durch den Widerhall ihrer Stimme jede Form ihrer festen Umgebung oder sich nähernder Körper unfehlbar empfinden, auch sympathisch oder antipathisch. Ihr wißt, wie intensiv Raumgrenzen zu wirken imstande sind, wenn sie im Mißverhältnis stehen zu den Nutationspolen der Seele oder der Anzahl ihres lebendigen Inhaltes. Die »Akustik der Seele« oder, Euch Physiologen zulieb, des heute noch unerkannten Zentralorgans des Sympathikus oder der Sensorien ist noch in unfaßlicher Weise unbeachtet. Draußen ist die Person fortgesetzten Angriffen ausgesetzt, sie kämpft bewußt, un- oder unterbewußt fortwährend wider die fremden Brandungen der unorganischen und organischen Kräfte. In der Schutzhaft seiner Behausung aber könnte der Mensch diese Insulte neutralisieren, könnte sich baden in den Elastizitäten und der Reibungslosigkeit seiner persönlichen Burg.

Wenn heute und solange Mütter Kinder noch gebären, der Menschen Großteil gern in den schematisierten Eingeweiden seiner kubischen, trojanischen Rosse haust gleich seinen Parasiten, eine kleine Schar wird trotz aller schönen Gleichheit und Brüderlichkeit der also inaugurierten Zukunft doch das Proteus- und Amöbentalent seines befreiten Menschengeistes als neue Seele einhauchen dem toten Stein seines Irredentalparadieses, eine neue Rasse fließender Kristallseelen, die sich dem Banne eines strengen, jahrtausendealten Formzeremoniells langsam entwinden dürfen.

Hermann Finsterlin: Der »Raum«

Allzuwenig wird heute das Lebendige, Wesenhafte der Kunst als Appendix der Natur, als kosmisch-mystische Erscheinung verstanden und gewürdigt. Eine Maschine, ein Bau, ein Bild usw., all diese relativ-stabilen Lebensformen zweiter Ordnung, diese edelsten Gäste der Menschenerde, sind Wesenheiten, die sich an die Arten des roh Lebendigen unmittelbar anschließen. — Dieser Gipfelzweig des großen Stammbaums hat seine Variationen, Mutationen, Evolutionen und Bastardismen, singulär und plural, kontinuierlich und explosiv, und hat seine Hybriden, denen ich die Pforte in die Welt der irdischen Verdichtung erschließen will unter dem Totem der »Heraldischen Architektur«. Die neue Architektur steht zur bisherigen im selben Verhältnis wie eine Tropenorchidee zu einem Hahnenfuß unserer Zonen. Die rein teleologische Richtung ist in Natur und Kunst eine Kompromißform, eine Zwangsform, »der Gottheit Lächeln unter Tränen«. Ich aber möchte ihr ein Lachen gönnen, und wären es nur die Wonnen einer Ephemere am Gipfel ihrer Personalexistenz, unfähig zu fernerem materiellem Leben ihre glänzende Chrysolidenform demonstrierend und jauchzend den Sieg ihrer Art hinüberwerfend über dunkelste Nächte in einen Strahlenmorgen ihrer Jahrhunderte. Und wenn das Volksbewußt-

Hermann Finsterlin: Schlafzimmer

sein die gar zu persönliche Note solcher Auswirkungen peinlich berühren sollte, so sei ihm zur Beruhigung dargetan, daß ein Grundtypus dieser neuen Architektur auch Gruppen- und Volkscharakter annehmen kann. Dann eben baut sich der Korallenstock seinen neuen Berg. Gerade der Kultbau bietet dem neuen Baugeist unendliche Möglichkeiten gruppenseelischer Ausgestaltungen, und seine Krönung, die neue Stadt als gefaßter, homogener Organismus, als organischer Komplex, würde die geeinte Seelenstimmung eines geschlossenen Volksteils imposant zum Ausdruck bringen wie kein bisheriges Zyklopennest.

Wie sich die Grundidee des neuen Bauens ins Große spannen läßt, so wirkt sie auch durch auf die Kleinelemente eines architektonischen Wesens. Der Formtypus der letzten größten genialen Erfindung des Erdgeistes, die Form des Organischen liegt zwischen dem Kristall und der Amorphe. Auf diesem Mittelüberweg sprießt auch meine Architektur. Im Innenraum des neuen Hauses wird man sich nicht nur als Insasse einer märchenhaften Kristalldruse fühlen, sondern als interner Bewohner eines Organismus, wandernd von Organ zu Organ, ein gebender und empfangender Symbiote eines »fossilen Riesenmutterleibes«. Ein kleines Bruchstück aus dem translatorischen Schachtelsatz der Weltformen liegt in der Folge von Stadt, Haus, Möbel und Gefäß: eines aus dem andern wachsen wie die Gonaden eines Organismus, müssen diese Hohlgeschöpfe nicht verlagerte Fremdkörper sein wie bisher. Möbel, wie wir sie in unsere großen Wohnschachteln kleben, müßten im neuen Raum wirken als störendste, zerstörende, leidreizende Fremdlinge. Sagt mir, ob Euch nie das gewalttätige Schema Eurer sechs Wände irritiert und die injizierten Sachsärge Eurer tausend Notwendigkeiten — ob nie die geheimnisvolle Lust an Euch herankroch, Euch zu umräumen nach dem Rhythmus Eurer atmenden Seele; ob Ihr Euch nie wie ein oxygenes Geschöpf einbohren und einfressen wolltet in das trotzige Massiv eines erratischen Methusalems und Eure Impulse spielen lassen im mürben Stoff des Steins. Möbel des neuen Zimmers werden Immobilien sein müssen, Unterformen, Divertikel der häuslichen Organe, untrennbar und unverrückbar von und in ihnen, Organe in Organ, Gefäße im Gefäß. Daß ihr Grundmaterial sodann identisch oder zum mindesten verwandt sein muß, ist selbstverständlich. So kann sich zum Beispiel ein Schrank mit seiner Wurzel aus der Wand eines Betonbaues herausblähen, übergehend in Majolika, und nur für seine Zierummantelungen können andere Materialien in Betracht kommen. Man denke sich Majolikabetten, die mit ihrem Fuß ihrem Substrat entwuchern und in ihrem Kelch den Flaum tragen wie Pilze den Mulm ihrer nächsten Generationen. Wie »draußen« werden sich dem ruhsehnenden Leibe mollige Mulden entgegenkratern, der Fuß aber wird wandeln auf glasig durchsichtigen Böden, die das antipode Basrelief voll empfinden lassen, die notwendige, aber furchtbare Horizontale ins Illusionäre schiebend, die den neuen Raum und Bau, wäre sie massiv und dicht, durchschneiden müßte wie eine pathologische Membran. Durch das transparente Bodenmaterial aber kann das alldimensionale Raumgefühl diffundieren und den Wohnling in ungeahnter Balance halten. Diesen Bodenspiegel aber werden Teppiche neuer Farben und Formen durchqueren wie Vegetationsstraßen, auf denen das erste Licht spielt, das durch »organische« Fenster flutet, durch die dünnsten Stellen der Wände, die Stellen, die durch die Möbel-

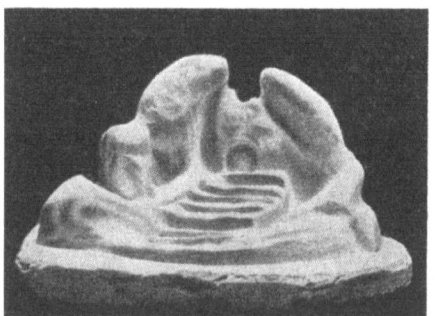

H. Finsterlin: Bauentwurf für ein Wohnhaus
am Starnberger See

Hygiene-Museum

wucherungen bis zur Transparenz, zur Glashaftigkeit entstofflicht wurden. Oder der nackte Fuß wird Bodenskulpturen umschmeicheln bei jedem Schritt, den stiefmütterlichen Tastsinn neu belebend und bereichernd die Antworten, die nur in den gröbsten Fragmenten in den Spiegel unseres heutigen Bewußtseins klettern statt der unfaßlich feinsten reinsten Lieder der uns umarmenden Stoffwelt. So könnte das Haus zum Erlebnis werden, zur lebendigen Marsupialienmutter, die uns liebreich hegt und bildet wie der Saftdom eines Gallwespenbabys, ein Gral, der täglich neu sich füllte mit den Kräften unserer pulsenden Erde, und nicht ein Sarg für im Prokrustesbett auf Größe vier eingestellter – und zurechtgeschnittener Stoffmumien, transplantierter, fremder Geschöpfe, deren Vorwurf wir stündlich in uns zu saugen haben. Euch Wirklichkeitssinnigen bin ich ein Narr oder der Schöpfer eines architektonischen Karnevals, der den carrus navalis, das uralte Paradoxon, stabilisiert hat auf der ernsten, eindeutigen, matronenhaften Erde; oder ein luftiges Märchen, eine blendende Qualle, deren Zerschleimung man befürchtet, wenn man sie ihrem utopischen Element entreißt. Aber sagt mir, ist nicht das Märchen unser aller ewige Sehnsucht – das ewige Morgenlied der Historie nach vorn, unser fruchtbarster Reiz zum Bild der künftigen Erde? Birgt nicht das Märchen alle Prototypen des Übermenschen? Haben wir nicht das geflügelte Stahlroß mit der Steuerkurbel aus den 1001 Nächten an den Tag unseres wirklichen Lebens gezwungen und die Blitze genommen aus der göttlichen Hand des Zeus? Drehen wir nicht täglich die Wunderlampe und schließen Kontakte, die uns die mächtigsten Geister der irdischen Kräfte dienstbar machen? Warum verschließt Ihr eigensinnig die letzten Winkel Eures Herdes vor dem namenlosen Frühlingshauch des wirklichkeitsreifen »Märchens«?

Hermann Finsterlin, Oberbayern

GEFALLENENDENKMAL FÜR MAGDEBURG

Von Bruno Taut

Die Denkmalsbewegung für die Gefallenen des großen Krieges scheint sich unaufhaltsam überallhin zu verbreiten. Bei Autofahrten findet man schon in den meisten Dörfern irgendeinen Stein oder ein steinähnliches Gebilde, sei es nun, daß es eine Figur darstellt, der nur noch die Engelsfittiche fehlen, oder daß ein Findlingsblock unmittelbar von den Eisbergen angeschwemmt ist. Ja, es soll sogar Firmen geben, welche »eisenarmierte Betongranithohlfindlinge« offerieren und bei der sentimentalen Bevölkerung Erfolg damit haben. Viel anders verhält es sich aber mit den werkbundgerechten Versuchen auch nicht, die Kriegergedenksteine in eine »geschmackvolle« Form zu bringen, eine Form, die gewöhnlich einem Briefbeschwerer ähnlich sieht. An diesen Versuchen, mögen sie nun künstlerisch oder unkünstlerisch sein, zeigt sich die Wahrheit des Spruches: Laßt die Toten ihre Toten begraben.

 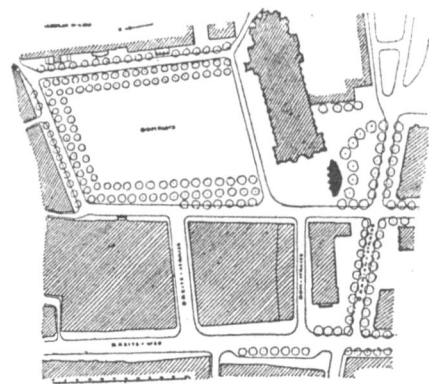

Lageplan

Man muß erkennen, daß man Denkmäler schlechthin, also bloße Erinnerungssteine oder -tafeln nicht ohne weiteres schaffen kann, und daß diese Dinge leer und deshalb künstlerisch unlösbar sind, weil ihnen jede Verbindung mit dem Leben abgeht. Über die Denkmalsfrage im Ganzen hat sich widerspruchslos diese Erkenntnis herausgestellt: Ein Denkmal kann möglich sein, wenn es sich um eine Idee handelt, deren Symbol restlos und klar allgemeine Gültigkeit hat, wie z. B. gewisse buddhistische Bauten Indiens. Sonst aber bleibt es ein unerfüllbarer Wunsch.

Die Einstellung des deutschen Volkes zum vergangenen Kriege ist aber eine so verschiedenartige, daß man eine Allgemeingültigkeit irgendeines Symbols dafür nicht entfernt feststellen kann. Die einen wünschen eine Heroisierung der grausigen Vorgänge und die Vergöttlichung ihrer Opfer, die anderen grausige Zeichen zur Erinnerung an dieses Geschehen, Zeichen, welche die Erinnerung an seine Furchtbarkeit niemals erlöschen lassen sollen. Künstlerisch wäre die Aufgabe als solche lösbar, wenn eine dieser beiden Anschauungen zweifelsfrei überwiegen würde. Das ist aber nicht der Fall; vielmehr gibt es zwischen diesen beiden Auffassungen die verschiedenartigsten Mischungen und Zwischenstufen, ein Zeichen dafür, daß unsere Zeit kein solches Denkmal formen kann, außer einen Bau, der aus der gleichen Gefühlswelt heraus bewußte Verbindungen mit der Gegenwart und ihren Bedürfnissen eingeht. Möglichkeiten dafür gibt es zahllose, entsprechend den verschiedenartigen gemeinschaftlichen Bedürfnissen, die sich besonders in einer Stadtgemeinde einstellen.

Kellergeschoß   Erdgeschoß

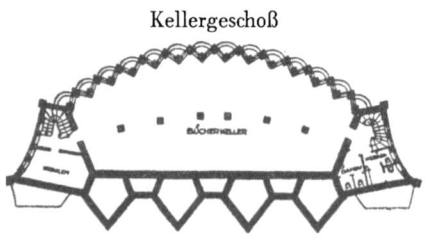 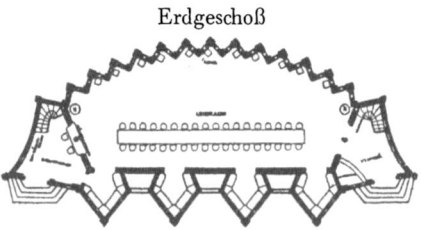

Querschnitt

In einem solchen Falle würde endlich einmal das erreicht sein, was sonst heute so ungeheuer schwer ist, nämlich die Überwindung des Einzelinteresses und seiner politischen und sonstigen Ziele von Gruppen und Grüppchen, welche deshalb ihren besonderen Gedenkstein für i h r e Kameraden allein beanspruchen.

Eine Anregung nach dieser Richtung hin enthält mein Entwurf. In Magdeburg muß die Frage des Domplatzes, welche durch den Neubau der Reichsbank leider schon sehr gestört ist, eine endgültige Form finden. Der Domvorplatz vor dem Westportal ist heute und besonders nach der Fertigstellung des Reichsbankneubaues eine städtebauliche Monstrosität, weil man immer noch nicht von dem Freilegungsgedanken loskommen konnte, aber auch nicht den Mut hatte, sich wenigstens in aller Eindeutigkeit dazu zu bekennen. Die Zugangsstraße zum Dom, die Domstraße, bildet danach eine ungeheuer weite Öffnung, die dem Maßstab des Domes schaden

Südansicht

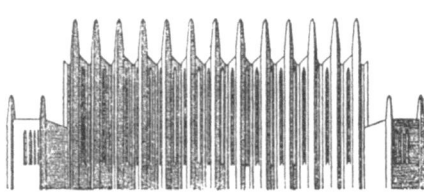
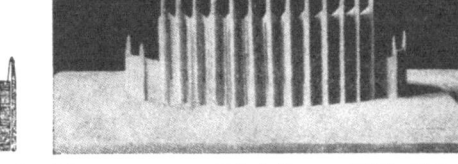

Nordansicht (Modelle von Willy Zabel)

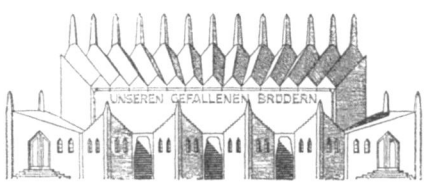
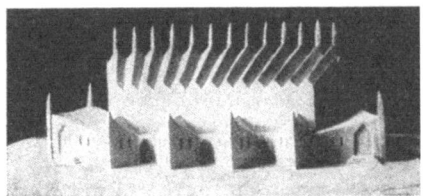

muß. Dazu kommt, daß der Domvorplatz gerade an der Stelle, wo er früher durch die Stadtmauer eng abgeschlossen war, weit aufgerissen ist, mit der Wirkung, daß die Größe des vor der Nordfront des Domes vorgelagerten Platzes eine ungeordnete und im künstlerischen Sinne unsaubere Konkurrenz erfährt. Eine Möglichkeit zur Verbesserung liegt zunächst darin, daß bei einem späteren Neubau an Stelle der heutigen Artilleriekaserne auf der Nordseite der Domstraße die Bauflucht bis auf ein Minimalmaß an Straßenbreite gegen die Reichsbank hin vorgeschoben wird, eine Korrektur, welche zwar die alte Straßenrichtung ändert, aber nicht schadet, da sie unmittelbar auf das Portal des Domes hinführt. Der Dom würde dann mit seiner großen Wand über die beiderseitigen Häuser hinausragen und Maßstab erhalten. Danach bleibt noch die Schließung des Domvorplatzes nach Süden zu lösen übrig. Dies soll durch meinen Vorschlag des hier als Gefallenendenkmal bezeichneten Baues geschehen. Es wäre nicht denkbar, hier einen Bau aufzuführen, welcher die Höhe der sonstigen Bauten in der Umgebung hat, abgesehen davon, daß die Grundfläche sich praktisch gegen eine solche Lösung wehrt. Hier ist der gegebene Platz für ein niedriges Bauwerk, das von Bäumen, die zum Teil schon bestehen, und von den dahinter liegenden Häusern überragt wird und das andererseits durch seine geringe Höhe die Größe des Domes steigert. Die Einzelheiten veranschaulichen der Plan und das Modell (S. 110). Zu erwähnen wäre nur, daß ein unmittelbares Anbauen dieses Gebäudes an den Dom selbst, etwa in mittelalterlichem Sinne, sich hier aus dem Grunde verbietet, weil die dynamische Richtung des Vorplatzes einmal auf das Westportal des Domes und sodann direkt nach Süden zu weist, eine Bewegung, welche durch die vorhandene Allee auf dem Domplatz noch besonders betont wird, als Gegenstück gewissermaßen zu der gegenüberliegenden Allee, welche auf das Paradiesportal führt. Durch die neue Gruppierung wird der offene Platz vor der Südwestecke des Domes in zwei in sich abgeschlossene Plätze gegliedert, welche dem Dom in seiner architektonischen Wirkung in bestem Sinne dienen.
Diesem Gedanken des Dienens gibt das geplante Gebäude dadurch Ausdruck, daß es sich gegen den Dom hin, dort wo es sich unterordnen muß, neigt, während seine Rückseite steil und frontal auftritt, da sie frei unter den Bäumen gesehen wird. Hier kann ein solches Gebäude ohne Schaden Denkmalscharakter haben. Seine Form ist ganz aus seiner Bestimmung entwickelt. Es ist natürlich unmöglich, etwas hinzubauen und dann zu sagen: Mit dieser Sache wollen wir uns an die Gefallenen erinnern. Man muß auch etwas mit einer solchen Sache beginnen können. Der Zweck dieses Gebäudes soll der einer öffentlichen Lesehalle sein, so profan diese Zweckbestimmung zunächst auch manchem erscheinen wird. Man möge mir einen anderen Zweck nennen, zu dem sich heute eine Stadtgemeinde in diesem Falle einigen könnte! Früher brauchte man darüber nicht lange nachzudenken; man baute dann eine Kapelle an einer Kirche und übertrug einem Heiligen die Vertretung gegenüber dem lieben Gott. In katholischen Gegenden wäre dies vielleicht auch heute noch die einfachste Form. — Wenn man aber nicht die Mittel für ein Kriegsbeschädigtenheim und dgl. aufbringen kann, so verliert bei näherer Überlegung vielleicht doch der Gedanke der Lesehalle den Vorwurf des Profanen. Die wesentliche Vorbedingung für alles Feierliche ist das Schweigen, und dieses Schweigen dürfte heute

in keinem anderen Raum mehr zu finden sein als in einem solchen, der zum Lesen bestimmt ist.

Das Gebäude enthält im wesentlichen einen solchen Raum, dessen Form sich völlig aus seiner Bestimmung ergibt. Ein großer Tisch und weiterhin Plätze für Einzelne und für Gruppen von Lesenden. Die letzteren werden durch kapellenartige Nischen gebildet, die Einzelplätze durch die Knickung der großen Rückwand. Diese sowie ihre Bogenform ist aus der Orientierung zur Sonne entstanden. Da die Nord-Süd-Richtung wie beim Dom genau senkrecht zur Längsrichtung liegt, so tritt die Mittagssonne infolge der Fensterlaibungen nicht unmittelbar in den Raum, dagegen nur die Vormittags- und Nachmittagssonne, und zwar in einzelnen Strahlen durch mattgetönte Fensterscheiben (etwa Rohglas). Die hohen Fenster beleuchten die auf den gegenüberliegenden Wänden befindlichen Namensinschriften aller Gefallenen Magdeburgs, welche nach mehreren Tausenden zählen. Die Inschriften sollen gold auf Schwarz gemalt sein, die Fensterpfeiler innen weiß und die Decke auf Holzverschalung grün und rot in den magdeburgischen Wappenfarben. Das Haus enthält sodann Garderoben, Räume für den Bibliothekar und im Kellergeschoß die notwendige Bibliothek, welche hier wegen der hohen Lage des Baugrundes ohne Bedenken unterzubringen ist, die Architektur ergibt sich als einfache Folge des Grundgedankens. Sie liegt am deutlichsten im Grundriß ausgesprochen. Die Ausführung könnte als Backstein-Rohbau geschehen, welcher nach dem Vorbild alter Bauten überstrichen wird, und zwar in einer starken Farbe: Schwarz mit Vergoldung. »Unseren gefallenen Brüdern« lautet die einzige Aufschrift, welche vom Maurer durch Vor- und Zurücksetzen von Backsteinen hergestellt wird.

ERBBEGRÄBNIS WISSINGER

Friedhof Stahnsdorf-Berlin

Material: Tuffstein und Eisenbeton. Stein sowohl wie Beton werden farbig behandelt, in den Haupttönen Blau, Rot und Gold. Teile des Betongerüstes erhalten Mosaik- und Glasschmuck. Die Grabplatten werden aus Stein oder Beton ausgeführt und farbig.

Max Taut

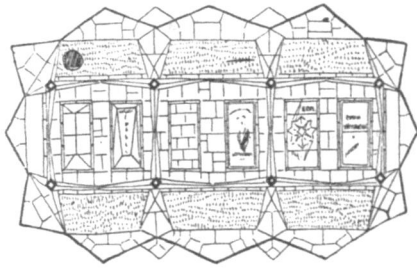

Grundriß

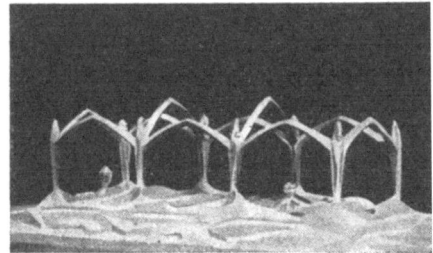

DAS EWIGE UND DAS LEBENDIGE

(Zur Philosophie der Architektur)

Daß die Stadt Abbild des Universums sei, das ist ein notwendiger Wille, der dann entsteht, wenn sie von einem Fundamentalen her aufgefaßt wird, welches das Praktische und das Ästhetische gar nicht ausschließt, sondern in sich einschließt. Sollen die Verhältnisse des Weltalls, die Beziehungen der Erde, des Ortes zum umfassenden Ganzen, das Durchdrungensein der Menschen vom großen Übermenschlichen, das Hineinwirken des Menschen in das große Übermenschliche, soll all dies im Stadtbau gestaltet sein, so ist Wissen vom Universalen nötig. Dieses Wissen ist die Philosophie. Und dieses Wissen in Richtung auf seine bauliche Verkörperung ist die Philosophie der Architektur.

Nur muß man sich dessen bewußt sein, was hier »Philosophie« bedeutet. Die Stadt wird durchlebt von Menschen, die nicht bloß denkende Wesen sind; sie sind weniger oder mehr volle Menschen mit noch anderen Anlagen als dem bloßen Verstand, mit Kräften gespannten Willens, nie ganz versiegender Hoffnung, unbeweisbarer Ahnungen, freischöpferischen Gestaltens, urnotwendigen Glaubens. So kann die Stadt auch nicht Sichtbar-Werden bloß verstandesmäßiger Philosophie sein, die nur das gelten läßt, was sich streng vor dem Denken beweisen läßt. Gewiß wird auch das Denken in dieser Philosophie sein und alle Gewissenhaftigkeit des Denkens; aber das wird nur ein Glied sein in dem Ganzen, welches das volle Menschentum mit allen seinen Antrieben erfüllt. Eine solche Philosophie mag mythische Philosophie genannt sein. Der mythischen Philosophie bedarf die Architektur. Aber umgekehrt bedarf der Architektur auch die mythische Philosophie. Denn wie letztere aus dem Ganzen des Menschen kommt, so will sie auch zum Ganzen des Menschen sprechen. Sie will sich auch sinnlich-sichtbar ausdrücken. Das aber geschieht durch die Architektur. Ein europäisches utopisches Beispiel solcher Architektur ist die Idee der Sonnenstadt des Renaissance-Philosophen Campanella; außereuropäische durchgeführte Beispiele bietet China.

Ein Paar universeller Urprinzipien, an deren Erkenntnis die Philosophie, an deren Bau-Darstellung die Architektur arbeitet, ist: das Ewige und das Lebendige. Das Ewige ist das, was unberührt ist von allem Wechsel, was erhaben ist über Werden und Wachsen und Weichen und Vergehen, was ruht, unangetastet von aller Unruhe. Das Lebendige ist das, was beständig wechselt und neu wird, immer andere Formen wirft und wieder zerstört, nie ruht, sich immer wendet in sekundlicher Kraft. Beide Urprinzipien durchdringen sich mannigfach, indem sie die Welt durchdringen. Sie durchdringen auch das Dasein der Stadt und verlangen von da her den Stadtbau zu durchdringen.

Wie aber die Erde und alles auf Erden geworden ist, so herrscht hier auch Vergänglichkeit. Insofern befinden wir uns auf seiten des Lebendigen und nicht des Ewigen. Nur weniger oder mehr vollkommene Sinnbilder kann letzteres im Umkreis irdischen Daseins erhalten. Je länger etwas bleibt, desto mehr wird es zum Sinnbild des

Ewigen. Deshalb ist die Architektur in hohem Maße Kunst des Ewigen. Muß sie doch schon am Platz bleiben, indes man ein Bild weghängen kann. Braucht sie doch solchen Aufwand an Material, daß man den nur relativ selten bringen kann; so wird schon von den Mitteln der Architektur her Dauerhaftigkeit verlangt. So ist Architektur das Bleibende, um welches und durch welches das Leben wimmelt, das Symbol des Ewigen im Strudel der Zeit. Das Mittelalter hatte das Ewige in seiner besonderen, verengerten Form der damaligen Kirche. So wurde der Dom zum Verkörperer jenes Urmoments in der Stadt. Nun ist aber für den Ausbau jener beiden Grundprinzipien wichtig, daß sie nicht einfach nebeneinander geordnet sind.

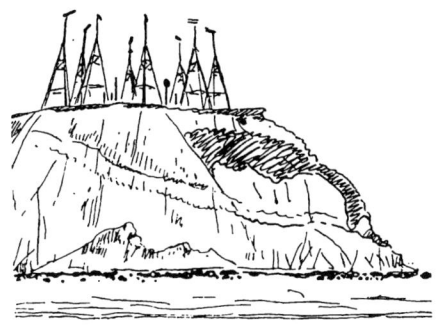

Bruno Taut: Anfänge Alpiner Architektur
1. Kap Arkona auf Rügen

Das Ewige ist vielmehr das Ursprüngliche, aus dem das Lebendige quillt und immer wieder quillt, wie die Wesen in der Ruhe die Kraft sammeln für die Bewegung. So erhielt auch der Dom des Mittelalters seine Auszeichnung in Lage, Größenverhältnisse und Form als Stadtzentrum. (Vgl. Bruno Taut, Die Stadtkrone. Jena 1919.) Der Dom überdauerte viele Geschlechter und verband sie im Ewigen. Daß aber jahrhundertelang an ihm gearbeitet wurde, das ist ein geziemender Ausdruck davon, daß wir uns immer um das Ewige mühen und doch darin nie zur Vollendung gelangen.

Die Neuzeit durchlief seit der Renaissance die Steigerung des Lebendigen in immer schnellerem Tempo bis zum dadaistischen Kultus der Sekunde. Da mag es zunächst scheinen, dem Lebendigen, beständig Wechselnden könne die Architektur überhaupt nicht dienen, da sie doch, wie wir oben andeuteten, auf das Dauernde gehe. Sie könne nur Raum gestalten oder gar lassen, wo die Bewegung verläuft, ohne bauliche Rücksicht auf das Besondere, was heute dort geschieht und morgen verschwunden ist. Und in der Tat tut sie das auch in dem Marktplatz. Hier gestaltet sie öfters einen Platz, ohne sich im besonderen um das zu kümmern, was dort auftritt. Wo aber der Marktplatz sich um den Dom schmiegt, ist zugleich die Abkunft, Beschirmung, Richtunggebung des Lebendigen vom Ewigen her sichtbar geworden. Aber über dies primitivere Verhältnis zum Wechselnden geht die Architektur hinaus zu dessen eindringlicher Gestaltung. Dann muß sie Bauten schaffen, die der Mannigfaltigkeit des Lebens zum Organ dienen, die also zu verschiedenen Zwecken benutzt werden können. Magdeburg erhält ja in der geplanten Landwirtschaftshalle ein Beispiel davon. Da aber Architektur stets den Charakter des Dauernden trägt, so kommt damit auch immer stärker ein Moment des Dauernden in die Gestaltung. Das ist vom Sinn her möglich. Wir sagten oben, das Ewige sei der Ursprung des Lebendigen. Hier kommen wir zu einem neuen Verhältnis von beiden. Denn ändert das Leben auch beständig seine Situation, so dauert es doch in dieser beständigen Änderung. Wechselt auch die städtische Lebendigkeit in ihrem Handel und Verkehr, so ist dieser Wechsel doch selbst bleibend. Darin zeigt sich, wie im Lebendigen selbst das Ewige innewohnt. Je mehr die Architektur dem Lebendigen Bau schafft, um so mehr muß sie das eine Urprinzip im andern ausdrücken. Auf diese Aufgabe hat die Entwicklung der modernen Zeit mehr und mehr hingeführt. Sie fordert große Bauten, die dauernd die ganze Fülle bewegten Lebens fassen und darstellen: das Warenhaus, das Bürohochhaus. Und dies ist die mythische und damit tiefste architektonische Bedeutung des Warenhauses und des Hochhauses: daß sie die Ewigkeit des Lebendigen räumlich faßbar machen. Der Architekt, welcher (unbewußt oder bewußt) von dieser Ewigkeit des Lebendigen ergriffen ist, der wird die reinste Form für das Warenhaus finden. Es ist deshalb falsch, Formen des Domes, des Tempels auf das Hochhaus zu übertragen. Denn jene sind Sinnbilder der ewigen Ruhe oder des Blickens in ewigen Himmel, wo man nach Arbeit und Betrieb sich sammelt, aber nicht sind sie Sinnbilder der ewigen Geschäftigkeit. Es ist auch falsch, nur ein Geschäftshaus mit mehr Stockwerken zu bauen. Denn die Steigerung kann nicht nur Ausdruck des Lebens sein (wenn das Geschäftshaus den überhaupt hätte), sondern Ausdruck der Ewigkeit und darin auch der Göttlichkeit des Lebens. Nicht Dom und nicht bloßes Profanhaus. Eben Hochhaus. Nicht das geheimnisvolle Schweigen des Urgrunds. Nicht das machtvoll Drohende des Überweltlichen (eine Gefahr, der gar mancher Entwurf verfallen ist). Die unaufhörliche Bewegtheit in mathematische Disziplin gefaßt. Die bunte Hurtigkeit, mit der hier das Leben abläuft. Viel mehr Leichtheit und Unwichtigkeit. Das, was auch ringsum ist, zu einer Steigerung gesammelt. Dies ist die Idee des Hochhauses. Sie scheint mir in den Entwürfen für das Hochhaus auf dem Kaiser-Wilhelm-Platz in Magdeburg glücklich erfüllt zu sein. Das Ewige und das Lebendige sind die beiden Pole im Dasein der Stadt. Für den letzteren sind wir heute dabei, das gemäße Haus zu finden. Aber für den ersteren? Wir können heute keine stadtbekrönenden Dome mehr bauen, weil die Menschen dazu nicht mehr da sind. Aber es besteht heute noch ein anderer Grund. Das Leben ist heute unvergleichlich mächtiger und üppiger geworden als im Mittelalter. Deshalb ist seine Spannung gegen das Ewige als solches stärker geworden. Das hat sich ja schon darin ausgesprochen, daß die Kirche ihre beherrschende Stellung im Stadtplan mehr und mehr verloren hat. Aber sie hat noch nicht gefunden, wo sie hingehört. Ich kann hier auch Taut nicht zustimmen, wenn er in seiner »Stadtkrone« Geschäftsviertel und Stadtkrone beieinanderlegt. Beide wollen heute auseinander. Im Gebiet der Regungen äußert sich das darin, daß man schnell fort will von der Arbeits- und Geschäftsstätte. Man will nicht am Feierabend oder am Sonntag auch noch das Büro sehen. Dann wollen wir dort sein, wo Ruhe und Wälder sind. So würde sich eine polare Struktur der Stadt ergeben, entsprechend jenen beiden Urprinzipien. Mitten aus dem Hauptverkehrsteil aufsteigend das Hochhaus der Geschäftigkeit. Mitten aus den stilleren Stadtvierteln des Wohnens, besser an ihrem Rand am Walde, vielleicht aus dem Walde aufsteigend das Hochhaus des Ewigen, der Ruhe, des Schweigens. Beide leuchten sich zu über die Dächermassen, weil beide die Göttlichkeit des Daseins verkünden. Wenn das durchgeführt wäre, dann wären wir der universellen Ordnung etwas nähergekommen.

Paul Bommersheim, Darmstadt

Abbildung 2

REKLAMEBAUTEN DES „WERBEDIENSTES" FÜR DIE LEIPZIGER MESSE

Abbildung 1: Senkrecht und seitlich sich entfaltender Bau aus Eisen und Holz, Reklameflächen aus farbigem Stoff

Abbildung 2 und 3: Die Bauten sind drehbar und aus Holz konstruiert. Höhe etwa 18 m. Mit der gleichen Hilfskonstruktion und den gleichen Reklameflächen kann auch ein Bau von anderer Form ausgeführt werden. Max Taut

Abbildung 1

Abbildung 3

DIE WIRKUNG DER FARBE AUF DIE NERVEN

Von Ewald Paul, Leiter der Münchener Gesellschaft für Licht- und Farbenforschung

Vor einiger Zeit kam aus Amerika die Kunde, daß die dortigen Behörden sich der Anregungen des Licht- und Farbenforschers Kemp Prossor besonders annähmen, welcher über den Einfluß der Farben auf das Gemüt der Kranken und Gefangenen ganz Besonderes zu sagen habe und nun farbige Räume in Krankenhäusern wie auch in Gefängnissen forderte. Das Medical Museum zu Washington sei in Anbetracht der Wichtigkeit des Gegenstandes beauftragt worden, Kemp Prossors Forschungen zu ernstlicher Überprüfung näherzutreten.

Wir haben zur Sache zu bemerken, daß uns die Meldungen aus den USA nicht viel Neues sagen. Daß die Psyche der in einer oder der anderen Weise an ihre vier Pfähle Gebundenen, so der Insassen der Kranken- und Irrenhäuser wie auch der Gefängnisse, durch Licht und Farben zu beeinflussen sei, haben wir in mannigfachen Versuchen festgestellt und in verschiedenen unserer Schriften beleuchtet. Immerhin erfreut uns das energische Vorgehen der Amerikaner, und wir haben deshalb auch mit den leitenden Kreisen drüben sofort Fühlung genommen und ihnen unser Material von früher und unsere fernere Mitarbeit bereitwillig zur Verfügung gestellt.

Vor etwa sechs Jahren trug ich schon dem damaligen Polizeipräsidenten Münchens, Beck, unsere Beobachtungen über Farbenwirkungen an Gefangenen vor. Ich erklärte, daß diese Leute in gewissen Farbenzusammenstellungen heiterer, gesprächiger, dem Verhör zugänglicher würden und andere Farbentöne und -mischungen hinwiederum auf Überlebendige, zu Jähzorn u. dgl. Neigende beruhigend wirkten. Indessen fand ich, wenn schon der Polizeiarzt der Sache wohl Verständnis entgegenbrachte, bei dem Amtsleiter selbst damals kein Verständnis. Die Zeit war eben noch nicht reif dafür. Heute stehen die Dinge anders. Man beginnt bereits, in Frauenkliniken und ähnlichen Räumen Farben einzulegen, man erkennt, daß ganz besonders die Frau als das feinfühligere Geschöpf mit Farbenpflege bedacht werden muß, und will zumal der werdenden Mutter harmonische Farbenumgebung schaffen. So plant ein Hamburger Großkaufmann Vollrath Wasmuth auf Grund unserer Anregungen in seinem herrlichen Besitz zu Maeß am Schweriner See die Anlage eines farbigen Entbindungsheims, und viele Ärzte sind bereits drauf und dran, in ihren Kurstätten auch den Farbenkräften ihr Recht zu geben. Unsere Erfolge konnten nicht länger totgeschwiegen werden. So wurde die Ärztewelt durch unsere Beobachtungen stutzig gemacht, daß Ultraviolett und Purpur im Gegenspiel ihrer Kräfte ungemein vorteilhaft für zerrüttete Nerven wären und selbst bei schwerer Epilepsie noch Segen stifteten. Eine unserer Arbeiten über diesen Gegenstand wurde von unserem verdienstvollen Ehrenpräsidenten Dr. med. A. Krüche in seine »Ärztliche Rundschau« eingestellt und fand von dieser auch den Weg in die Auslandspresse.

Im »Neuen Wiener Journal« äußerte ich mich unlängst in längeren Ausführungen über die Beziehungen zwischen Far-

Paul Gösch: Raumstudie

ben und Gemüt. Die Arbeit wurde viel beachtet und brachte mir eine Reihe interessanter Zuschriften ein, deren eine im Auszug hier wiedergegeben zu werden verdient. Dieselbe stammt von einem Ingenieur, F. E. Schillinger, der ein guter Beobachter ist und lediglich den Zweck verfolgt, uns weitere Belege für unsere Untersuchungen zu bieten. Er schreibt: »Ihre Untersuchungen, d. h. Ihr Aufsatz öffnet mir allerdings betreffs vieler, mir bis jetzt rätselhaft erschienener Umstände die Augen. Ich bin von Haus aus keine Künstlernatur, besuchte das Gymnasium, studierte später in Charlottenburg Technik und lernte erst von einem befreundeten akademischen Maler das, was der Maler mit ›Farbensehen‹ bezeichnet. Ich mußte einrücken und kam 1918, an schwerer eitriger Grippe erkrankt, ins Rainerspital nach Wien. Unser Zimmer, das gegen Südwesten lag, rosa ausgemalt war, weiße Betten usw. hatte, war von elf Kranken belegt, deren drei starben. Anläßlich der Desinfektion des Zimmers wurden wir zu neun in ein Zimmer einquartiert, in dem bald sechs starben. Und dieses, ebenfalls gegen Südwesten gelegene Zimmer war blaugrau ausgemalt. Das Wetter war allerdings auch sehr schlecht, und wir fühlten uns alle sehr niedergedrückt. Wir kamen nun wieder in ein anderes Zimmer, das Regenwetter dauerte fort, die Lage war gegen Süden und Südwesten, die Wände in sogenanntem ›satten‹ Gelb (Cadmium dunkel) gehalten. Deckenstreifen orange, Decke selbst sehr hellblau. Heute noch erinnere ich mich gern an diese Stunden; denn wir lachten und witzelten hier von morgens bis abends. Von unserem Belag von sieben Mann starb keiner, und in diesem Zimmer bekamen wir erst alle jenes sympathische ›Nasenbluten‹, das die sogenannte ›Heilkrisis‹ dieser Krankheit einzuleiten scheint.

Ich besitze heute noch Zeichnungen jener Zimmer, aus Langeweile angefertigt, in Bleistift, mit eingetragenen Farbennoten. Ich betone dies, damit Sie nicht glauben, Ihre Ausführungen hätten mich zu zustimmenden Erklärungen suggestioniert.

Betreffs Ihrer Beobachtung, daß Violett Nervenkranken diene, bemerke ich noch: als ich 1917 verwundet wurde (1914 Nervenschock, 1915 Steinschlag und Typhus, 1916 Lawinensturz und Nervenschock, gleich darauf Schulter- und Hinterhauptverletzung mit leichtem Bruch der Schädeldecke), war ich ›ziemlich‹ nervös. Damals war es, als ich in meinen Frontskizzen kramte, daß mich eine Erinnerung ›Nachtstimmung vom Karst‹ besonders anzog, so zwar, daß ich mir ein Farbenbildchen danach zurechtklexte. Es war in folgenden Farben komponiert: Pariserblau, Neapelgelb (bläulich) für die Lichter, Dunkelrot, Violett aus Par. Blau und Karmin; also Grundton: Violett. So nervös ich war, bei dieser Beschäftigung konnte ich eine ganz unglaubliche Geduld zeigen. Der Nutzen war eben gegenseitig. Da ich gern in sogenanntem Kolorit arbeitete (Blaugrau, auch Gelbbraun, Gelbgrau), finde ich in Ihren Ausführungen erst die Erklärung für manches mir bis heute unverständlich Gebliebene. Z. B. ein Bildchen in goldbraunem Farbton geht mir doppelt so schnell von der Hand als eines in Blaugrau. Ich könnte unzählige, variierte Beispiele dafür anführen.

Jedenfalls könnte ich Ihnen seitenlange Berichte schreiben und auch mit Beweisen belegen. Jedenfalls nehmen Sie meine besten Wünsche für ihre ferneren Arbeiten auf diesem schönen, aber auch produktiven ›Neulande‹ moderner Wissenschaft. Ist ja unsere Sprache selbst, als die beste Vermittlerin der Seele, auch der einfachen Volksseele, Zeugin, Beweis Ihrer Bestrebungen. ›Schelmische Braunaugen‹, ›kühle, graue Augen —‹ ich verstehe nichts von Hypnose, aber sagt man nicht grauen Augen hypnotische Macht zu? Ich glaube, davon gehört zu haben.« — —

Licht und Farben sind physikalische und energetische Erscheinungen, Licht, die Quelle der Farben, ist Kraft, Stoff und Raum. Unsere Wissenschaft muß sich zu Goethes Lehre vom Gegenspiel der Kräfte des Lichtes und der Finsternis in der Körperwelt bekennen, dem Polaritätsgesetz, dem solange vergessenen, die Ehre geben. Die Diastole und Systole des Auges zeigte uns Goethe, und dieses Auf und Ab des Lebensgetriebes gilt im ganzen Körper. Die Lehre von den heilenden und kräftigenden Wirkungen der Farben findet erst durch das Eingehen in die Arbeiten eines Goethe, eines Rosenbach, eines Braß die richtige Grundlage. Die Farben haben objektive und subjektive Wirksamkeit. Die organische, polardynamische Tätigkeit der Netzhaut unseres Auges und ihre Beziehung zur polardynamischen Außenwelt hat durch Goethe ihre richtige Würdigung gefunden. Wer also der Farbenweisheit näherkommen will, muß zunächst den Weg über Goethe und die vorgenannten Forscher nehmen, die an die Urphänomene gehen und mit ihren Forschungen die geheimnisvollsten Kräfte im Weltengetriebe aufdecken.

NEUE SIEDLUNGEN

Das Bauernhaus, das bisher mehr oder weniger Vorbild neuerer Siedlungstypen war, wird diese Rolle eines Tages ganz ausgespielt haben, genauso wie die technische Art zu bauen auch beim Wohnhause nach und nach eine andere werden muß. Auf diesem Gebiet ist seit Jahrhunderten kaum eine wesentliche Änderung vor sich gegangen. Das abgebildete kreisrunde Wohnhaus entstand in seinem Grundriß aus folgender Überlegung: Ein freistehendes Parkwärterhaus dieser Art, wie es für den Magdeburger Rotehorn-Park gewünscht wird und zur Mitteldeutschen Ausstellung 1922 errichtet werden soll, würde als viereckiger Bau bei seiner Kleinheit die Nachteile haben, daß je zwei Wände eines Raumes Außenwände, und in ihrer Ecke den Raum auskühlen und Gelegenheit zu Feuchtigkeitsniederschlägen geben. Zudem ist beim Kreis das Verhältnis zwischen Grundfläche und Umfang das günstigste, ein wesentlicher Faktor zur Ersparnis an Außenwänden, die am meisten kosten. So hat z. B. ein Kreis von 12 m Durchmesser eine Grundfläche von 113 qm und einen

Bruno Taut: Einzelwohnhaus

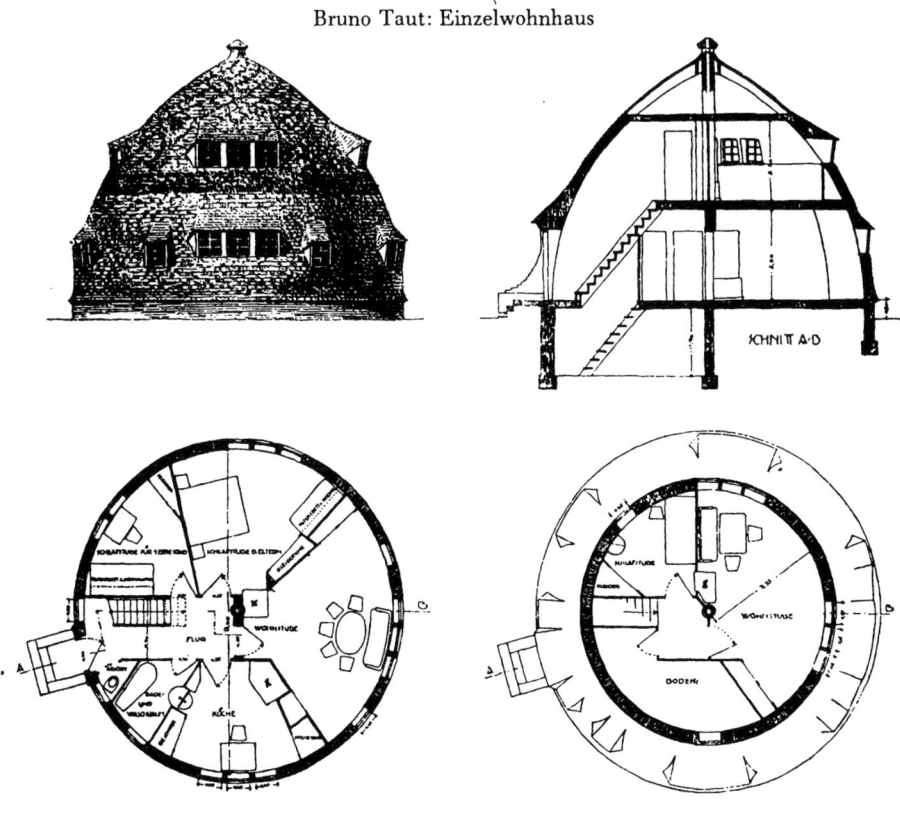

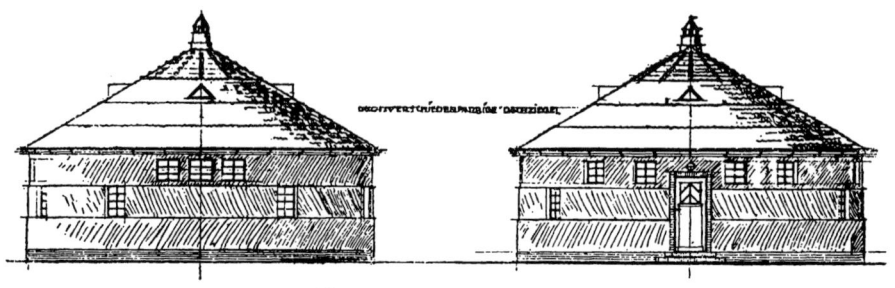

Varianten zum Einzelhaus

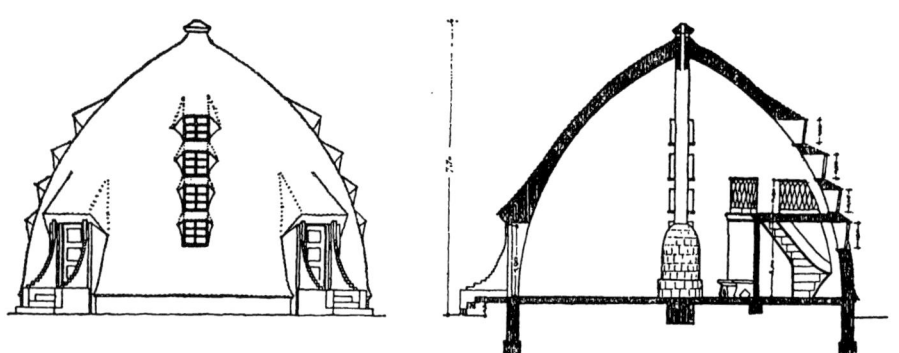

Bruno Taut: Städt. Parkhaus für die Mitteldeutsche Ausstellung 1922

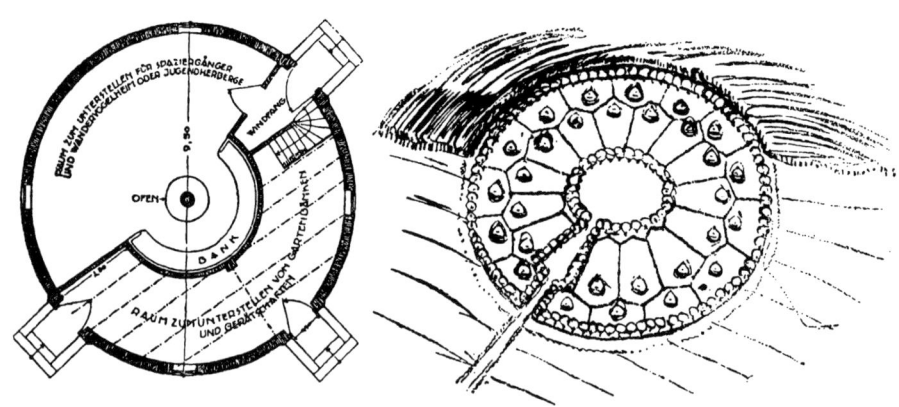

Lageplan einer Siedlung

Umfang von 37,68 m, während ein Quadrat von 10 m Seitenlänge bei 100 qm Fläche schon 40 m Umfang hat. Aus dem Grundriß entwickelt sich der Aufbau, welcher ohne jedes Mauerwerk in ebenfalls geschweifter Form auf der Grundlage des Bohlenbinders beruht. Derartige Bauten können natürlich nur in größerer Wiederholung die Konkurrenz mit der üblichen Ausführungsweise ertragen, wie sie in der Lageplanskizze dargestellt ist. (»Wohnmaschine«, machine à habiter.) Für die in Magdeburg vorgesehene einmalige Ausführung ist die Variante mit

Wassili Luckhardt:
Wohnhaus eines Architekten

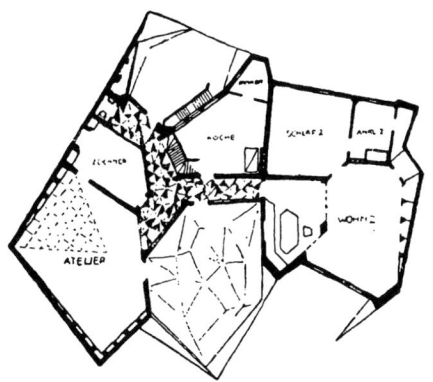

Mauerwerk und flachem Dach entworfen worden. – Die Wohnweise selber muß sich ebenfalls von ihrer Stagnation befreien. Die Kastenmöbel werden zu Wandschränken; als Möbel bleiben nur noch die beweglichen Stücke und die Betten bestehen, und zwar, soweit durchführbar, nach Art der Patentbetten aufzuklappen; die Fenster, einheitlich ausgebildet, in ihrer Anordnung unterschieden als Fenster zur Beleuchtung des Raumes und solche zum Hinaussehen. Die Ausstattung des Raumes muß den Raum im Ganzen umfassen, d. h. ihn selber zu einer solchen Einheit führen, daß das Bild als wandverdrängende Illusion überflüssig wird. Wände dürfen nicht mehr als Gelegenheit betrachtet werden, um Nägel hineinzutreiben.

Eine andersgeartete Lösung zeigen die Typen von Hans Luckhardt: Auch sie zerstören nicht die individuelle Einheit des

Hans Luckhardt: Einzelhaussiedlung

Kellergeschoß   Erd- und Obergeschoß

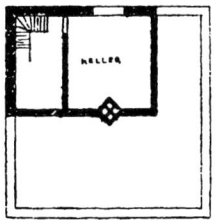 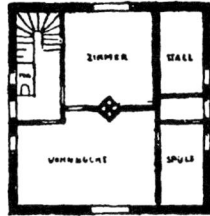 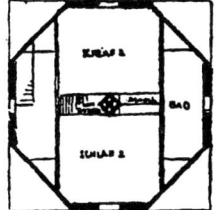

Willy Zabel: Reihenhaussiedlung

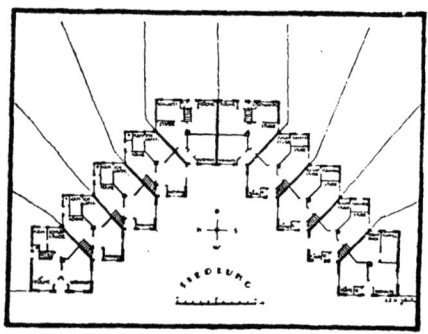

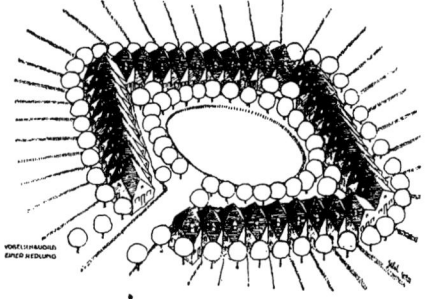

einzelnen Hauses, indem sie die Kollektiveinheit auf dieser Grundlage durch Unterstützung der Farbe erreichen.

Auf einem ähnlichen Formprinzip ist die Reihenhausgruppe von Willi Zabel aufgebaut, welche ruhige Lage des Eingangs mit Reichhaltigkeit der Grundriß- und Aufrißform verbindet. Es handelt sich bei diesen Dingen um die Erzielung neuer Beziehungswerte, welche sich aus der Logik der konstruktiven und formalen Gedanken entwickeln. Das Architekten-Wohnhaus von Wassili Luckhardt und die Reihenhaus-Gruppe von Theodor Grosse (s. Abb. S. 125) bedeuten individuelle Gegenstücke zu diesen Bestrebungen. Der Kollektivgedanke in allen Ehren; aber das subjektive Gefühl wird sich schwerlich völlig beseitigen lassen, und es wird nicht bloß in Einzelhäusern sein Ventil suchen, sondern auch in gelegentlichen Gemeinschaftsbildungen. Formal bedeuten beide Entwürfe Gegenstücke: Der eine liebt das eckige »Kristallinische«, der andere das geschweifte »Ausschweifende«. *B. T.*

DER BAUMEISTER

In einem einsamen Fischerdorf, das sich ihm als Asyl auftat, findet der Baumeister Christoph Stern Muße, die wesentlichen Tage seines Lebens noch einmal vor sich hinzustellen. Er betrachtet sie ohne Bitterkeit oder müde Ergebung, denn er hat sein Leben mit aller seiner Erfolglosigkeit lieb und wünscht niemals ein anderes gelebt zu haben. Da ist der Tag des ersten Hinausstürmens in Wort und Schrift, und doch nur der bescheidene Anfang der großen Idee, die von Jahr zu Jahr in ihm reifte. Vom Tage der frühen Begeisterung bis zu der Nacht voll heiliger Inbrunst, in welcher er Strich um Strich in dem Bauplan zu seinem Dome der Menschheit emporbetete. Da ist die singende Morgenstunde eines Sommertages, wo seine Hände das Modell zu einem Landhause hinlachten, und der ernste Nachmittag eines reifen Herbstes, der in ihm den Gedanken für eine neue Hafenstadt entstehen ließ, die bestimmt sein sollte, die Schiffe aller Völker zu friedlichem Verkehr aufzunehmen. Er entsinnt sich der Abende, an denen er verlacht und bemitleidet von seinen Vorträgen heimkehrte oder an denen er vergeblich einen Millionär zu überreden suchte, die bunte Stadt der Lebensfreude zu bauen.

Denn Christoph Stern weiß, die Menschheit, die mit ihm lebt, krankt an den trostlosen Städten, an den lichtlosen Baracken und an der Dumpfheit der häßlichen Miethäuser. Können diese grauen Straßenzeilen in einem Menschen anderes auslösen als Haß und Feindschaft? Ist es nicht erklärlich, daß der Mensch, der in diesen Kasernen in Gefangenschaft sein armseliges Leben verbringt, sich Mordwerkzeuge, Gifte und Gase erfinden mußte, um sich zu empören und zu zerstören? Diese engen Mauern zwingen ihn, über den Bruder herzufallen, der in einem weiteren Teil wohnt, oder sie geben einer müderen Generation das Siechtum stumpfen Hinbrütens und hilfloser Verzweiflung.

Darum war Christoph Stern aufgestanden und hatte gesagt: Baut euch die bunte Stadt der Lebensfreude. Nehmt das Rot und nehmt das Blau des Himmels, das Gelb der Kornfelder und das Grün der Wiesen. Und baut eure Häuser nicht wie Kasten und Zellen, sondern gebt ihnen lustige Formen und laßt sie aufsteigen wie den Gesang der Lerche. Seht her: ich habe euch neue Häuser erfunden, darin werdet ihr die Musik der Welt verstehen, die Sterne und Blumen. Ihr werdet Kinder sein und euch freuen. Schöpfer werdet ihr sein und euch das heitere Spiel des Lebens dichten. Das sagte Christoph Stern. Aber die Zuhörer wandten sich ab: Wir wollen keine Narren werden! Was willst du von uns? Wie es gewesen ist, so ist es gut. Und dabei bleibt es!

Das alles steht jetzt wieder vor Christoph Stern, als er an dem Strande des Meeres liegt und seine Hände sich in die Fülle der farbigen Steine vergraben. Und eine seltsame Laune überkommt ihn. Er nimmt die feingeäderten Kiesel und schichtet sie aufeinander. Und er baut höher und höher, wägt ab und prüft. Setzt dort einen roten

Theodor Grosse: Reihenhaussiedlung

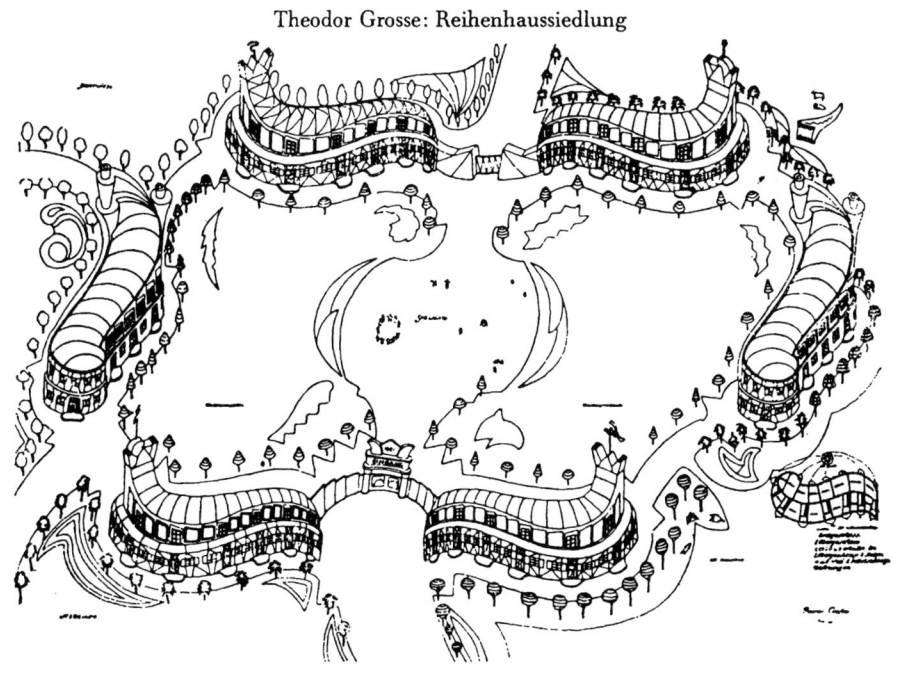

hin und hier einen gelben. Sucht auf den Knien nach einem viereckigen Kiesel von bestimmter Größe und gebraucht dann wieder einen runden. Und er freut sich wie ein Kind, als er zwischen Tang und zernagtem Holz einen Stein findet, grün und leuchtend wie das Meer.
Und Christoph Stern baut mit aller Hingabe, als gälte es ein Werk zu schaffen, das alle Zeiten überdauern soll. Ganz losgelöst vom Alltäglichen betet er seine Seele in dieses Spiel hinein. In einer erfreulichen Stunde sieht Christoph Stern seinen wunderlichen Bau beendet. Mit kindlicher Neugier betrachtet er sein Werk, und er erkennt: Dieses hier ist das Schönste, und es ist das Reinste, was ich schuf, denn ich schuf es ohne Zweck. Es ist ein Spiel der Freude!
Und Christoph Stern bewundert die Libelle, die über seinen Bau hingleitet, und den bunten Käfer, der die farbigen Steine befühlt. Und er nimmt ein Stück Bernstein und läßt es wie einen Mond aufgehen. Und winzige weiße Blüten stellt er wie Sterne umher.
Christoph Stern verbringt seine Tage vor dem Spiel der glitzernden Steine. Leben atmet es jetzt, denn es ist die Wohnung seltsamer Käfer geworden mit silbernen und goldenen Flügeldecken. Und welche sind da, die wie Brokat sind, und welche wie Perlmutter. Und sie laufen ein und aus, und jede Bewegung ist ein freundliches Spiel.
Christoph Stern ist glücklich: Ich habe den Tieren eine Stadt der Freude gebaut. Was aber ist ein Tier weniger als ein Mensch? So sehe ich das Werk meines Lebens erfüllt. Und er legt seine Arme ineinander wie einer, der ausruhen will. *Robert Seitz*

ARCHITEKTEN

Von Adolf Behne

Was geschieht bei uns und anderwärts in der Architektur? Finden wir in der europäischen Baukunst der Gegenwart neue Ideen ... und welcher Art sind diese etwa?

Es liegen programmatische Äußerungen von Architekten im Inland und Ausland vor, aus denen sich bereits einige charakteristische Zeichen entnehmen lassen.

Fangen wir bei uns an: Hans Pölzig, der Architekt des großen Schauspielhauses, gilt vielen als der führende deutsche Baumeister, und sicherlich sind einige seiner Bauten, namentlich die Fabrik in Lubahn, Beweise einer ungewöhnlichen Kraft. Freilich müssen wir noch untersuchen, welcher Art diese Kraft ist: ob Kraft des Geistes oder Kraft des Instinktes. Eine auffallende Erscheinung ist Pölzig unter den deutschen Architekten ohne Zweifel, und so lesen wir aufmerksam die Rede, die er in Salzburg gehalten hat, um sein Modell für das Festspielhaus zu erläutern (im »Kunstblatt«, Heft 3).

Niemand verkennt die große Begabung und das seltene Temperament. Aber was hilft uns eine immer nur sich selbst darstellende und wollende Kraft? Pölzig ist wirklich ein »Kerl«, d. h. ein Naturphänomen. Aber den Künstler unserer Zeit — der des Mittelalters und Barocks ist uns fern — denken wir uns anders.

Hier geht die Scheidungslinie zwischen Gestern und Heute. Naturalismus ist nicht nur dort, wo ein Stück Natur abgemalt wird, sondern überall, wo noch nicht die prinzipielle Spannung des Künstlerischen gegen das Natürliche erkannt wird. Kunst ist Produkt menschlichen Geistes, steht unter geistiger Ver-

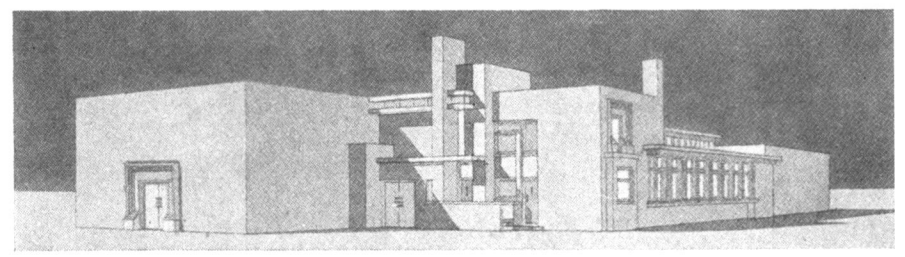

J. J. P. Oud: Fabrik- und Kontoranlage (nach »De Stijl«)

antwortung, ist ein Neues gegenüber dem Naturgewachsenen, gehört zuerst zum Menschen, nicht zum Baum oder Berg oder Wolke oder Stern, und so ist es absurd, ein Kunstwerk derart in die Natur hineinzustellen, als sei es eigentlich nicht Menschenwerk, sondern Gottes Schöpfung.

Als nach Kriegsende die Welle des Utopischen und Romantischen auch die jungen Architekten ergriff (Ausstellungen »Unbekannter Architekten« und »Neues Bauen«), war das als Folge der langen Isolierung, als Reaktion des Gefühls auf die Nutzlosigkeit der geopferten Jahre verständlich. Aber wohl alle Utopisten haben sich inzwischen vom Kult des Phantastischen zum Lebendigen und zur Selbstbesinnung zurückgefunden. Auch steckte unter dem Utopischen der sehr berechtigte Wunsch, das wesentlich Neue, von aller Tradition Befreite, zu gewinnen.

Man kann sich kaum einen schärferen Kontrast zu Pölzigs Bekenntnis denken als den Vortrag, den der holländische Architekt J. J. P. Oud, der das Bauamt der Stadt Rotterdam leitet, in der holländischen Architektenvereinigung »Opbouw« gehalten hat. »Das Lebensgefühl einer Zeit ist Richtlinie ihrer Kunst, nicht die Tradition der Form.« Das Lebensgefühl unserer Epoche findet Oud charakterisiert durch den Anspruch des Geistes, frei und ebenbürtig zur Natur zu stehen. Eines der Mittel zur Freiheit des Geistes ist die Maschine. Oud flieht nicht aus der Gegenwart, sondern er spürt ihren Sinn und bejaht ihn. »Ein neuer Lebensrhythmus ist geboren, in dem sich eine neue ästhetische Kraft und ein neues Formenideal in großen Zügen erkennen lassen.« Die überzeugendsten Beispiele findet Oud in den abstrakten Arbeiten der Maler und Bildhauer. Sie sind ihm — mit Recht — noch keine Er-

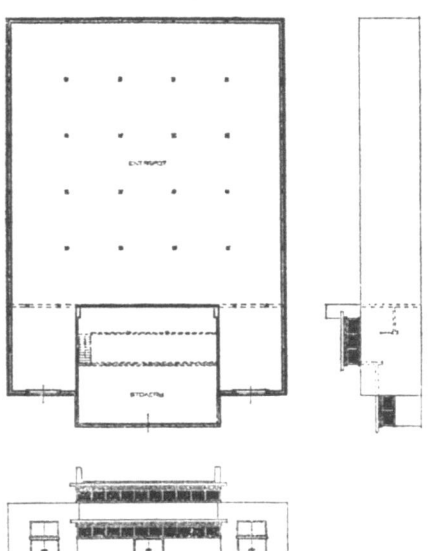

J. J. P. Oud: Fabrik

füllung, aber sie bedeuten den wichtigen Übergang von der naturhaften, zufälligen zur geistigen, notwendigen Form, von der Abbildung zum Gebilde. Der modernen Malerei und Plastik entspricht nach ihm eine Baukunst von geistiger Haltung, in der sich das Wesentliche aller Baukunst, das Gleichgewicht gespannter Kräfte, unmittelbar auswirkt, unter entschlossenem Verzicht auf alle Verzierung, alles Ornament, in dem Oud

Erich Mendelsohn: Fabrikanlage

nur das quacksalberische Allheilmittel für eine im eigentlich Architektonischen versagende Schöpferkraft sieht. Eine große Bedeutung für die Befreiung der Baukunst von allen traditionellen Formen und vom Ornamentenunfug, ja, darüber hinaus für die positive neue Form spricht Oud der modernen Technik zu und den neuen Materialien: Glas, Eisen und Beton. Weit entfernt, sich gegen ihren revolutionierenden Einfluß zu stemmen, erkennt er ihre berechtigte Macht und die neuen Möglichkeiten, die sie für den Architekten bieten. »Automobile, Dampfschiffe, Jachten, die Herren- und die Sportkleidung, elektrische und medizinische Instrumente haben als unverfälschter Ausdruck der Zeit Elemente der neuen Ästhetik in einer ersten Fassung in sich und können als Anknüpfungspunkte für die äußere Erscheinungsform der neuen Kunst angesehen werden.« Den Trennungsstrich vom handwerklich bestimmten Mittelalter zieht Oud mit entschlossener Sicherheit. »Je subjektiver der Künstler, um so stärker seine Neigung zur Einzelform. Die stärksten Möglichkeiten eines subjektiv gerichteten Künstlers liegen daher im Handwerklichen. Die Blüte des Handwerks, das Mittelalter, war daher auch die Blüte der Einzelform. Der Niedergang des Handwerks bedeutet auch Niedergang der Einzelform.« — Damit vergleiche man Pölzig: »Es ist mir sicher, daß eine solche neue Kunst nur aus dem Handwerk wachsen kann. An den Architekten als den führenden Handwerkern liegt es, eine Architektur zu entwickeln, die in ihrer ganzen Artung jeden Handwerker soweit als irgend möglich zum Mitmusizieren zwingt.« Das hieße aber einen Zustand zurückführen, der einmal (vielleicht!) war und der bestimmt nicht wiederkommt. Unsere Aufgabe ist eine andere, und es kommt eben darauf an, unsere Aufgabe zu erkennen.

Oud predigt keinen platten Rationalismus. Sein Ziel einer auf den Notwendigkeiten des modernen Lebens basierten, sachlichen Baukunst, die ihre Aufgaben in vollkommener, überpersönlicher Hingabe, frei von allen Stimmungen und Launen erfüllen will — unter Bejahung aller neuen Errungenschaften der Technik, als eine Formung geistiger Organismen, die klar durchdacht sind und ihr Leben in den unantastbar reinen Verhältnissen aller Teile zueinander und

Arch. Döcker: Grundriß eines Miethauses

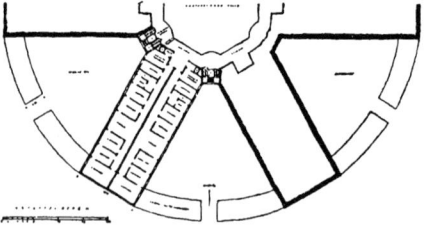

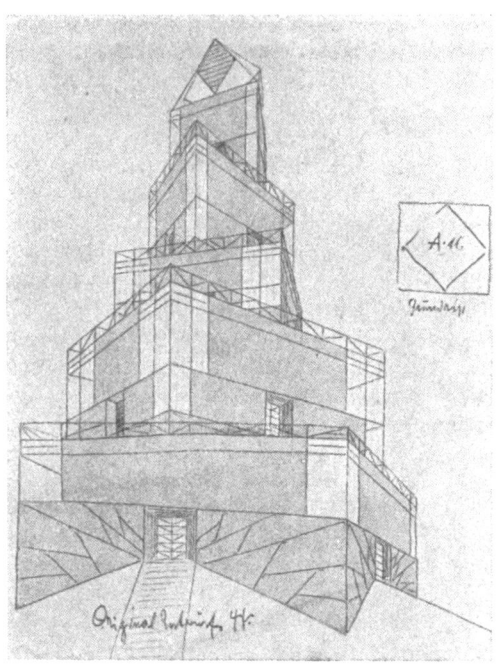

Wenzel A. Hablik: Turm

Antonio Sant' Elia: Geschäftshaus (nach »De Stijl«)

zum Ganzen tragen, nicht in irgend welchem interessanten Drum und Dran —, geht über die Möglichkeiten eines bloßen Rationalismus weit hinaus... nicht aber mit einem stolzen Sprung in das unkontrollierbar Phantastische, sondern unter phrasenloser Rechenschaftslegung für alle Entschlüsse. Gewiß ist dieses Programm nicht absolut neu. Theodor Loos hat seit 1910 ähnliches gefordert und in einem vielbekämpften Eckhaus in Wien ein Beispiel gegeben, ja schon Otto Wagner steht seit 1895 wenigstens als Theoretiker auf diesem Boden, und van de Velde pries den »neutralen Zustand« der technischen Produkte. Bruno Tauts Eisenmonument Leipzig 1913 und sein Glashaus Köln 1914, die Fabrik von Walter Gropius ebendort sind in gleichem Sinne moderne Bauten — Arbeiten aus unserer Zeit. Die Ansätze in manchen Hallen Peter Behrens' dürfen nicht vergessen werden, und in einem Wettbewerbsentwurf für das Berliner Opernhaus gab L. Hilberseimer 1911 ein Beispiel reiner Architektur. Aber wir finden keine Stetigkeit dieser Arbeit in Deutschland. Es lockt immer wieder der romantische Seitensprung. Man weicht der Konsequenz aus, so als ob es »unkünstlerisch« sei, sich einer Idee einzuordnen und nicht als waschechter Individualist jedesmal ein anderer zu sein. In Holland aber mehr als anderswo finden wir heute zielbewußte Arbeit bei einer Schar von

Architekten, die sich zumeist um die Leidener Zeitschrift »De Stijl« gruppieren: Oud, Jan Wils, van t'Hoff, Theo van Doesburg und Staal, und in einigen Bauten der letzten Jahre sehen wir schöne Erfolge ihres klaren und verantwortungsvollen Strebens. — Es ist übrigens bezeichnend, daß ein deutscher Architekt, der mit am entschlossensten aus der Zeit arbeitet, Erich Mendelsohn, in Holland fast mehr Beachtung findet als bei uns. Die Amsterdamer Kunstzeitschrift »Wendingen« veröffentlichte in einem Sonderheft sein Einstein-Observatorium auf dem Potsdamer Astronomenberg, und »De Nieuwe Kroniek« brachte im Anschluß an einen Vortrag Mendelsohns in Holland programmatische Aufzeichnungen, aus denen hier einige Sätze mitgeteilt seien, die den Zusammenklang mit Ouds Forderungen gut erkennen lassen: »Die Bannmeile architektonischer Absichtlichkeit ist gleich streng gegen sich und alle Zufälligkeit der Natur«... »Natur ist organische Entwicklung. Das Haus ein einzelner Wille«...
»Architektur ist Willensausdruck der Zeit und ihres Geistes«... »Der Einzigkeit allgemeiner Wirkung entspricht die Verantwortung architektonischer Arbeit. Die Umformung von Gesicht in Wirklichkeit, die Verbindung zweckfreien Schaffens mit zweckvoller Gegenständlichkeit. Nur die geschlossene Persönlichkeit wird Intuition und Kalkül gleichmäßig beherrschen«... »Konstruktionskult, entschlossene Ehrlichkeit. — Aus ihr steigen dann von selbst die Berauschungen geistiger Erfülltheit.«
Es gehört bei uns zum guten Ton, zu behaupten, daß Deutschland in der Architektur führend sei, daß namentlich in Frankreich die Baukunst seit dem Ausgang des 18. Jahrhunderts tot sei. Das Problem des Wiederaufbaues sieht man als unlösbar für Frankreich an, solange es sich nicht entschließt, deutsche Städtebauer, die natürlich die »besten der Welt« sind, zu Hilfe zu rufen. Angeblich ist bisher in den zerstörten Gebieten nichts geleistet worden. Im letzten Heft des »Städtebau« (Ernst Wasmuth Verlag, Berlin) finden wir nun genaue Angaben Otto Grautoffs und Hugo de Fries': »In erster Linie sind die Eisenbahnlinien, Kanäle, Landstraßen und Landwege wieder in brauchbaren Zustand gesetzt. Hier ist mit Energie und Umsicht gearbeitet worden. Alle größeren und die meisten kleineren Verkehrswege sind benutzbar gemacht. Der Eisenbahnverkehr vollzieht sich so regelmäßig wie vor dem Kriege. Die städtischen Trambahnen verkehren an vielen Orten wieder. Die elektrische Bahn von Laon nach Reims ist in Betrieb... Die Straßen der Städte sind wiederhergestellt, die Einschußstellen und die zerrissenen Bürgersteige ausgebessert. 5300 Kilometer zerstörter Eisenbahnstrecke sind bis auf einen geringen Rest wieder betriebsfähig. Von 1510 gesprengten Brücken sind noch etwa 500 nicht benutzbar... Von 4500 zerstörten Fabriken waren bis zum 1. November 1920 3392 wieder voll in Betrieb gesetzt. Am stärksten fühlbar macht sich heute noch die Zerstörung der Wohnhäuser. Vollständig zerstört wurden 319 269 Häuser, teilweise vernichtet 333 675. — Vom zerstörten Reims bringen die Reproduktionen furchtbare Bilder. Hier waren am 5. Oktober 1919 von den 13 806 Häusern der Stadt bewohnbar — 65. Seitdem sind rund 4000 Häuser wieder bewohnbar gemacht worden. 60 000 Menschen wohnen wieder in der Stadt —

Joseph Paxton: Industriehalle in London, erbaut 1854

die Hälfte der früheren Einwohnerschaft.«
Die schwierige Frage ist nun: wird nicht die bürgerliche Selbsthilfe dem neuen Aufbauplan Schwierigkeiten machen? Es ist unmöglich, ein wirklich neues Reims — und dasselbe Problem besteht natürlich in allen zerstörten Ortschaften — von heute auf morgen wieder aufzubauen. Die Vorarbeiten nehmen geraume Zeit in Anspruch, wenn ganze und gute Arbeit geleistet werden soll. Richten sich nun die Einwohner in der Zwischenzeit in eigener Initiative mit Benutzung der Reste wieder ein ... soll man dann nach Fertigstellung der Pläne, die vielleicht keine der alten Straßen übernehmen, ihre Arbeit abermals zerstören? Von den ungeheuren Schwierigkeiten der Aufgabe macht man sich bei uns selten den rechten Begriff. Stein für Stein, Haus für Haus, Straße für Straße den alten Zustand wiederherzustellen, wäre verwerflich. Alle neuen Erkenntnisse der Verkehrspolitik, der Hygiene usw. müssen verwertet werden. Und wie sehr man in Frankreich überzeugt ist, daß eine planmäßig neue moderne Arbeit geleistet werden muß, beweist z. B. die Berufung des amerikanischen Städtebauers G. R. Ford zur Aufstellung eines neuen Stadtplanes für Reims. Man soll aus der Tatsache, daß dieser Plan in letzter Instanz abgelehnt wurde, nicht den Schluß ziehen, daß reaktionäre romantische Tendenzen, die ein »altes Reims« wünschen, gesiegt haben. Fords Plan ist im »Städtebau« mitgeteilt, und seine Betrachtung lehrt, daß er wirklich kaum zu befriedigen vermag. Die von ihm geforderte Freilegung der Kathedrale (die freilich schon 1912 begann), die Anlage von Sternplätzen, der spitzwinklige Zuschnitt vieler Baublöcke können heute unmöglich noch gebilligt werden. Warten wir also, ehe wir von einem Sieg der künstlerischen Reaktion sprechen, gerechterweise ab, wie der Plan des französischen Architekten Abeler aussehen wird, der zu Fords Nachfolger ernannt worden ist. — Auch die Mitarbeit Marcel Jancos am Wiederaufbau verdient in diesem Zusammenhang Erwähnung.
In die Ideenwelt der jungen französischen Architekten führen am besten einige Aufsätze des Architekten Le Corbusier-Saugnier ein, die er unter dem Titel »Drei Aufrufe an die Herren Architekten« in der Zeitschrift »L'esprit nouveau« veröffentlichte. Von besonderem Interesse ist der dritte Artikel, der mit seiner Abweisung alles Dekorativen und alles Unkontrollierbar-Willkürlichen, der Betonung des Sachlichen und Konstruktiven enge Beziehungen zu dem

Müller-Breslau: Spreebrücke in Oberschöneweide

Programm der holländischen Stijlgruppe beweist. Mit stärkster Betonung verweist Corbusier auf den Grundriß als das A und O der Baukunst, als sein entscheidendes Element. Der Plan schafft den Raum und seine Außenwände. »Es ist der Grundriß, der alles andere zeugt... um so schlimmer für jene, die keine Erfindungsgabe haben.« (Mendelsohn: »Architektur wird allein aus inneren Bedingungen, aus Riß und Schnitt vollgültig deutbar.«) Wenn Pölzig sich gegen die Architekturzeichnerei wendet, so hat er natürlich ganz recht, soweit es sich... um Zeichnerei handelt und nicht um das disziplinierte Denken, das sich der Konstruktionszeichnung als eines Mittels bedient. Aber er legt alle Phantasie in die Erscheinung, Corbusier dagegen in die Sache selbst, deren Quintessenz der Plan ist. »Ohne Plan gibt es weder Größe der Erfindung und des Ausdrucks noch Rhythmus noch Volumen noch Einheit. Ohne Plan entsteht jene unausstehliche Sensation, Formlosigkeit, Dürftigkeit, innerer Widerspruch, Willkür.« — Die alten Grundlagen der Baukunst sind nicht mehr. Vor uns liegen 25 Jahre, die ausgefüllt sein werden mit der Schaffung neuer Grundlagen, eine Periode großer Probleme, großer ästhetischer Umstürze und der Herausarbeitung einer neuen Ästhetik. Es ist der Plan, der studiert werden muß, er ist der Schlüssel der Entwicklung. — Dem Aufsatz sind Abbildungen beigegeben neuer städtebaulicher Ideen von Tony Garnier, Auguste Perret und Corbusier. Perret beschäftigt sich mit den Möglichkeiten des Hochhauses. Während man bei uns im Wolkenkratzer kaum etwas anderes sieht als eine neue Gelegenheit, monumental (»made in germany«) zu werden, untersucht Perret seine Eigenschaften für eine Turmstadt, deren Wohnungen in sechzig Stockwerken allem Lärm und Staub der Straßen entzogen sind... inmitten mächtiger Parks. (Den gehaltvollsten Beitrag zum Thema Hochhaus lieferte bei uns der Stuttgarter Architekt Döcker in einem Aufsatz über neue Möglichkeiten im Städtebau.)

Was die junge Baukunst in Holland und Frankreich von der unseren unterscheidet, ist, daß man bei uns — von wenigen Ausnahmen abgesehen — fortwurstelt — den Tiefstand dieser Sorte »Baukunst« verriet jetzt die Konkurrenz um ein Geschäftshaus in der Bellevuestraße, deren rund siebzig Teilnehmer nichts anderes wußten, als den abgedroschensten Klassizismus schulmäßig schlecht auszuwalzen — während dort Gruppen am Werke sind, eine neue Baukunst aus dem Lebensgefühl unserer Zeit in ihren Grundlagen zu entwickeln. In Italien war der jung gestorbene Sant' Elia auf ähnlichem Wege, und neuerdings arbeitet Chiattone dort in gleicher Richtung. Die Arbeiten Tatlins in Rußland — lehrreich der Vergleich seines dynamischen »Turms der Maschine« mit der säulenhaften Statik des Pariser Eiffelturmes — verwenden alle Mittel der modernen Technik. — In Spanien dagegen entsteht ein merkwürdiges Gebilde mit der Kathedrale zu Barcelona, an der man seit vierzig Jahren baut. Das Projekt, in das die Dimensionen der Peterskirche bequem hineingebracht werden können, ist eine Mischung aller Stile, der heidnischen wie der christlichen, von den prähistorischen über Antike und Arabien bis zum Betonstil.

Wir müssen nun erkennen, daß die Arbeit, die wir bisher zu charakterisieren versuchten, von einer starken ethischen Idee getragen wird. Es ist der kollektive, überindividuelle Gedanke, der in ihr mächtig ist. Jene Architekten untersuchen, welche Aufgaben zeitgemäß sind, und stellen sich die entscheidenden Themen aus dem Gefühl ihrer sozialen Verantwortung zur Bearbeitung.

Aber wir würden ein Unrecht begehen, wenn wir vorübergehen wollten an einigen wertvollen Ansätzen der letzten Zeit auch bei uns. Den neuen Jahrgang des »Städtebau« leitet sein Herausgeber de Fries mit einem Programm ein, dessen soziale Einstellung einen neuen Ton bringt: »Die architektonische Durchbildung und Fortentwicklung der Massenwohnstätten besonders in Großstädten und Industriegebieten hat in den letzten zwanzig Jahren wesentliche Fortschritte nicht gemacht, also zu einer Zeit, da wir auf unsere baukünstlerischen Leistungen erheblich stolz waren. Diese wirtschaftlich, technisch, finanziell engst gebundenen Objekte lagen für den Architekten von gestern unter dem Niveau seiner schöpferischen Betätigung. Die größte und schönste Bauaufgabe, die jemals denkbar sein wird, erschien sekundär, nebensächlich, dem Architekten belanglos.«

Mehr aber als Programm und Bekenntnis, Übergang zur Tat ist die Arbeit der »Sozialen Baubetriebe«, deren Aufgabe es ist, durch eine Rationalisierung der unter der Herrschaft des Privatkapitals ziellos zersplitterten Bauwirtschaft die Produktion zu steigern. »Von allen Gewerbezweigen deutscher Volkswirtschaft steht das Baugewerbe trotz seiner Schlüsselbedeutung betriebstechnisch und betriebswirtschaftlich mit auf der tiefsten Stufe gewerblicher Entwicklung. Während die Industrie unter dem befruchtenden Einfluß von Geist und Kapital ungeheure betriebstechnische Fortschritte gemacht hat, arbeitet das Baugewerbe — cum grano salis — heute noch nach Arbeitsmethoden, die sich von denen, die vor tausend Jahren angewandt wurden, nicht wesentlich unterscheiden.« (Martin Wagner) Die Rationalisierung und Sozialisierung der Bauwirtschaft führt notwendig auch zu künstlerischen Konsequenzen, und diese decken sich wiederum ganz mit denen, die wir in Holland und Frankreich kennenlernten. Kein Wunder, da eben der Gedanke der Rationalisierung der neue bestimmende Charakter ist, gleichviel ob man vom Ökonomischen, Ethischen oder vom Ästhetischen ausgeht. Das Baugewerbe muß, um rationell zu werden, über die im Grunde noch immer herrschende Handwerker-Verfassung hinausgeführt werden. Normalisation und Typisierung möglichst zahlreicher Bauteile verlangt

Carl Krayl: Kathedrale — »Christian Science«

heute schon die Not! Viele sträuben sich gegen solche Typisierung aus »künstlerischen Gründen«, aber sie sind im Irrtum. Denn auch vom Künstlerischen aus ist die Typisierung ein Fortschritt, da die maschinell gewonnene Form in ihrer Exaktheit, Reinheit, Strenge und Sachlichkeit uns ästhetisch besser zugehört als die individual handwerkliche Form, die einst, im Mittelalter, eine hohe, bewundernswerte Blüte hatte. — Übrigens wird die handwerkliche Form mehr und mehr ihr Wesen verändern, indem sie, die zu ihrer Zeit Regel und Allgemeingut war, zur Ausnahme und damit aus einem allgemeinen Bedarf zu einem Luxus wird. Ich möchte nicht verfehlen, auf die Zeitschrift des »Verbandes Sozialer Baubetriebe«, die »Soziale Bauwirtschaft«, hinzuweisen. Im Heft 2 findet sich ein Aufsatz des Herausgebers über die »Steigerung der bauwirtschaftlichen Produktivität« und im 14. Heft ein Versuch des Schreibers dieser Zeilen, in einem Aufsatz über »mittelalterliches und modernes Bauen« die künstlerischen Konsequenzen zu ziehen und näher zu erläutern.

ZUR TECHNIK DER FASSADENMALEREI

Von der Farbenfreudigkeit unserer Städte im Mittelalter und in den späteren Jahrhunderten bis zum Ende des achtzehnten kann sich der moderne Durchschnittsmensch gar keine und selbst der Fachmann nur schwer eine Vorstellung machen. Nicht nur jedes Haus war farbig behandelt, vielfach bemalt, sondern auch die großen Monumentalbauten, Kirchen, Rathäuser, ja selbst die Stadttore und Umwallungen waren in Farbe gesetzt, die Architekturen mehr oder weniger reich gefaßt und vergoldet. So bot eine alte Stadt ein überaus prächtiges, freudiges, festliches Bild; mit ihr verglichen müssen unsere modernen Straßenzüge uns unfroh, armselig und bedrückt erscheinen. Selbst die einfachste, an sich prunkloseste Bau erhielt durch die Farbe ein feierliches Gewand, eine ganz persönliche Note, die ihm Beachtung sicherte und ihn in seiner Umgebung auszeichnete. Wenn wir uns heutzutage ganz schlichte alte Bauten betrachten, so dürfen wir nie vergessen, daß sie ursprünglich durch die farbige Behandlung sehr viel mannigfacher und reicher wirkten, als sie uns jetzt erscheinen. In unseren armen Zeiten, in denen wir nur die sparsamsten Mittel für die Formbehandlung eines Bauwerkes aufwenden können, ist uns gerade in der Farbe ein vorzügliches Mittel in die Hand gegeben, unsere Bauten vor Armseligkeit und Kälte zu bewahren. Wir sollten daher viel häufiger, als es geschieht, zur Farbe greifen und auch dem Laien wieder jene Farbenfreudigkeit geläufig machen, die frühere Zeiten besaßen. Freilich ist unser Auge durch die lange Gewöhnung an das Grau des Alltags für die Farbe sehr abgestumpft. Man wende aber nicht ein, daß wir uns nicht wieder daran gewöhnen könnten! Ganz kluge Leute, mit denen ich über die Möglichkeit der Anwendung der Farbe in der Architektur sprach, wendeten mir ein, wir seien heutzutage nicht mehr imstande, kräftige Farben zu ertragen; wir kleideten uns ja auch nicht mehr so bunt, wie das frühere Zeiten getan hätten. Diesen Leuten habe ich stets erwidert, daß die Farblosigkeit unserer Kleidung ja nicht ein unbedingtes Muß sei und daß im übrigen das 17. Jahrhundert, das in der Kleidung auch dunkle, sogar schwarze Töne bevorzugte, in der Architektur doch zu den farbenfreudigsten Zeiten gehörte, die es jemals gegeben hat.

Zur Wiedererweckung der Farbe in der Architektur sind schon vor längerer Zeit die ersten Schritte getan worden. Karl Schäfer und mein Vater, Max Meckel, haben schon vor vielen Jahren die ersten Außenbemalungen ausgeführt. Ihnen sind andere gefolgt, und in Süddeutschland trifft man hier und dort, namentlich an den Stätten, wo alte Fassadenmalereien erhalten sind,

B. Taut: Festsaal und Klubzimmer (unteres Bild) im Ledigenheim in Schöneberg bei Berlin

auf zum Teil vorzügliche neuere Architekturbemalungen. Leider hat man zunächst der Technik der Malerei nicht die nötige Aufmerksamkeit geschenkt, und so kommt es, daß diese neuen Schöpfungen vielfach schon nach kurzer Zeit in einen ruinösen Zustand geraten sind, der nicht geeignet ist, der Fassadenbemalung neue Freunde zu gewinnen. So ist die Schäfersche Außenbemalung von Jung-St. Peter in Straßburg sehr bald durch die Witterungseinflüsse zerstört worden; sie bot einen sehr schlechten Anblick dar, der sich allerdings in neuerer Zeit wieder verbessert hat, nachdem der größte Teil der Farbe verschwunden ist und nun das Bauwerk nur noch farbige Spuren und Reste der Bemalung aufweist, die inzwischen durch die hinzugekommene Patina ein gutes Aussehen bekommen haben. Schäfer hatte für die Malereien Kaseïn verwendet. Ich halte Kaseïn und auch Tempera für Außenbemalungen für durchaus ungeeignet. Die Sonnenstrahlen saugen aus der Farbe die Bindemittel mit der Zeit heraus, und man kann dann beobachten, wie Kaseïn und Tempera schichtenweise abblättern. Für innere Anstriche und Bemalungen dagegen ist Kaseïn geeigneter. Ich habe Bemalungen, die vor dreißig Jahren hergestellt waren, noch einwandfrei gefunden; besser als Kaseïn ist aber Tempera für Innenbemalungen geeignet. Doch bleiben wir bei den Außenbemalungen. In einfachen Verhältnissen und da, wo man jederzeit leicht beikommen kann, also bei niedrigen Gebäuden, mag man immerhin zu Kalk- und Käsefarben greifen. Man darf dann eben keine ewige Dauer erwarten. So finden wir auf dem Lande, z. B. namentlich dort, wo der ländliche Maler oder gar der Besitzer selbst die Anstriche häufig erneuern, noch bis auf den heutigen Tag die alte Kalk- und Käsefarbentechnik in Übung. Die Kalkfarbenmischungen haben den Nachteil, daß sie leicht stumpf wirken und durch die Beimengung der Farben zum Kalk keine satten und tiefen Töne erzielt werden können. Selbstverständlich kann man für Kalk- und Käsefarbenanstriche nur Erd- oder Pflanzenfarben verwenden, da nur solche durch den Kalk nicht zersetzt werden. Wie man Kalkfarben ansetzt, ist ja jedem Maurer bekannt. Zu den Käsefarben nehme man etwa fünf Teile Topfkäse oder Quark und einen Teil Weißkalk. Diese Teile verreibe man auf einer Platte, wodurch eine dicke Flüssigkeit entsteht, die dann mit gekochtem Wasser verdünnt wird und der die Farben beigemengt werden. Der Anstrich kann direkt auf den nassen Putz erfolgen in gleicher Weise wie der Kalkfarbenanstrich. Auch Sand- und Kalksteine sowie Ziegel lassen sich mit dieser Käsekalkfarbe anstreichen. Für monumentale und größere Ausführungen ist aber diese Technik nicht zu empfehlen. Hier kommen andere Ausführungsweisen in Betracht, die ich in folgendem kurz erläutern will. Handelt es sich um den einfachen farbigen Anstrich einer Fassade, so empfiehlt sich zunächst ein Freskoanstrich, und da dieser Anstrich sehr ungleich und fleckig auftrocknet, das mehrfache Überstreichen des Fresko mit Keimscher Mineralfarbe. Diese Keimsche Mineralfarbe ist auch für den Anstrich des Steinmaterials sehr geeignet. Erschrecken Sie nicht, verehrter Leser, den Stein müssen Sie freilich anstreichen, wenn Sie eine gute farbige Wirkung erzielen wollen. Es ist zugleich ein vorzügliches Mittel, ihn vor Verwitterung zu schützen. Zur Herstellung der Freskoanstriche gehört vor allen Dingen gut abgelöschter Weißkalk, ferner durchaus reingewaschener Sand, am besten Bachsand und scharfer Flußsand. Der Sand darf keinerlei Beimischung von Ton, Erde und dergleichen mehr enthalten. Es kann auch reiner Quarzsand verwendet werden, und zwar ist eine Mischung von zwei Teilen Sand und einem Teil Kalk zu wählen. Der Kalk muß mindestens ein Jahr eingesumpft gewesen sein, besser ist eine Einsumpfung von zwei bis drei Jahren, und vor der Verwendung soll er noch durch ein engmaschiges Drahtnetz gesiebt werden. Der Verputz für Freskoanstriche und Malereien darf nicht zu dünn sein. Ich habe solchen Verputz bis zu vier cm dick in mehrfachen Aufträgen herstellen lassen. Das Auftragen muß sehr sorgfältig geschehen. Der letzte Auftrag wird mit der Scheibe glatt abgerieben und alsdann die Farbe auf den nassen Mörtel angebracht. Es darf alsdann jeden

C. Krayl: Normaluhr in Magdeburg

Tag nur so viel Verputz fertiggestellt werden, als durch den Maler bemalt werden kann. Zur Bemalung dürfen nur durchweg reine Erd- und Mineralfarben verwendet werden, wie Ocker in den verschiedenen Tönen, gebrannte und ungebrannte Terra di Siena, Umbraun, Roterde, Morellensalz, Schwarz aus Rebholz und Elfenbeinschwarz, grüne Erde, Ultramarinblau und -grün und ähnliche, hierzu Kalk als Licht- und Mischfarbe. Es ist unerläßlich, für diese Anstriche und den Verputz eigens geschulte Leute heranzubilden und vorher Proben machen zu lassen. Dann wird man aber auch bei sorgfältiger Vornahme der eben beschriebenen Technik die Freude erleben, daß die Anstriche auch an den Wetterseiten halten, und keine Enttäuschungen mit ihnen erleben. Freilich ist es ratsam, durch geeignete Schutzvorkehrungen bei Neubauten die Anstriche an den Wetterseiten gegen Schlagregen zu schützen. Das kann durch weit vortretende Dachgesimse, Schutzdächer und Traufgesimse geschehen.

Die eigentliche Fassadenmalerei, also das Anbringen ornamentaler und figürlicher Darstellungen auf den Fassadenflächen, kann ebensowohl in Keimscher Technik wie auch in Fresko erfolgen. Letzteres ist das bei weitem monumentalere Verfahren. Hierbei wird die Freskomalerei natürlich nicht mehr wie der glatte Anstrich durch einen späteren Auftrag mit Keimscher Farbe überstrichen. Die Technik ist dieselbe, wie ich sie oben beschrieben habe. Auch hier darf erst recht im letzten Auftrag immer nur so viel Verputz hergestellt werden, als der Maler an dem betreffenden Tage bemalen kann. Die Zeichnung der Malerei wird hierbei mit dem Stahlgriffel vorgeritzt. Man kann auch auf altem gutem Verputz mit einer Art Freskotechnik malen. Zunächst muß man den Verputz durch starkes, ausgiebiges Annässen auf seine Saugfähigkeit prüfen, dann trägt man auf dem gut gereinigten und stark genäßten Grund einen Anstrich von fettem, mit feinem Bachsand gemischtem Kalk auf, und wenn dieser Anstrich etwas angetrocknet ist, malt man genau wie beim eigentlichen Fresko mit Kalkwasserfarben auf ihm.

Sehr sorgfältig ist vor Aufbringung des Verputzes der Untergrund zu untersuchen. Bei altem Mauerwerk müssen schadhafte, durchnäßte oder salpeterhaltige Steine unbedingt entfernt und ausgewechselt werden. Es empfiehlt sich auch zur Vorsicht ein Anstrich mit Fluat. Alsdann sind die Fugen des Untergrundes tüchtig auszukratzen und das ganze Mauerwerk vor Auftragen des Verputzes reichlich anzunässen. Die besten Jahreszeiten zur Herstellung von Freskoanstrichen und Malereien sind Früh- und Spätsommer. Der Hochsommer mit seiner Hitze läßt den Verputz häufig zu schnell auftrocknen. Jedenfalls müssen direkte Sonnenstrahlen durch geeignete Vorkehrungen abgehalten werden. Die Keimschen Anstriche können auch in anderen Jahreszeiten, aber keinesfalls bei Frostwetter, angebracht werden. An Stelle der Keimschen Mineralfarben, Hersteller Industriewerke Lohwald bei Augsburg, werden auch die Freskolitfarben von Georg Düll in München empfohlen; ich selbst habe aber mit letzteren noch keine Erfahrungen gemacht.

C. A. Meckel, Freiburg i. Br.

Oskar Fischer:
Bemalung Haus Barasch in Magdeburg

Nachwort des Herausgebers: Die speckig glänzende Ölfarbe müßte als Anstrich für Mauerflächen und dergleichen verschwinden. Bisher scheitert gewöhnlich diese Absicht an dem Vorhandensein alten Ölgrundes, der nur mit größerem Kostenaufwand zu beseitigen ist. Die neueren Bindemittel, welche das Öl matt machen, erscheinen technisch aber nicht bedenkenlos, so daß man sie nicht verantworten kann. Diese Dinge sowohl wie einige neuere Bindemittel, welche auch auf Ölgrund in mattem Anstrich dauerhaft sein sollen, müssen erst eine gewisse Prüfung in ihrer Licht- und Wetterbeständigkeit durchmachen, wie es im städt. Bauhof zu Magdeburg eingeleitet worden ist.

ARCHITEKTURMALEREIEN

1. Innenräume im Ledigenheim
zu Schöneberg

Der Festsaal des Restaurants im Ledigenheim wurde unter freundlicher Befürwortung des Stadtbaurats nach meinen Vorschlägen, da ich der Architekt dieses Gebäudes war, so an die Maler Paul Gösch (Regierungs-Baumeister) und Franz Mutzenbecher sowie an den Bildhauer Elster in seiner Ausschmückung übertragen, daß die Künstler nur nach vorheriger Übereinkunft über das Allgemein-Räumliche ohne jede Vorarbeit im Atelier und demnach ohne Karton aus dem Raum selbst ihre Gestaltungen herleiten sollten. Eine freie Improvisation, die auf alle Fälle den Reiz der Frische haben mußte. Das Schwierige und besonders Neue der Aufgabe lag noch darin, daß drei Künstler hier zusammen in kameradschaftlichem Kontakt arbeiten sollten, unter Unterordnung ihrer Individualität unter ein Gemeinsames — bei der heutigen Situation des Werdens in der Stilfrage keine Kleinigkeit. Die Lösung konnte nur so ausfallen, wie sie ausgefallen ist: ein freies Musizieren in einer gleichen Tonart — im Gegensatz zu jedem puritanischen Stilgedanken. Die »strenge« Kritik stellte demnach auch fest, daß hier zuviel Themen angeschlagen seien, von denen jedes einzelne für den ganzen Saal ausgereicht hätte — ein Vorwurf, der bereits Mozart von der zeitgenössischen Kritik gemacht wurde. Mir scheint aber wesentlich, daß es sich bei einem neuen Werk um ein neues Einheitsgefühl handelt, das kräftig genug ist, bisher Getrenntes zusammenzufassen und mit neu Gefundenem zu verbinden. Der Ton des Ganzen, der ein reicher, voller und freudiger ist, dürfte für einen Festsaal durchaus zutreffen. — So entschloß sich auch die städt. Deputation nach ihrer anfänglich nicht zu verwundernden Entfremdung, von der von mir vorgeschlagenen Karenzzeit für dieses Werk abzusehen. Und auch das Publikum stellt sich nach und nach immer unbefangener darauf ein, besonders wenn es dort tanzt und vergnügt ist.

Das Klubzimmer fand dagegen die sofortige allgemeine Anerkennung. Seine Form wird beherrscht durch die sich aus dem Grundriß ergebende einseitige runde Nische, welche ich in der Decke zu einer exzentrischen Spirale zusammenfaßte. Franz Mutzenbecher, der Maler des gotischen Raumes im Rathaus zu Magdeburg, folgte dieser Form, indem er von der Spirale aus leuchtende Töne verschiedener Farben über die Decke und die Wände entwickelte, welche nach unten zu bis zum Paneel in gleichmäßiger Abschattierung leichter und milder werden.

2. Aussenbemalungen in Magdeburg

Der vorhandenen Architektur eines Gebäudes mit Farbe zu folgen und sie dadurch stark und voll erklingen zu lassen, ist etwas sehr Altes. Neu kann und muß dabei nur die Farbenwahl sein, da kein Zauberer der Welt uns zu einem Menschen früherer Jahrhunderte machen kann. Das gilt für den Innenanstrich des Rathauses und für die noch hinzugekommenen Häuser »bauamtlicher« Beratung, das schöne Barockhaus Breiter Weg 1 und den »Preußischen Hof« am Breiten Weg. Diesem Bau aber, der schon aus der Zeit architektonischer Ermattung stammt, tut man keinen Gefallen, wenn man jedes Ornament gleichmäßig hervorhebt. Der Stuck ist hier schon in Gipsguß fabrikmäßig hergestellt und würde auf diese Weise totgehetzt werden. Hier erhält schon der Gedanke andeutende Wirklichkeit, der in der neuen Architektur als ein neues Kunstmittel, sozusagen als eine künstlerische Entdeckung eine wesentliche Rolle spielen wird. Die stofflichen Voraussetzungen der Farbe sind anders geartet als diejenigen der Form. Deswegen muß die Farbe anderen Gesetzen folgen als die Form und kann ein eigenes Thema anschlagen und verfolgen, ein Thema, das nicht unbedingt neben der Form parallel zu laufen braucht, sondern die Form durchkreuzen, sich von ihr trennen, eine Dissonanz hervorbringen und eine Auflösung dieser Dissonanzen in Wiedervereinigung darstellen kann. Die Beziehungen zwischen Farbe und Form werden dadurch erheblich ausgeweitet und bereichert. Ein erstes Beispiel dieser Art ist eine Hausgruppe in der Kolonie Reform, bei der die Farbe in ihrer Flächenverteilung sich zwar an die architektonische

Gliederung hält, aber in ihrer eigenen Tonfolge thematisch anders, d. h. in diesem Falle unsymmetrisch verläuft. Das Haus Barasch, eine Arbeit des Karlsruher Malers Oskar Fischer, bedeutet einen Versuch mit ähnlichen Mitteln, das Lastende der über den Schaufenstern hängenden Mauer zu nehmen: abstrakte Farbformen, welche unten und oben symmetrisch gebunden sind und dazwischen im statischen Spiel der Kräfte verlaufen. Die Farbtöne sind meergrün bis hellgrau in verschiedenen Abstufungen, Konturen schwarz.

Die Bemalung der Normaluhr (S. 137) (von Architekt Krayl) versucht die unschöne vorhandene Form in ihrer Häßlichkeit dem Auge zu entziehen, dadurch, daß die Farbe nur an den Kanten, sonst gar nicht der gegebenen Form folgt und auf diese Weise mit ihr spielt. *B. T.*

NOTIZEN

ARBEITEN VON OSKAR FISCHER, dem Künstler des Hauses Barasch in Magdeburg, sind bis Ende Dezember dieses Jahres in größerer Anzahl in der »Kornscheuer«, Charlottenburg, Wilmersdorfer Str. 55/56, Eingang Pestalozzistraße, ausgestellt. Außerdem sind dort farbige Kompositionen von Walt Laurent und u. a. schöne Arbeiten von Richard Janthur, Messingplastiken von Heinz Warneke, Stickereien von Lu Fischer zu sehen. Die »Kornscheuer« sagt in ihrem Ausstellungskatalog mit Recht: Mit einem Achselzucken läßt sich das schwere Ringen unserer jungen Künstlerschaft nicht mehr abtun, die von ernstem Streben und starkem Willen getragen, ein festes Ziel vor Augen hat: tektonische Einfügung ihrer Schöpfung in das Ganze. Der Künstler will heute kein Bildermacher sein. Er will seinen Mann stehen im Kampf und im Streben um die große Einheit des Raumes. — Die soeben erschienene Nummer der Zeitschrift »Kornscheuer« bringt ernsthafte Betrachtungen zu dem Werkbundproblem.

DER GLÄSERNE PALAST. Die Mod. Bauformen VI, 9 ließen sich aus New York berichten: Parker Woodbury, der bekannte New Yorker Finanzmann, wird in wenigen Monaten buchstäblich im »Glashaus« sitzen. Er hat soeben den Architekten Albert Swarey beauftragt, ihm die Pläne auszuarbeiten für ein Haus, das vollständig aus Glas errichtet werden soll und in Beechhurst, Long Island, erstehen wird. Die Mauern werden aus Milchglasblöcken erbaut, und auch die Innenwände werden in dem gleichen Material ausgeführt. Auch das Dach wird aus Glasplatten bestehen. Als Färbung ist eine allgemeine matte Cremefarbe in Aussicht genommen; an der Außenseite wird ein sinnreich konstruierter Mechanismus die Möglichkeit geben, mittels matter Scheiben die Lichtzufuhr zu regulieren. Woodbury, der ein wahrer Sonnenlichtfanatiker zu sein scheint, hat sich schon lange mit dem originellen Plan eines Glashauses beschäftigt. »Wenn Licht gesund ist, dann ist es natürlich auch heilsamer, in einem Heim zu leben, wo ich immer den Sonnenschein genießen kann, als in einem Hause, das in Wirklichkeit nur eine Höhle aus Backsteinen ist. Ich bin überzeugt, daß mein Experiment in gesundheitlicher Beziehung einen Fortschritt bedeutet.«

FRÜHLICHT

EINE FOLGE FÜR DIE VERWIRKLICHUNG DES NEUEN BAUGEDANKENS

HERAUSGEBER: BRUNO TAUT

Neu-Magdeburg, eine realistische Stadtbetrachtung

> Wer zu Sinnreichtum kommen ist, der wirket alle sinnlichen Dinge desto baß.
> *Heinrich Suso*

Uns sieht der Mietskaserneninsasse und Asphalttreter als bedauernswerte Idealisten und Utopisten an, die nicht mit beiden Füßen auf der Erde stehen. Er aber steht ja nur auf dem Asphalt und nicht auf dem Erdboden, er möchte vom harten Pflaster aus seine Welt, d. i. die Stadt, regieren und merkt nicht, daß er dabei zum traurigen Idealisten wird, zum Anbeter eines Götzen, zum demütigen Knecht eines Phantoms. Wie sieht denn das Erbe »unserer Väter« aus? Ich stand auf dem Domturm und sah — nun — keinen Organismus. Das Alte, die Kirchen stehen wie verkümmerte Blumen in einem wüsten Unkrautacker, und wo man keinen alten Straßenzug, keine

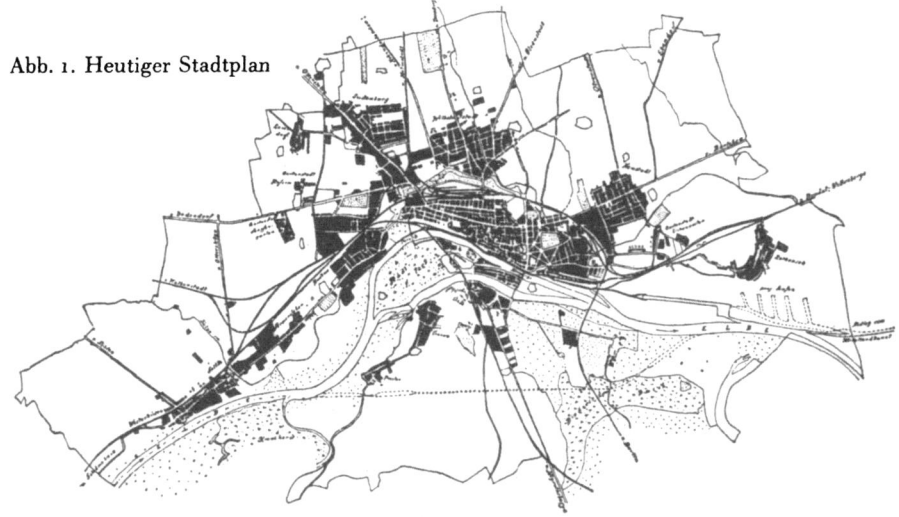

Abb. 1. Heutiger Stadtplan

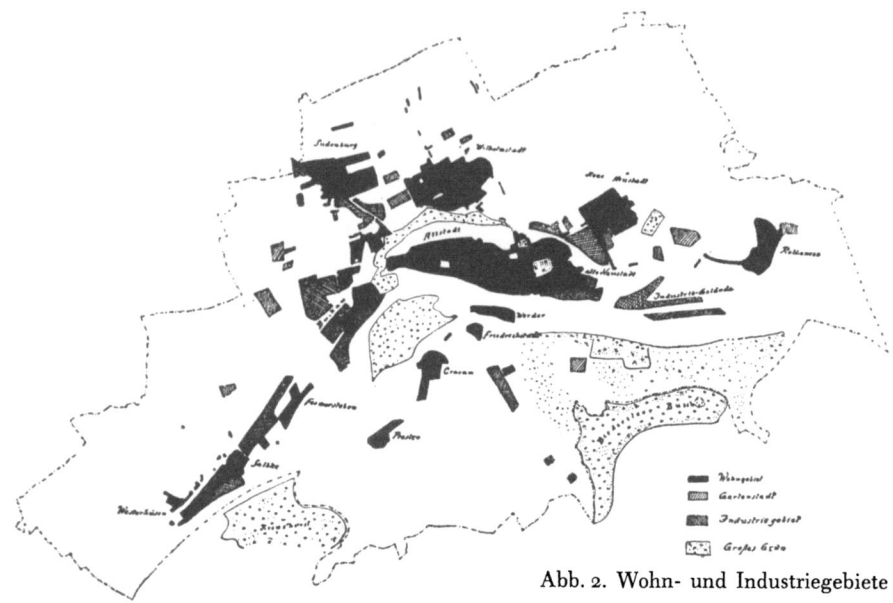

Abb. 2. Wohn- und Industriegebiete

organische saubere Dachmasse mehr sah, nach Süden, Fermersleben, Sudenburg usw., da war nur ein Geschiebe von wüsten Kästen, in die mit dem Messer schnurgerade »Fluchten« geschnitten sind — die schöne Welt des Pflastertreters. Ich fuhr im Flugzeug über die Stadt: tief unten das Werk der winzigen Menschentiere. In dieser schönen Welt, wo die Elbe wie ein Silberband leuchtet, in dem grünen Meer von Feldern und Bäumen — mit Scham sieht man von da aus, was wir Menschentiere geleistet haben. Wenig schmeichelhafte Vergleiche drängen sich angesichts dieses Steinwirrwarrs auf, wenn wir nicht an der sauberen Anlage des Doms und seiner Umgebung einen Halt für unser Selbstbewußtsein fänden, daß wir Menschen doch zu den »besseren« Tieren gehören. — Von oben sieht man es: »Stadt« — so etwas gibt es eigentlich nicht mehr. Es breitet sich weithin ins Land aus, man sieht keine »Grenze«, an der man sagen könnte: hier hört die Stadt auf und das Land beginnt. Aber es strahlt nicht organisch zusammen zu einem Gipfel, zu einem Höhepunkt, es kumuliert, häuft sich nur, ohne jede Form, ohne jeden Sinn (Abb. 1 u. 2). — Wie es kam? Wir wissen es, und wir wollen uns damit nicht aufhalten, wir wollen uns nur die Frage vorlegen: wie können wir eine Gestaltung, eine reine klare Fassung der menschlichen Bedürfnisse vorbereiten, die wir vor den kommenden Jahrzehnten verantworten können? — Die Grundfrage ist: was ist heute die Stadt? Elementare Kräfte haben sich des Landes in der Peripherie bemächtigt, unbekümmert darum, wie es aussieht, was wird usw. Sie setzen sich einfach auf den Boden, als wahre »Besitzer«, pflanzen Sträucher und Kohl, bauen ihre Buden, oft auch Häuser, und kümmern sich den Teufel um Baupolizei und Stadtbehörde — die Laubenkolonisten und

Abb. 3. Schrebergärten

Schrebergärtner zählen in Magdeburg allein nach Zehntausenden. Der Plan gibt ja das deutlichste Bild (Abb. 3). Das alles ist aber formlos. Es ist nicht Städteauflösung im Sinne von Erlösung, es ist nur Gestoßensein, nur die Reaktion des Pflastertreters selbst, nicht aber Aktion gegen Reaktion. Neu, wie sie ist, trägt diese Bewegung naturgemäß den Stempel des Gewaltsamen, aber auch den des Embryonalen, Keimhaften. Die Erde der Stadt wehrt sich dagegen, daß alle ihre Poren verschlossen werden, die Erde atmet und lebt mit ihren Mikroben und duldet auf die Dauer nicht das Vorhaben ihrer Tötung. Dies gilt in besonderem Maße für den fruchtbaren Humus der Börde, der die Stadt westlich der Elbe umzieht. Wer sich dieser Erkenntnis nicht verschließt, muß die Bewegung fördern und ihr helfen, indem er aus dem wilden Auftreten die für alle gleichartigen Voraussetzungen herausschält und versucht, in einzelnen Zusammenschlüssen die neue Siedlungsform zu erproben, und zwar nicht bloß baulich (vergleiche S. 88/89 – Frühlicht Heft 1), sondern auch gärtnerisch und kulturell. Es wird ein nicht immer gesegneter Weg sein – der Mensch der Steinstadt kann nicht sofort ein Mensch der Erdstadt werden –, bis endlich sich eine Tradition bildet, auf der sich die neue Siedlung aufbaut, deren neue Form sich heute erst tastend und suchend ans Licht wagt. Die sog. Gartenstadt steht als Vermittlungsglied in der Mitte. Ihre Erfahrungen und die neuen Wege werden sich begegnen und das Neue formen. Mag der Pflastertreter dies alles für sporadische und vorübergehende Liebhabereien erklären – über alle Übergangsbeispiele Europas hinweg bleibt die Millionen»gartenstadt« Peking das grandiose Symbol der Siedlungsform auf dem Grunde einer tiefen Kultur. Man kann »Bau-

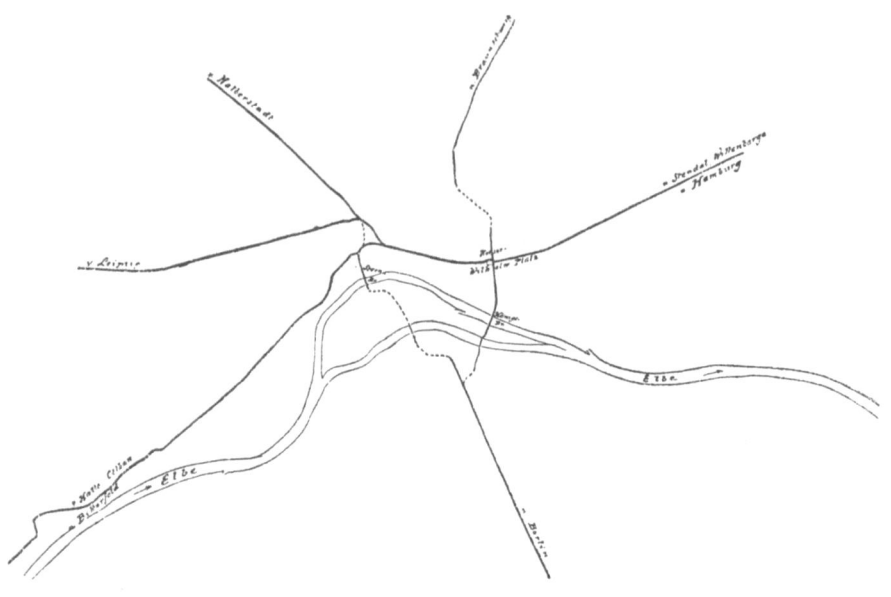

Abb. 4. Überlandwege

lücken« in Mietskasernenvierteln schließen, aber man darf nicht ungestraft neue Gebiete wie bisher »erschließen« und (im doppelten Sinne) bepflastern.
Wie kann sich nach seinen Voraussetzungen und Lebensbedingungen Magdeburg entwickeln? Wie kann es selbst, im Ganzen, zur Form werden? — Unter Form soll hier nicht ein »städtebaulicher« oder gar ästhetischer Formalismus verstanden werden, sondern das, was ohne jede einwirkende Voreingenommenheit sich etwa zu einem Organismus zusammenfügen könnte, der dann auch für die Sinne erfreulich ist. Auch ein Ameisenhaufen hat Form, und bei näherem Hinsehen enthüllt sich seine letzte und unbedingte Gesetzmäßigkeit. Alle Tiere und auch der Mensch bilden nach einer absoluten Idee, die durch Anpassung an bestimmte Gegebenheiten an sich zwar undeutlicher, aber reichhaltiger wird, wenn sie umfassende Kraft hatte. »Bewegung ist alle Form«, und die Form der Stadt entsteht aus der tatsächlichen Bewegungsweise der Menschen, aus dem Verkehr untereinander, zur Arbeitsstätte und zur Umgebung und anderen Städten.
Der Außenverkehr Magdeburgs gliedert sich in Überlandstraßen, Eisenbahnen, Schiffahrt und späterhin Flugverkehr. Dieser als der anpassungsfähigste wird sich leicht regeln. Auch für die Überlandstraßen läßt sich das einfache große Netz leicht den späteren verstärkten Bedürfnissen anpassen (Abb. 4). Der Schiffsverkehr erhält durch den die Elbe unweit der Stadt überquerenden Mittellandkanal und durch seinen nach dem Industriegelände zu führenden Zuleitungsarm eine starke Veränderung. Eine neue Wasserlinie entsteht, deren Bedeutung schwer abschätzbar, aber aller Voraussicht nach eine eminente sein wird. Hier muß sich einmal ein Ar-

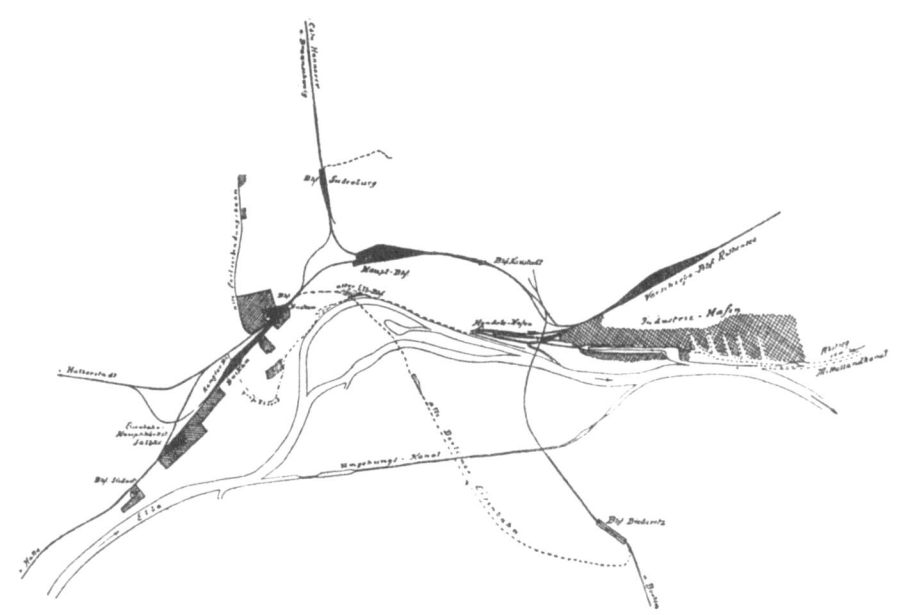

Abb. 5. Eisenbahnnetz (punktiert: ältere Linien) und Wasserstraßen

beitsleben in großen Ausmaßen entwickeln, das auf das ganze Stadtgebilde umgestaltend einwirkt. Zunächst sei hier noch der beabsichtigte Umgehungskanal erwähnt, der eine ganz wesentliche Entlastung der Elbe und damit ihrer Ufer an der heutigen Altstadt zur Folge haben wird. Aus beiden Faktoren ergeben sich Einwirkungen auf das Eisenbahnnetz. Dieses, wie es heute ist, erscheint organisch, sobald man die alten und die neuen Linien jede für sich betrachtet. Zusammengenommen zeigt es aber Parallelismen, die als überflüssige Verdoppelungen wirken — die Verhältnisse ergaben es eben so — und eigentlich dazu aufzufordern scheinen, sich für eins oder das andere zu entscheiden. Und wie der Lauf der Welt nun einmal ist: das Alte lebt, solange es kann, und wenn das Junge stark und lebensfähig für sich allein ist, so stirbt es in Frieden. Dies wird einmal für die Elbestrecke mit Elbbahnhof, einem alten Hauptbahnhof, gelten, wie es heute schon für die alte Berliner Strecke nach Biederitz gilt, wenn — die junge Strecke etwa am Scheitelpunkt ihrer Kurve die Güterfrage gelöst haben wird. Wie dies geschehen wird, ist eine Frage an die Sphinx; es gibt ja verschiedenartige Projekte dafür, und wir dürfen hoffen, daß die Eisenbahn in einer Magdeburger Lebensfrage, der Verbindung von Altstadt und Wilhelmstadt und der Verringerung ihrer heutigen Zerschneidung, nicht — verkehrsfeindlich sein wird. Nach der Lösung des Güterbahnhofs an dieser Stelle und nach dem Fortfall des Umschlag- und Verladeverkehrs an dem Westufer der Elbe im Bezirk der Altstadt würde endlich jene Uferbahn eingehen und damit für die Innenstadt ein großer Schritt getan: Magdeburg würde dann endlich wieder an der Elbe liegen, während es ihr heute mit Schuppen, Schienen usw. seine — Hinterhand zeigt.

Schiffs- und Bahnverkehr bestimmen im wesentlichen die Lage der Industrie und, sofern eine vernünftige planvolle Besiedlung erfolgt, auch die Lage der Wohngebiete, welche aus allen, seelischen und materiellen, Gründen nicht zu weit von der Arbeitsstätte liegen dürfen. Heute ist das in Magdeburg nicht der Fall (Abb. 2). Aber die Zukunft ermöglicht es. Die Industrie wird sich dort, wo sie heute am größten ist, auf der Linie Buckau-Fermersleben weiterentwickeln, sodann aber im Norden bei Rothensee um den heutigen und vor allem aber späteren Handelshafen. Freies Land zum Siedeln wird dort im Westen der südlichen und nördlichen Industriegegenden die dazu nötigen Wohngebiete bilden, die sich in einfachem Wachstum dem Schwung der Elbe anschließen und, in großem Maßstabe dem Bogen der Elbe folgend, wieder die langgestreckte, auch für das alte Magdeburg charakteristische Form bilden, die aus Fluß und Landschaft die natürliche ist (Abb. 7). Diese Gebiete lehnen sich an die neueren und verhältnismäßig solideren Mietshausviertel an, sie verbindend und im Laufe der Jahrzehnte umformend. Aber die stärkste und rascheste Umformung wird dabei die Altstadt zwischen heutigem Bahnhof und Elbe erfahren. Um Breiteweg, Kaiserstraße und Altmarkt bis zum Bürohaus auf dem Kaiser-Wilhelm-Platz (S. 80–85, Heft 1), das als Schnittpunkt der großen Überlandwege (Abb. 4) geradezu ein Wahrzeichen bildet, wird sich bis zum Dom als Tangente dieses Kreises die Messestadt mit Geschäften, Büros und Hotels immer markanter herausbilden, wovon wir trotz der heutigen Ansätze dazu kaum eine Vorstellung haben. Natürlich ist das nicht grob prinzipiell zu nehmen; gewisse Nebenzentren müßten entstehen, z. B. um die neue Halle »Land und Stadt« (S. 74–76, Heft 1), Viehhof usw. (ob vielleicht in jene Gegend der neue Güterbahnhof kommen könnte?). Am

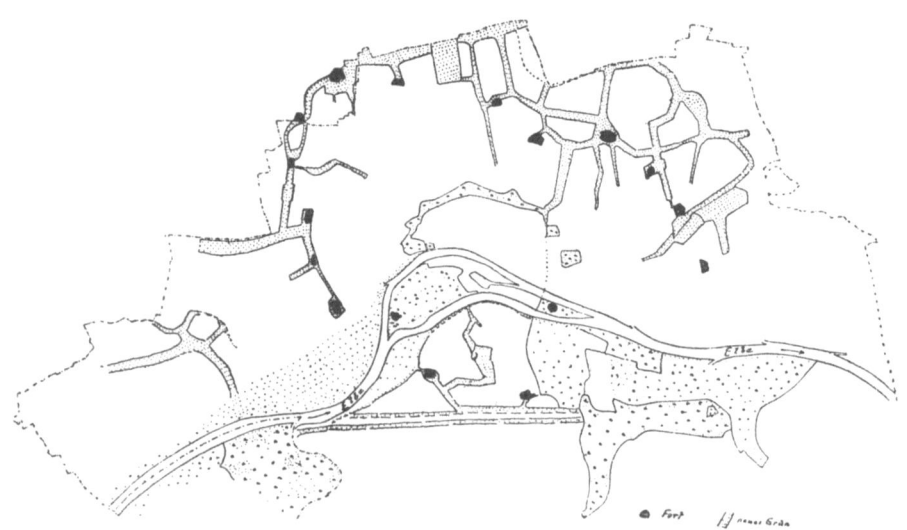

Abb. 6. Grünflächen

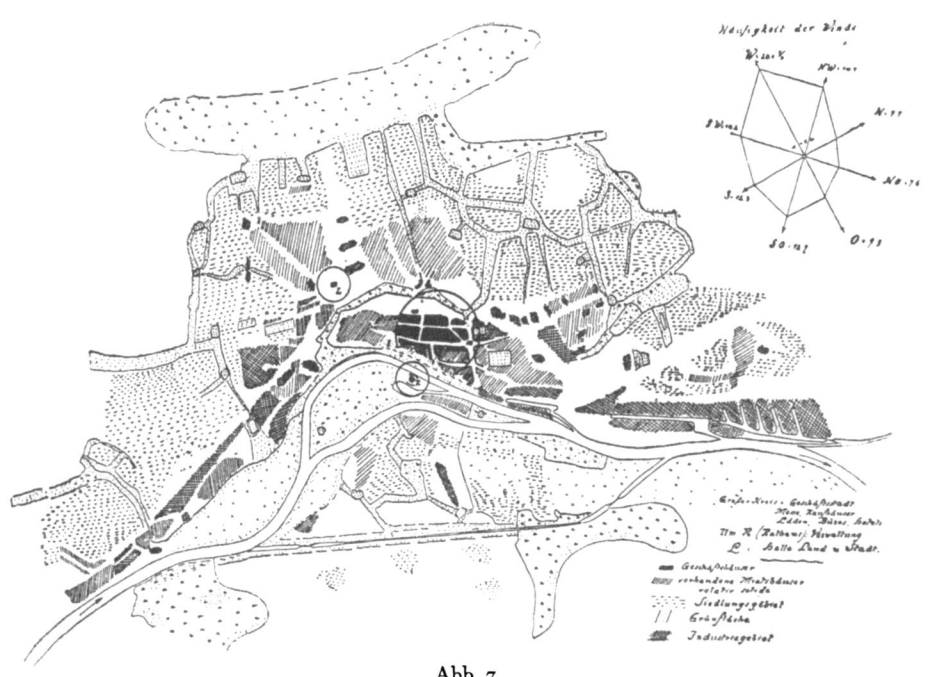

Abb. 7

stärksten wird sich die Umbildung aber in den eigentlichen Altstadtvierteln zeigen, welche sich heute östlich vom Breitenwege, der Bodensenkung folgend, bis zur Elbe herunterziehen. Aus ihnen ragen der Dom und die großen Kirchen heraus, mit den Türmen gegen Westen der Anhöhe zu und mit den Chören der Elbe sich zuneigend, mit betontem Ausdruck der Bodenbewegung (S. 85, Heft 1). Aber — die Elbe sieht sie nicht. Sie ist mit »Nutz«anlagen verstopft, kein Hauch der frischen Wasserluft dringt an heißen Sommerabenden in die Quartiere, welche die großartigen Kirchenbauten umgeben. Ihr Schicksal ist besiegelt. Baulich nach zwanzig Jahren unhaltbar, sanitär nach dem Zeugnis von Ärzten und Fürsorgerinnen heute schon nicht mehr, werden auch sie sterben, wenn der oben geschilderte Entwicklungsprozeß der Stadt vor sich geht. Aber keine »Freilegung« darf diese Sanierung sein. Feinfühlige Hände werden den Reiz der Straßenzüge zu erhalten verstehen, die neue Bebauung nach dem Strom hin niedriger werdend, mit Gärten und Parks durchsetzt, Arbeitsräume in terrassenförmigem Anstieg und Wohnungen vielleicht für alle diejenigen, welche wegen ihres Berufs in der Nähe der Geschäftsstadt wohnen möchten. Die großen Massen aber werden automatisch durch die neuen Siedlungsgebiete abgezogen. Zu dieser Auflockerung und Elbebefreiung wird ein breites öffentliches Grün an den Ufern, Alleen usw. kommen, um das Stagnieren der schlechten Stadtluft in diesem Luftsack, wie es heute bei milder Luft dort die Regel ist, endgültig zu beseitigen. Gegenüber, auf dem andern Elbeufer, würde das Zitadellengebiet der gegebene

Mittelpunkt eines repräsentativen Viertels, etwa mit dem Rathause als Kulmination sein (S. 86/87, Heft 1). Die Zukunft wird die neuen großen Bauaufgaben erst stellen, welche einem höheren Zweck dienen und wirksam genug sind, um ein großes Gesamtstadtland zu krönen, als Zusammenfassung des geistigen Lebens der verschiedenen Siedlungsgebiete. Dort würde die Uferausbildung in gleicher Weise wie das Westufer mit dem schönen Rotehornpark zusammenwachsen, mit dem der große Bogen des Glacis eine geschlossene Einheit des öffentlichen Grüns um die geschäftige Stadt bildet. Das neue öffentliche Grün (Abb.6) bedeutet eine gleiche Zivilisierung des Militärs wie das alte. Es verbindet die Forts und Außenwerke, soll sich aber auch zungenartig in die Siedlungen hineinziehen, um jede letzte Verkümmerung des Städters zu verhindern. Das sollen aber durchaus keine teuren »Anlagen« sein, vielmehr gärtnerisch angebaute Flächen mit Wegen, Obst usw. (vgl. Harry Maaß, Lübeck).

Dieses Neu-Magdeburg, das Abb. 7 andeutet, entspricht zwar nicht dem Begriff »Stadt«, der einen Kreis oder ein Quadrat fordert. Aber »Stadt« ist heute nichts Abgeschlossenes mehr, es ist etwas Ausstrahlendes und nirgends Aufhörendes, das die Grenzen von Stadt und Land schließlich ganz verwischt. Die weite Distanz verstärkt die Selbständigkeit, alles, was distanziert, fördert. Ein besonderer Vorzug liegt für Magdeburg aber in dieser Lage: alle Wohngebiete — die wahrscheinlich wenig entwicklungsfähigen Ostgebiete ausgenommen — liegen im Westen von Industrie und Geschäft. Wo wie in Berlin und London z. B. der Zug nach dem Westen wegen der unverbrauchten Luft nur einem Teil der Bevölkerung erfüllbar bleibt, hier ist er nicht nötig, weil alles Westen ist. Und alles ist dort Humusboden. Nur eins fehlt hier dem Westwind: der pflanzliche Gehalt. Kein Wald weit und breit. Hat die Luft in Magdeburg deswegen keine Frische, schmeckt sie deshalb nur nach — Stadt? — Abb. 7 zeigt eine Andeutung, wo einmal in großem Maßstabe aufgeforstet werden müßte. Drei Waldflächen würden mit dem Strom eine große Form bilden. Kreuzhorst, Biederitz und die neue Forst als die bedeutungsvollste zur Auffrischung von Lunge und Geist der Magdeburger.

Die Chinesen verbinden ihren Stadtbau aufs engste mit der Landschaft. Ihre Stadtorientierung hat tiefe mythische Bedeutungen. Wir müssen es auch tun; sonst rächt sich die Erde, die Luft, das Wasser, das Feuer. Lieben wir die Elemente, so lieben sie auch uns und helfen uns.

»Städtebau« ist ein Unding, wenn feste Pläne mit »Fluchtlinien« eine Zukunft in den Einzelheiten festlegen wollen, von denen wir noch gar nicht wissen, ob nicht alles bald überholt ist. Solche Pläne werden zum Fetzen Papier wie ein überlebter Vertrag. Wo die Häuser stehen, wie sie gebaut werden, das darf kein Plan im voraus festnageln wollen, weil nur die körperliche Gestaltung der drei Dimensionen entscheidet, aber niemals ein »planum«. Im Großen ist aber eine Richtung für die Erkenntnis des neuen Werdens notwendig, um danach von Fall zu Fall die Tagesfragen entscheiden zu können. Diese Erkenntnis ist die wesentliche Grundlage des schöpferischen Gemeinschaftsgeistes.

Bruno Taut

(Zeichnungen von Erich Fresdorf)

DIE GENESIS DER WELTARCHITEKTUR
ODER DIE DESZENDENZ DER DOME ALS STILSPIEL
Ein Lehr-, Spiel- und Versuchsbaukasten

Von Hermann Finsterlin

Seht, das Gute liegt so nah! — Von jeher ist das Augenfällige, Handgreifliche am leichtesten und längsten übersehen worden. — Man hat in Wissenschaft und Technik die Motive aus den fernsten psychologischen Tiefen gehebelt und hätte doch vor Jahrtausenden schon (hat es ja wahrscheinlich auch getan, dort, wo wir Erkenntnislücken finden) die ganze chemische, astronomische, biologische, medizinische usw. Theorie und Praxis durch den synthetischen Aufbau und Ausbau bis in die Möglichkeit variiertester Naturgesetze hinein vorwegnehmen können. — Am krassesten nun ist die Vernebelung der Begriffe in der Erfassung der Elemente der Baukunst. Die Architektonik der Architektur ist so trostlos verwachsen — wie ein wildes Urwaldgerank spinnt sich das System der Stile, alle Form verzehrend und verzerrend, um die klare Konstitution des Bauwesens. — Jedes Volk ist sein Reich der Mitte, in reduzierenden Perspektiven liegt die relative Barbarei, und doch liefert erst diese Perspektive, diese Entfernung das reine absolute Wesen der Äußerungen des Baugeistes in allen Zonen des Ortes und der Zeit. — Alle Formen von Natur- und Kulturerscheinungen gehen radial in die Kugel der Möglichkeiten — alle Lücken dann ausfüllend, wenn die jeweiligen Vorbedingungen gegeben sind. — Das ist bei jeder Betrachtung kosmischer Erscheinungen von grundlegendster Bedeutung, das Loslösen von Ort und Zeit — die absolute Entwicklung nach den lapidarsten Gesetzen des Kosmos bis weit in die Illusion, in das irdisch Paradoxe hinein! — Gerade bei der Architektur nun liegen die Dinge günstigst einfach, mit ihr steigen wir gleichsam zum Urquell aller Erscheinung, und unser irdisches Exil fordert nichts von uns, als den vollkommenen Formen unseren Dreiviertelreiz zu verleihen, als Stempel unserer Erdgebundenheit auf die Horizontale geprägt — sie statisch zu deformieren und als Kolumbusei auf den Relativtisch unseres Planeten zu pflugen. — Wie aber in diesem Ei die Restgöttlichkeit in der ewigen Sehnsucht nach den Gegenfüßlern schlummert, werden wir bald sehen.

Die beiden Pole aller Form sind die Kugel und der Würfel. Des Menschen Geist (nicht Seele) ist polar, weil er Reflex ist mittelbar. Daran wird nichts zu ändern sein, solange Freunde der Weisheit auch nach dem Urgrund, dem Anfang und dem Ende fischen. Was wir auch fassen mit den Folterzangen unserer Vernunft hat seinen Januskopf, und so wird sich menschlich ewig die Kugel entweder darstellen als Anfangszustand diesseits der Dimension, der Richtungen, oder als Endzustand jenseits der Himmelsrose, dessen Verkörperung der Würfel ist, als Vieleck über die Grenze unseres Unterscheidungsvermögens hinaus verfließend mit dem Gegenpol. — Zwischen diesen Ruhen nun liegt die Form der Tätigkeit, der Kegel und die Pyramide; und als Zwischenglieder, in denen noch der Schlaf nachzittert, die leise Erschlaffung aus der Erinnerung des unendlichen Kreisens, das Urgeheimnis der stehenden Be-

Paul Gösch: Fassade für S. Lorenzo in Florenz

wegung, die Probe der Bewegung, ehe sie sich strafft zum zielrechten Weg: die Wellenlinie, die in der Erstarrung zerfällt in Kuppel und Nadel, in Zwiebel, Glocke und Horn. — Diese, von der Erkenntnis immer wieder berührten und immer wieder verlorenen geheimsten und offenbarsten Dinge, über die sich Bände schreiben ließen und die in ein paar Zauberworte zu fassen sind wie der Geist in die Flasche Salomons, geben den einfachen Schlüssel zu den Formen, womit der Mensch in unbewußter oder unterbewußter Symbolik die imaginären Orte seiner geistigen Vereinigung mit dem Bauherrn seiner Welt umkleidet und die wir Kultbau nennen — denn der Profanbau war bis heute schon seiner Zweckmäßigkeit wegen unrein und alteriert und unwesentlich für die Betrachtung der Baukunst. — Kugel und Würfel haben wir als Grundelemente erkannt. Ganz strenggenommen nun gibt es im letzten Takte der Baukunst von gestern nur ein einziges Formmotiv, den Rund- und Kantenkegel stehend und liegend, Turm und Schiff als vertikale und horizontale Scheinpyramide, und was sich der Norden und Südosten an Giebel und Kuppel leistete, war nur jugendliche Ungeduld vor der Vollendung, ein Nichtausreifenlassenwollen der selbsttätigen Perspektive, eine Ungeduld, die schließlich in Winkeln und Wellen noch zum reizenden Widersinn führte, oder eine alternde Unfähigkeit zu den harten Folgerechten des babylonischen Turms. Denn es ist sicher nicht richtig, daß die ganze Architektur der Vergangenheit statisch im Sinne von lastender Ruhe war (höchstes Gleichgewicht kann auch im wechselnd Bewegten liegen); denn jede Perspektive lebt und fließt, ist aktiv im höchsten Grade, und der Eindruck einer ursprünglichen berichtigten Raumkunst im Großen kann kein Trägheitsgesetz kennen. Wenn auch der Süden mit seinen Würfeln und Halbkugeln noch gemäßigt und träge ist, so kann doch im Norden mit seinen Türmen und Schiffen von Ruhe nicht mehr die Rede sein. Gewiß, das Klima als Bestimmer des Abflußdaches ist e i n Verursacher des Keils, aber der Hauptimpuls liegt unstreitig tiefer in der starken Triebhaftigkeit und Feindseligkeit der nordischen Völkerpsyche, die den seltsamen Reiz der stehenden Bewegung ganz unbewußt uns überliefert hat als Grundlage alles Kommenden. Zeitlich treffen wir verhältnismäßig spät auf dies Bewegungsmotiv, eben erst mit der Erscheinung der letzten europäischen Kulturepoche.

Die Verschmelzung von Würfel und Pyramide könnte freilich auch ein traumhafter Rückschlag, eine Erinnerung sein, indem die tatsächliche Bewegung nicht gleich vom Stand aus ins Weite saust. Und nun beginnt die Phase der Entwicklungsspirale, nachdem die erste eindeutige Welle verebbt ist, der Rohbau sondert sich zuerst in regelmäßigen Gliedern, die ersten Rückschläge wie schwache Widerstände gegen den jagenden mitreißenden Keil offenbaren sich in den Stufendächern der Pyramide und in den Wellen des Kegels; die Gopura und der chinesische Tempel erstehen; und dieses Heimweh nach der Erde wird Form, indem der Kegel rhythmisch in sich zurücksinkt im Amphitheater, die Pyramide im Peristyl. Letzten Endes bedeutet das Vierecksystem der Türme (Minaretts) nichts anderes als ein skelettiertes Peristyl, das im Mittelpunkt seiner Erdenflucht den ursprünglichen Bewegungswillen noch einmal im Scheinhauptbau wiederholt, aber müde geworden in einen welligen, faltigen, entspitzten Kegel mutiert, bis im Dome dann sich die Umwandlung der Türme in die Querschiffe vollzieht. Und nun gesellt sich diesem ersten manischen und über-

züchteten Strahl das Knie der zweiten Dimension, die Ecksäule und die Tonne dehnen sich, bis die dritte Koordinate in den Querschiffen, in der Durchwachsung das Gewölbe gebärend, Ausdruck findet und als Krönung einer Entwicklungsepoche alle Stilwillen verschmelzen im einzigartigen Goldnen Schnitt der christlichen Dome, im satten Chorus der Biogenese den Septimakkord der Form erklingen lassend als Sinnbild einer Gottesidee, die dem maurischen Prinzip der verewigten Reizerhaltung angemessener wäre als dem Entleibungswillen der großen europäischen Religion, die sich einzig in der Zerspitzung der Steinstrahlen ausdrückte. Doch man vergesse die Notwendigkeit der ergänzenden Gegensätze nicht und die Unzähligkeit der Beziehungen. — Was sich dann an kleinen Schwankungen und Umwegen zeigte, ist so unwesentlich für die grandiose Linie — und so zeitlich wie die unzweifelhafte reiche Fassade der großen Pyramiden — wie ein Prototypenschleier; wie eine Ahnung im Mineralbewußtsein einer Urwelt liegt das pflanzliche und tierische Motiv in Öffnungen und Fassade über die mineralischen Riesen geworfen, bis nach jahrtausendelangem Schlaf eine Wiedergeburt anhebt, frisch und morgendlich wirklich und wahrhaftig in die organische Illusion hinein!
Man mißverstehe um Himmels willen den Ausdruck »organisch« nicht. An nichts ist dabei weniger gedacht als an die »Natur als Künstlerin« oder an Nachahmung organischer Gebilde. — Auch die Naturformen sind ihrer unerbittlichen Ökonomie wegen noch beträchtlich ein-fach im Verhältnis zu dem, was sich unter unabhängigster, höchst gemodelter, als Ganzheit immer noch äußerst harmonisch möglicher Neuformung vorstellen und bilden läßt. Das seelische Motiv allein ist in der Ethik alles, in der bildenden Kunst ist es nichts. Es kann ein griechischer Tempel ein noch so gewaltiges Sinnbild ursprünglichster Gottes- und Welterkenntnis sein, formal ist er doch nichts als ein Prismenraumgitter mit dem Dreikant. Der Kosmos aber ist nicht ein-fältig, sondern all-fach.
Die wirklichen Stilepochen folgen sich also in folgenden Wellen. Gegeben sind die Formelemente: Würfel, Säule, Pyramide, Kegel, Halbkugel, Kuppel, Nadel, Zwiebel, Glocke und Horn.
Die Elemente werden kombiniert und entwickelt in
Auf-bau — gleicher oder verschiedener Elemente, An-Bau — gleicher oder verschiedener Elemente, Um-bau — gleicher oder verschiedener Elemente, Durch-bau — gleicher oder verschiedener Elemente, Vor- und Über-bau — gleicher oder verschiedener Elemente.
Folgen die ganzen Kombinationsreihen, z. B. Auf-Anbau — Auf-Umbau, Durchbau usw.
Auch die Weltarchitektur hat ihre Cenogenetik, ihre die streng schematische Linie alterierenden Kräfte in Klima, Völkerpsyche und anderen unberechenbaren Einflüssen. Sie schuf ihre Favoritbauten aus dem Leiternetz von

| Kugel, Kegel (Halbkugel), Würfel, Pyramide | { | als Elementarform
Prisma (horizontal, vertikal),
(Drei- und Vierkant, Säule)
Sockel
Kreuzbau und Laterne | Punkt
Linie

Fläche
Körper |

Hermann Finsterlin: Stilspiel (gesetzlich geschützt)

variiert in: Wellung und Stufung, Verschmelzung und Durchwachsung, Raumgitter, Negativform (statisch maskiert) und die Großform aus homogenen Kleinformen.
Die ägyptische Pyramide und die Stupa usw. als Reinformen, die Pagode als Stufenpyramide und Wellenkegel, den indischen und chinesischen Tempel als Stufenpyramide und -kegel mit Gegendachung, konkav und konvex, den griechischen Tempel als eingliedrige Stufenpyramide oder -kegel mit Gitterprisma oder -säule, Amphitheater und Peristyl als Negativkegel und -pyramide, die Moschee als Tonnenkreuzbau mit Negativkegelraumgitter und den Dom als Summarium von Stufenprismenpyramide und Kreuzbau (Seiten- und Querschiffe), mit Laterne und Pyramidennegativraumgitter (diffuses Dachmotiv in den Türmen). — Dazwischen sämtliche Bastardformen.
Daß man von außen nach innen ging, daß man im wahrsten Sinne des Worts den alten Wald nicht mehr sah oder sehen wollte vor lauter geputzten Christbäumchen und seligernst goldne Äpfel von biederen Tannen pflückte, daß man endlich Material und Erzeuger zugrunde legte, das hat die heillose Verwirrung in das Bild der Weltarchitektur getragen. —
Wir treten in den keimenden Kreis einer Wende ein, wie groß er ist, ob die ersten Zeugnisse dieser Neuwelt im nächsten Jahrhundert oder — Jahrtausend liegen, läßt sich nicht vorher sagen, aber der Entwurf des Kommenden läßt sich auf dieser Wellenpyramide der Entwicklung weiterbauen. Mißratenes die Hülle und Fülle, Unter- und Übermaße, Rückschläge usw. alterieren das reine Urbild der reinen baulichen Descendenz. — Es sind teils Unfähigkeiten, teils zu frühe unreife Versuche ins Neue hinein. Anorganische Verkoppelungen von Bauelementen, wie sie die Städte aller Kontinente und Zeiten uns bieten. —
Unser Geist ist im Vergleich zur Seele unendlich primitiv, weil so sehr jung. Darum wird sich die höhere Baukunst, die ins Organische, Seelische eintritt, nur schwer und mangelhaft beschreiben lassen. Von diesem Kreise an, d. h. an der Grenze dieser Entwicklung, bekommen die Zwischen- und Koppelformen Kugel, Nadel, Glocke, Zwiebel und Horn erst produktive Bedeutung, bis im Zentrum der neuen Ära jedes primitive Formindividuum völlig aufgeht in höheren, ganz neuen Komplexen, für die wir noch keinen Namen haben.
Der Schwerpunkt der neuen Architektur liegt in der harmonischen Verbindung unregelmäßiger Teile, unregelmäßiger Bauelemente, also in Überführung willkürlicher Elemententeile ineinander unter Wahrung der harmonischen Proportion in den Teilen und im Gesamtkomplex. Es ist der Schritt vom Kristallinischen über das natürlich Organische ins grenzenlos künstlich Organische, also das plastische Kaleidoskop oder die komplexe Baukunst. Die bisherige Weltarchitektur war nur die abgewandelte Entwicklung der primären Formelemente in den drei Dimensionen.
Das Motiv des neuen Bauens ist Intuition, ist die Bildung plastischer Gestalten, deren Grundriß und Querschnitt nicht mehr mit Zirkel und Lineal darstellbar ist, die aber trotzdem in goldenstem Schnitt sich auswirken. Es sind oft nur kleinste Teile der primitiven Formindividuen, die sich hier zu ganz neuen, sagen wir zu Formstaaten vereinigen. Wir haben in Mathematik die komplexen Zahlen, die irrationalen und imaginären erlebt. — Das Nachfolgen der Architektur, die so

Hermann Finsterlin: Stilspiel (gesetzlich geschützt)

nahe an das Reich der absoluten Zahl sich anschließt, war nur notwendige Folge. Aber ein noch ganz anderer, viel mächtigerer Faktor bestimmt dies Motiv. Wir haben noch keine wahrhaft romantische Epoche in der Architektur erlebt. Romantik ist Sehnsucht nach dem Optimum, nach dem Glück der Hemmungs- und Angriffslosigkeit. Wie sehr sich diese Sehnsucht auf den Grundplan unseres Lebens erstreckt, davon zeugen die der Völkerphantasie entsprungenen Göttergestalten mit hundert Gliedern, Häuptern und Augen, wandelbar in jede Form, die absolute subjektive und objektive, aktive und passive Anpassung. Und erstrebt unsere Technik anderes? Da sich nun die Extreme, die äußersten Pole des riesigen Spiralweges des Werdens gesetzlich berühren, so müssen wir irgendwo im Organischen schon auf die Prototypen dieser Idee stoßen; sie erlebt in der Amoebe proteus ihren ersten Takt — und was sich auf diesen Ursprossen in unermeßlicher Schöpferkraft kundtut, z. B. in den Kieselgehäusen der Radiolarien, wird hoch oben der Erdenmensch auch einmal auswirken in noch größerer Freiheit und Vielfältigkeit, wenn die Zeit gekommen. Daß die Technik schon langsam entgegenreift jenem Zustande, da sie einer gottähnlichen Phantasie und Schöpferkraft als Material dienen kann, ist unzweifelhaft, und daß

Paul Gösch: Raum

Paul Gösch: Portal

mehr als ein Mensch müde zu werden beginnt der äonenlangen Radial- und Bilateralsymmetrie unserer Außenhüllen, das zeigt die intensive, von der Masse freilich noch unverstandene und abgelehnte Bewegung in der neuen Baukunst.
Unfaßlich ist nur, daß eine so gewaltige Echopathie und -praxie wie ein Riesenrosenkranz die bauenden Menschen durch Jahrtausende immer wieder an die Ursprungsrunde fesselte und blind machte für die unglaublichen Möglichkeiten weiterer Formaufsplitterung und Neuverschmelzung der Formelemente sogar noch auf reinem Verstandeswege. Denn die große unfehlbare Entwicklung wird schließlich auch in diesem Reich der Scheinstarre neuartige eigenreife Gebilde schaffen, und die Angst ist unnötig, an den Formembryonen ein Verbrechen zu begehen gleich der tragikomischen Geschichte von den drei Feldscherern in Grimms liebem Märchen.
Über die noch mit dem Vorreich verbrückende Häufung von Primformen, wie sie schon in der Gotik anklang, so die höheren Gruppen zu erreichen suchend, oder das endlich entdeckte Ausdrucksmittel der harmonischen Deformierung durch Schnitt, Verschmelzung oder Teilbewegung geht der letzte Schritt direkt ins Vernunftlich-Unberechenbare und Unnachspürbare hinein.
Ich unterscheide also drei große Epochen der Weltarchitektur.
1. Die Koordinatenepoche, die die primären Formelemente als Ganzkomplexe nach den drei Dimensionen hin proportinal entwickelt und untereinander kombiniert. (Die großen Völkerstile bis heute, vgl. S. 153.)

2. Die geometrische oder trigonometrische Epoche oder auch die Mineralepoche, die die primären Formelemente aufsplittert und zueinander in harmonisches Verhältnis setzt im Reinschnitt, in Zwillingen und Gruppen und die in unseren Tagen zu beginnen scheint (vgl. S. 173—178). — Und

3. Die organische Epoche (S. 155, vgl. Heft 2, S. 105—109), welche auf rein intuitivem Wege eine unberechenbare organische Verschmelzung schon hybrider Formelemente erreicht, die jedoch nicht minder ausbalanciert sein können als etwa ein gotischer Dom; denn e i n e Ästhetik wird eine Architektur nie vermissen können als Stabilisierung von Kräften, denn die chaotischen Perioden können und dürfen einer Statik in keiner Weise fähig sein. Die wirkende Kraft, das seelische Agens ist in allen Epochen dasselbe und nur bescheidener oder anspruchsvoller je nach dem zur Gestaltung verwendeten F o r m e n material.

Diese Betrachtung aber wäre grenzenlos einseitig, erwähnte sie nicht auch den großen Bruderpol; denn nur ein Er-wähnen im tiefsten Sinne des Wortes kann das Unaussprechliche anzudeuten versuchen, die wahrhaft heilige Architektur des tatsächlichen Chaos im Sinne von Un-ordnung, die das alte Indien auf verhältnismäßig niederer eindeutiger, riesenkindlich-kindischer Stufe begonnen und die in einer neuen Welle irgendwann und irgendwo unendlich hoch und unfaßlich frei sich wiederholen wird. Es ist die Linie von der gestaltlosen Einheitlichkeit zur willkürlichen Unabhängigkeit durch höchste Entwicklung unterschiedenster, aber dennoch im höchsten Sinne gleichwertiger Einzelformen im ungeschlossenen System. Es ist das Bauen als restlos unvorsätzliches, unvorgesetzliches, folgenfreies göttliches Geschehen. Doch setzt diese Aussicht ein Menschensubstrat voraus, das in solch reinerzüchteter Eignung die Erde erst in unabsehbarer Zeit bevölkern wird, jenseits der technischen Dominante. Wir sind bei allem eingebildeten Geistesreichtum so grenzenlos verarmt, daß wir das All nicht mehr ertragen, das göttlich Bodenlose, die göttliche Befreiung in einer unbedingten rücksichtslosen Schöpfung selbstverständlicher, aber unbezüglicher Gestaltungen. Ein Prangen sondergleichen liegt in dieser Ahnung, eine verzückende verewigende Jugendlichkeit voller Reife, die ihre unversehrte, unverstarrte Kraft von sich stäubt in ragenden, strotzenden, schwellenden, wühlenden, spielerischen und dann wieder strengsten Gebilden. Form ist erhärtete Kraft: Wie sollen wir göttliche Formen schaffen, solange unsere Kräfte nicht göttlich sind.

Doch kehren wir zurück zum nächsten Morgen: Der Baugeist der Natur schafft selbst in dieser neuen Welle. Und deshalb vor allem der Anschluß an das kindliche Spiel.—
Von jeher war die Verwandtschaft klar zwischen dem unverbildeten Kinde und Naturmenschen, dem die Kulturhemmungen überwindenden Narren und dem Genius. Eben weil wir an einer Wende nach oben stehen, war der scheinbare Riesenrückschlag, wie ihn der Expressionismus bis zum Dadaismus darstellte, unerläßlich — aber seine Träger waren in der Mehrzahl zuwenig unschuldig, das Unterbewußtsein muß ins Bewußtsein klettern, nicht das Bewußtsein unterbewußt oder vielmehr unbewußt gemacht werden um jeden Preis. Eine Wechselwirkung von Kind-Mensch, nicht ein Parasitismus beider Seiten — lehrend sollen wir lernen und lernend lehren, das veranlassen soll der neue Baukasten, das S t i l - s p i e l.

ARCHITEKTONISCHE LÖSUNG:
ECKE BELLEVUE- UND VIKTORIASTRASSE AM KEMPERPLATZ IN BERLIN

PETER BEHRENS

Ansicht Viktoriastraße

ERICH MENDELSOHN

Ansicht Bellevuestraße

Aufrißschema

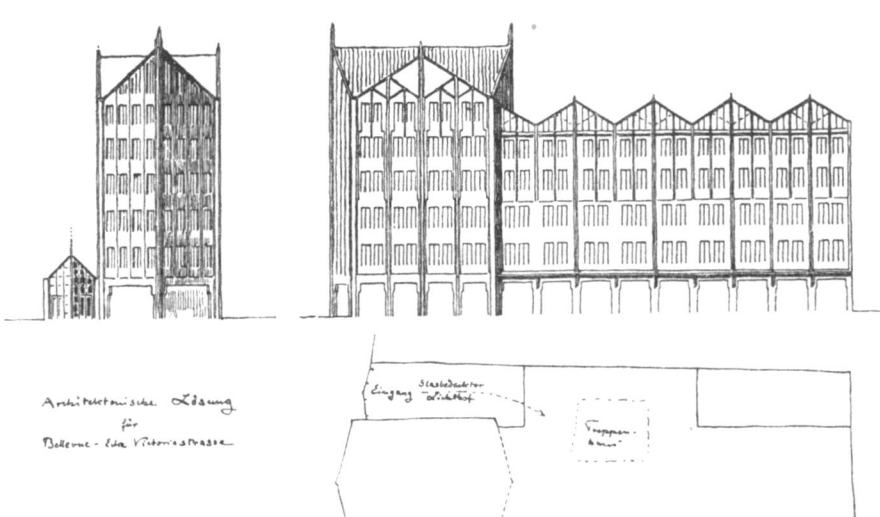

BRUNO TAUT

Bruno Taut, Entwurf einer Fassadenerneuerung

Ansicht in der Bellevuestraße

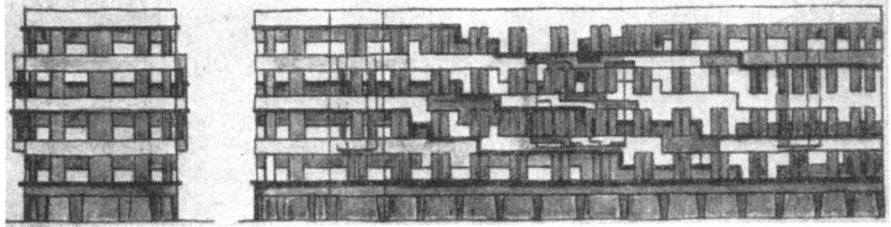

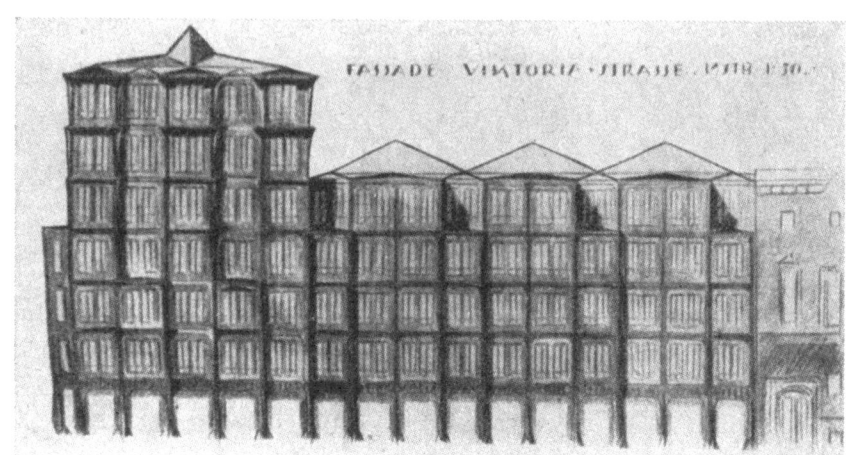

MAX TAUT

Die Wiederaufbau-A.-G. in Berlin schrieb im Herbst 1921 einen Wettbewerb für das Grundstück am Kemperplatz aus, von dessen etwa 70 Entwürfen die obenstehenden preisgekrönt wurden.
Das nebenstehend abgebildete Modell ist eine Ausführungsstudie eines Preisträgers. In Ergänzung dazu forderte die Wiederaufbau-A.-G. in Berlin Ende 1921 einige Architekten zur Aufstellung von Sonderentwürfen auf, die auf den vorigen Seiten (159 bis 162) abgebildet sind, außer denen die Brüder Luckhardt beteiligt waren.
Vgl. Text Seite 167 (Gösch) zu diesem Thema!

AUS DEM WETTBEWERB UM DAS TURMHAUS AM BAHNHOF FRIEDRICHSTRASSE IN BERLIN

HANS SÖDER

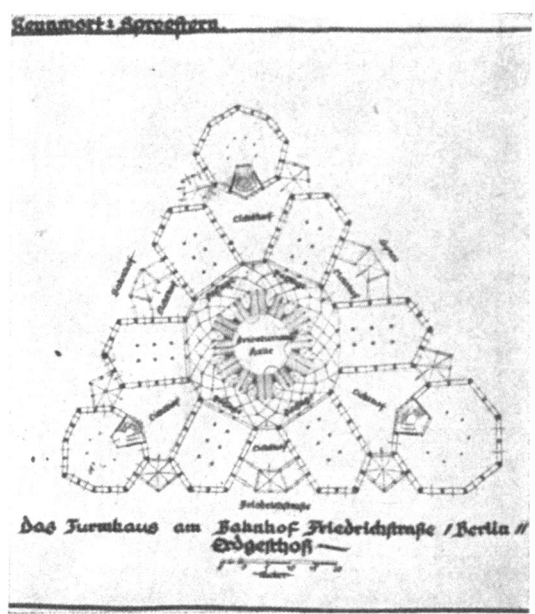

HANS SCHAROUN

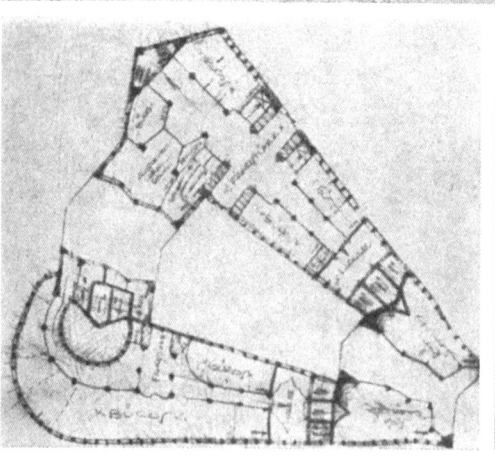

NEUERE BAUKUNST IN SPANIEN

Bauten von Antonio Gaudi in Barcelona

SCHLOSS UND KATHEDRALE MIT HOFBRUNNEN
Von K. Schwitters

Als meine Frau den Entwurf vom Photographen abholte, mußte sie ihn offen tragen, weil die Spitzen des Kiefernstumpfes, der den gotischen Dom darstellt, schon sehr mürbe sind. In der Straßenbahn wurde der Entwurf neugierig von den Fahrgästen betrachtet. Schließlich ermutigte sich der

Kurt Schwitters

Schaffner, zu fragen, was denn das eigentlich sein sollte. Meine Frau sagte ausweichend, es wäre ein Schloß, eine Kirche und ein Brunnen, und ihr Junge hätte das zusammengenagelt. Darauf sagte der Schaffner, es wäre sehr schön, das hätte er sich wohl gedacht, und es zeigte eine sehr gesunde Phantasie. Hätte meine Frau gesagt, daß ich als erwachsener Kunstmaler einen Arzneikork, einen Buchen- und einen Kiefernstumpf auf ein schräges Brett genagelt hätte, damit das Ganze den Eindruck einer schloßartigen Anlage am Bergabhang mache, und damit ein Architekt seine Phantasie auffrischen könnte, so würde der Schaffner wahrscheinlich gesagt haben, das hätte er sich auch gedacht, aber das zeuge von einer krankhaft gesteigerten Phantasie. Mit Unrecht. Ich fordere die Merzarchitektur. Diese Forderung gilt in zweierlei Hin-

sicht: 1. Der Merzentwurf für die Architektur. 2. Die merzliche Verwendung von Architektur für neue Gestaltung.

Der Merzentwurf für die Architektur verwendet jedes beliebige Material nach architektonischem Gefühl, um eine Wirkung zu erzielen, welche die Architektur nachbilden kann. Die Verwendung beliebiger Materialien bedeutet eine Bereicherung der Phantasie. Die Phantasie arbeitet in diesem Falle rhythmisch mit schon gegebenen Rhythmen. Das Transponieren des Entwurfs auf darstellendes Material sowie auf konstruktive Möglichkeiten ist Sache der Durcharbeitung. Der Entwurf gibt die Anregung.

Die Architektur ist an sich auf den Merzgedanken am meisten von allen Kunstgat-

Carl Krayl

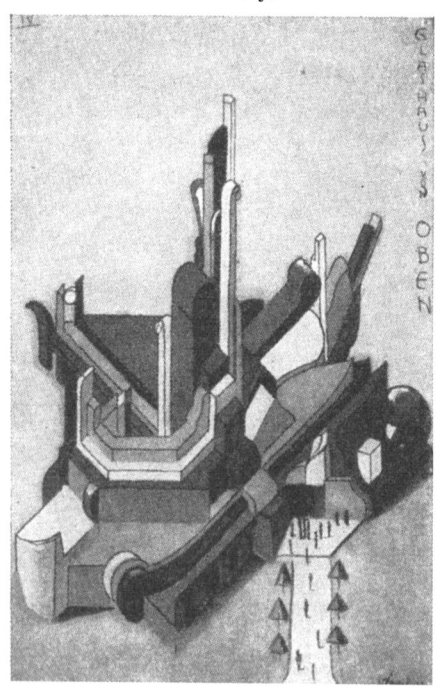

tungen eingestellt. Merz bedeutet bekanntlich die Verwendung von gegebenem Alten als Material für das neue Kunstwerk. Der Architektur blieb infolge der Schwerfälligkeit des Materials, mit dem man Häuser baut, nichts anderes übrig, als stets wieder das Alte zu verwenden und einzubeziehen in den neuen Entwurf. Dadurch sind unendlich reiche und schöne Bauwerke entstanden; indem für den Architekten nicht der Stil des alten Teiles maßgebend war, sondern die Idee des neuen Gesamtkunstwerkes. In dieser Weise müßten unsere Städte, um ein Beispiel zu nennen, durchgearbeitet werden. Durch vorsichtiges Niederreißen der allerstörendsten Teile, durch Einbeziehen der häßlichen und schönen Häuser in einen übergeordneten Rhythmus, durch richtiges Verteilen der Akzente könnte die Großstadt in ein gewaltiges Merzkunstwerk verwandelt werden. Schon durch Anstreichen ganz Berlins nach dem Plan eines Merzarchitekten, der in großzügiger Weise ganze Stadtviertel wegstreichen und einige wichtige Zentren, die selbstverständlich mit den Verkehrszentren nicht zusammenfallen, durch Licht und Farbe hervorheben würde, wäre der Wille zu dokumentieren, selbst aus der Großstadt ein Merzkunstwerk zu machen.

Vielleicht werden wir das Vermerzen von ganz Berlin nicht mehr erleben, aber das Vermerzen von Teilen wäre doch stellenweise künstlerisches Erfordernis.

APHORISMEN
Von Paul Gösch

Warum sollen erst unsere Nachkommen unsere jetzigen Städte, wie z. B. Berlin, schön finden, was sie natürlich tun werden. Warum verquälen wir uns selbst damit, die Bauweise der letzten Jahre häßlich zu finden. Berlin ist so schön wie Baalbeck, Basra oder Palmyra. Eine besondere Schwierigkeit machen uns da die Bauten aus den Jahren 1895–1900. Sie sind eine Mischung des sogenannten Jugendstils mit mittelalterlichem Burgstil. »Etwas ganz Unmögliches!« möchte man meinen; trotzdem sind sie der Vorläufer unserer jetzigen farbigen Bauten! – Die verschiedenen Bauepochen sind wie ein Ein- und Ausatmen des Genius der Menschheit, wie es sich niederschlägt, kristallisiert in der steinernen Musik der Großstädte. Wir müssen nun gerade auf dem Hintergrund dieser Mietshausfassaden unsere neuen Bauten erstehen lassen, wie im Mittelalter die Renaissance in die gotischen Städte eindrang. Daß wir neben den extremen auch die nüchternen Biedermeier- und Barockbauten jetzt noch pflegen, ist dabei kein Fehler. Doch scheint mir bei unserem Bauen etwas anderes vorzuliegen als beim Aufkommen der Renaissance. Der Renaissancebaumeister hoffte, mit der Zeit würden die gotischen Bauten vollkommen verschwinden. Unsere Einstellung ist eine mehr historisch-romantische. Wir erleben die vorhandenen Bauten bewußter als Folie für unsere Neuschöpfungen. Natürlich darf uns das nicht zaghaft machen. Zu einem Städtebild paßt schließlich immer alles zusammen.

Unsere Architektur lebt jetzt im Kinoraum, im Festsaal, allenfalls im Theater. Bald wird jedoch auch im Rathaus- und Kirchenbau (S. 150) jede antike Form verschwinden. Deshalb können die antiken Kompositionsprinzipien doch bleiben; die restlose Wiederholung derselben Form, die maßstäbliche Zusammenstimmung und die Verdachungen über den Wandöffnungen. Die antike Architektur hat den Todeskeim in sich, daß sie aus dem Holzbau auf den Steinbau übertragen wurde. Der antike Tempel, die Säule mit ihrem Kapitäl, konnte so nur im Holzbau entstehen und ist dann gedankenlos in Stein nachgebildet worden. Wenn man sich dies bewußt macht, kann man sich aus den Fesseln der Antike befreien, ohne jedoch ihren Reichtum einzubüßen.

*

Man hat Angst vor der Schönheit, weil der innere Schmutz dann deutlicher wird, wie man den Schmutz durch schmutzähnlichen Anstrich unsichtbar machen und sich die Reinigung ersparen will.
Glas

DIE ARCHITEKTUR IN RUSSLAND

Von Architekt N. Iszelenof

Während der schweren Zeit, die Rußland durchlebt hat und heute noch durchlebt, ist die Gedankenarbeit auf dem Gebiet der Kunst und besonders der Architektur ununterbrochen weitergeführt worden. Infolge der schweren wirtschaftlichen Lage war die Bautätigkeit vollkommen stillgelegt, und die Arbeit beschränkte sich auf Zukunftsprojekte und theoretische Ausarbeitungen architektonischer Formen.
Einer der hervorragendsten Schöpfer auf diesem Gebiet ist der Architekt Joltowski. Seine Ideen, die sich nicht so mit der Erfindung neuer Formen befassen wie mit der Erkenntnis der allgemeinen architektonischen Form je nach der Bestimmung des Gebäudes oder der Gruppen von Gebäuden, haben einerseits den Weg gewiesen zu einer Weiterentwicklung, andererseits haben sie die Möglichkeit gegeben, in der altrussischen Architektur einige erstaunliche, bisher nicht beachtete Züge zu entdecken.
Um das zu erläutern, will ich einige Definitionen hier anführen:
Eine Gruppe von Gebäuden (ein Dorf, ein Städtchen) ist eine in architektonischen Formen ausgedrückte Idee von einem Kollektiv Menschen.
Die innere Einteilung eines solchen Kollektivs nimmt ihren Weg von dem Individuum (a), zu den Gruppen (b), zu der Allgemeinheit (c), und alles zusammen unterliegt der grundlegenden philosophischen Idee, die das Leben beherrscht (d). Jedem dieser Teile nun entsprechen einzelne Gebäude: a) Wohnstätten, b) Klubs, Schulen, Bibliotheken, Handelshäuser usw., c) Regierungs- oder Gesandtschaftsgebäude, d) Kirchen oder andere Bauten, deren Bedeutung mit der philosophischen Idee zusammenhängt. Hieraus läßt sich ein Schema (Zeichn. 1) aufstellen und ein zweites einfachstes der Architektur entsprechendes in drei Ausmessungen (Zeichn. 2). Auf diesen Schemen kann man — in Anbetracht dessen, daß jeder Teil 1, 2, 3 usw. je einem Gebäude entspricht — folgern, daß eine »vertikale Achse« nur einmal vorhanden sein kann, und zwar für das Zentralgebäude (d), für die anderen Gebäude können keine vertikalen Achsen in Betracht kommen, sondern nur horizontale, nach dem Zentrum gerichtete. Reiht man in das Schema noch eine Figur mit einer anders gerichteten Achse ein — in der Art wie e (Zeichn. 1) —, so macht sich sofort ein Zerfall der Konstruktion fühlbar. Will man also eine Einheitlichkeit und Harmonie für die Gruppe der Gebäude gewinnen, so muß man, sagt Joltowski, dieses Gesetz der Unterordnung bei jedem einzelnen Gebäude befolgen. Es handelt sich natürlich nicht darum, die

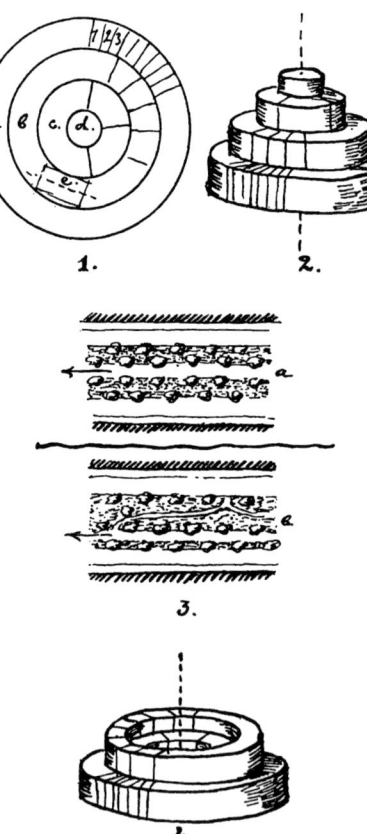

Ochotnij Rjad, Moskau. Lädenbemalung, ausgeführt 1919. Zeichnung von N. Iszelenof

Achse des Gebäudes formell durch irgendein Zentrum hindurchzuführen, sondern darum, das allgemeine System auf jedes einzelne Gebäude einwirken zu lassen. Dann wird der die einzelnen Teile aufnehmende Mensch immer das Einheitliche des Ganzen fühlen, im Zentrum — das Zentrum und in der Peripherie das Zustreben zum Zentrum erkennen.

In der weiteren Entwicklung der Idee verändert das Schema seine Form unter dem Einfluß der neuen Faktoren, die auf das Leben und somit auf die Form einwirken, gleichsam wie ein Tropfen Wasser, der nur im freien Raum rund sein kann, diese seine Rundung jedoch infolge verschiedener Einflüsse verliert, wenn er von anderen Körpern eingeengt wird.

Diese Idee ist (unter anderen) der von Joltowski und einer Gruppe junger Architekten geplanten Umgestaltung Moskaus zugrunde gelegt. Ich will ein Beispiel ihrer Anwendung geben: Moskaus Plan stimmt mit dem Schema der Zeichnung 1 überein; längs eines der Ringe verlaufen die Boulevards, aber nicht in einer runden Linie, sondern in einer gebrochenen (Zeichn. 3), so daß der Beschauer, der sich auf dem Boulevard befindet, den Eindruck von einem geradlinigen Teil hat. Nun beweist Joltowski, daß ein solcher Boulevard »als Teil der Architektur« nicht symmetrisch als Längsachse gelöst werden kann, sondern als »b« oder »c«. Und in der Tat hat die Erfahrung gezeigt, daß jemand, der Moskau nicht kennt und auf den Boulevard »a« gelangt, die Orientierungsmöglichkeit verliert, geradeaus der symmetrischen Allee nachstrebt, welche nicht zu irgendwelchen wichtigen architektonischen Stadtteilen führt, und deshalb erhält man keine ästhetische Befriedigung.

Als ich vom Schema »2« sprach, nannte ich es »einfachstes«, weil nämlich in dieser Idee Joltowskis das Verhältnis der Höhen keine Rolle spielt, so daß das Schema auch sein könnte wie auf Zeichnung 4. Das Zentrum irgendeines Ortes, einer Gemeinde = einer Gruppe von Gebäuden kann also durch irgendein kleines Denkmal gebildet werden oder sogar durch einen leeren Platz, der zentrisch gelöst ist.

Ich werde mir erlauben, ein unter den Schätzen der altrussischen Baukunst aufgefundenes Beispiel aufzuführen, weil dieses Beispiel zugleich zeigt, wie die Ideen Joltowskis bei der Erforschung der alten Architektur Anwendung finden. —
Uglitsch ist ein kleiner Ort an der Wolga. In früherer Zeit hatte sich der Ort um den fürstlichen Herrensitz herum gruppiert und alle seine Bestrebungen dorthin gerichtet. Architektonisch war es eine aus dem Schloß und den Kirchen bestehende Gruppe. Das Schloß unterlag im Laufe der Zeit dem Verfall, und zum Zentrum der Stadt wurde die Stelle des ehemaligen Schlosses. Die alten Nachbargebäude, Kirchen, Glocken-

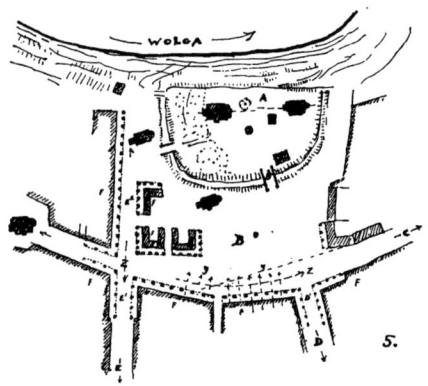

Uglitsch an der Wolga

türme usw. sind so angelegt, daß die vertikale Achse zwischen den Gebäuden auf dem kleinen leeren Platz empfunden wird.
Nach dem aus der Zeit des Zaren Nikolaus des Ersten stammenden Plan unterlag der Ort einer vollkommenen Umgestaltung. Der alte, in Zeichnungen erhaltene Plan war das Resultat der Einflüsse, die im eigenen Ortszentrum ihre Quelle hatten; der neue Plan, der sich sowohl wie die Gebäude bis in unsere Tage erhalten hat, weist neue Faktoren auf, die sich aus dem Einfluß dreier Städte ergaben: Moskau, Jaroslaw, als Gouvernements-Stadt, und Rostow-Welikij, das in religiöser Hinsicht von Bedeutung ist. Der Ort verlor zu jener Zeit sein eigenes selbständiges Leben, wurde zu einer kleinen Bezirksstadt, die durch Chausseen mit den drei sie unterordnenden Städten verbunden wird. Nun ist es interessant zu beobachten, wie die Änderung des Planes und der Bauten gelöst wurde (Zeichn. 5): A — das durch einen Wall und Graben umzirkelte Zentrum, B — der Marktplatz, C — der Weg nach Jaroslaw, D — der Weg nach Rostow, E — der Weg nach Moskau, F — die eine dichte Arkade bildenden Marktgebäude. Ein auf dem Wege C in die Stadt Kommender sieht in der Perspektive, daß der Weg in dem Halbkreis der Arkaden einen Abschluß findet, und ahnt schon den Mittelpunkt, geht er weiter, so kommt er auf den Platz und wird den Kontrast der einfachen, sich wiederholenden Bogen und der komplizierten Gruppe der Kuppeln und Glockentürme des Zentrums gewahr. Hinter dem Platz aber wird der Weg durch die Kirche abgeschlossen — er ist also »zu Ende«. Der Weg E verläuft in einer Schlinge $E^1 E^2$ und wird ebenfalls durch eine Kirche beendigt, der Weg D nach Rostow, der durch einen Teil der Arkaden D^1 ausgedrückt wird, findet seine Verlängerung in der über den Graben führenden Brücke D^2. Der auf dem Platz stehende Beschauer muß das Vorhandensein dieser drei Wege, d. h. den Einfluß der großen Städte deutlich empfinden. Die Arkaden verkörpern hier zweierlei Ausdruckselemente: erstens das statische Element als Ausdruck des Zentrums, zweitens das bewegliche Element als Ausdruck der Wege, und da die Bewegung von einer Seite durch die Kirche gehemmt wird, ist es klar, daß sie nur in der einen Richtung erfolgen kann. Die zweite Gruppe, deren Bestrebungen man zusammenfassen kann als »Architektur-, Skulptur- und Malerei-Synthese«, wollte eine organische Vereinigung von Konstruktion, Form und Farbe erzielen. Diese Gruppe arbeitete einige Zeit als Kollektiv und schuf eine Reihe von Entwürfen und Zeichnungen, die leider bis jetzt noch nicht herausgegeben sind. Die theoretische Grundlage ihrer Arbeit war folgende:

1. Das Gebäude wird als Skulpturkonstruktion betrachtet.
2. Symmetrieachsen sind nicht vorhanden (wie in der Skulptur).
3. Die Formen werden mit Farben in malerischer Struktur gedeckt, nicht angestrichen, auch handelt es sich nicht etwa um Einfügung von Malerei-Flächen.

4. Die Formen unterliegen der Einwirkung des vorwärtsstrebenden gegenwärtigen Lebens (Einfluß der Ideen Joltowskis), wollen also einen Ausdruck finden, der keinen statischen Eindruck hervorruft, d. h. nicht beruhigend wirkt, sondern einen dynamischen Eindruck, d. h. ruhelos und aufstrebend wirkt. Daher werden in den Entwürfen regelmäßige geometrische Figuren vermieden.

Die dritte Gruppe ist die des Malers Jakulow und seiner Schüler: die Hauptleistungen dieser Gruppe liegen auf dem Gebiet der dekorativen Theaterarbeiten, doch könnte man sie auch vom architektonischen Standpunkt aus besprechen. Ihre Bestrebungen sind im allgemeinen den Prinzipien der zweiten Gruppe analog.

Jakulow ist es gelungen, einen Versammlungssaal und ein Kaffee, »Der Rote Hahn«, in Moskau einzurichten, indem er es verstand, einen äußerst geschmacklosen Saal im Dekadence-Stil, dessen Eisengewölbe sich auf fast vom Fußboden ausgehende Bogen stützte, durch Aufkleben von Kartons und Pappmaché vollkommen umzugestalten. Nach seiner Umarbeitung des Saales verwandelte sich die Decke in eine Reihe bunter Regenbogen, die die vielen farbigen Ecken durchkreuzen, und in schräge Pyramiden, zwischen denen phantastische Laternen herabhängen. Der Westen hat eine solche Architektur noch nicht gesehen, und auch in Rußland hat sich natürlich unter der Mehrheit kein Verständnis gefunden.

In den ständigen Kampf des Jüngeren mit dem Älteren auf dem Gebiete der Kunst hat die Sowjetrepublik keinerlei Veränderungen hereingebracht. Endlich muß noch die Gruppe des Tatlin und seiner Nachfolger erwähnt werden. Tatlin ist ebenfalls kein Architekt; die Kunst, die er ausführt, hat noch keine Benennung. Es handelt sich mehr um räumlich malerische Skulptur-Konstruktionen. Die Idee, an der Tatlin seit 1915 arbeitete, beruhte auf der Ausnutzung der Eigenarten des verschiedenen Materials und seiner Skulptur; als Resultat erschienen Kombinationen aus Schnüren, Metallen, Holz, Karton, Wachs usw. In jedem Material soll der ihm inneliegende Gebrauchszweck angewandt sein, so daß man z. B. sagen könnte: die Schnur oder das Leder ist gut gespannt, das Blech ist gut gebogen usw.

Rodchenko: Kiosk. Aus Elias Ehrenburg »Et quand même elle tourne«

Diese Idee ist natürlich nur ein Teil des wesentlich Neuen seiner Arbeiten, er strebt danach, die Komposition nur dem ästhetischen Gesetz der Harmonie unterzuordnen. In letzter Zeit versucht er seine Kunst auf utilitären Konstruktionen anzuwenden, d. h. er versucht nach seinem System Bauten zu errichten. Sehr ernsthaft kann man diese Schöpfungen vom Standpunkt der Baukunst vorläufig nicht betrachten, da wir es hier bisher nur mit den ersten Versuchen zu tun haben. Zum Schluß sei noch auf das in letzter Zeit in Rußland oft angewandte Bemalen von Gebäuden und Zäunen aufmerksam gemacht. Es sind hier Schöpfungen erschienen, die durch ihre grandiose Wirkung das Interesse weckten; als Beispiel lege ich hier eine Zeichnung bei, die eine solche Bemalung der hölzernen Läden des Ochotnij Rjad in Moskau im Jahre 1919 darstellt (Abb. Seite 169).

EIN ENTWURF TATLINS

Von Elias Ehrenburg

Eins der interessantesten Werke dieser letzten Jahre ist der Entwurf Tatlins zu einem Denkmal für die 3. Internationale. Es ist das erste der neuen Zeit angehörende Denkmal, und zwar nicht allein in Rußland, sondern auch in ganz Europa. Die Kommunisten errichten überall ihre »Propagandadenkmäler«. Die Helden dieser Denkmäler sind nur ein klein wenig moderner als die »poilus« der öffentlichen Plätze in Frankreich, aber im Grunde sind es immer archäologische Rekonstruktionen: der Bart von Karl Marx, den ein assyrischer Barbier zurechtgestutzt hat.

Tatlin erklärte den Kommunisten mit mehr oder weniger Erfolg, daß ihre Denkmäler nicht die Absicht treffen würden, wie er es von ihnen verlange. Einmal, weil unsere Zeit des individualistischen Niederganges nicht mehr Denkmäler bewundere, welche Einzelpersonen gesetzt, sondern nur solche, die für die Zeit, für umfassende Bewegungen errichtet sind; sodann, weil niemand in einer modernen Stadt diese altmodischen Spielereien betrachte. Soviel über den Anteil der Ideologie an der Sache. Vom Standpunkt der Ästhetik gesehen, muß die Abgeschmacktheit menschlicher Figuren, mögen sie nackt oder angezogen sein, innerhalb der geometrischen Formen unserer Städte einleuchten. Sie sind gleichsam wiederaufgebaute Mammute. Bei Tatlin findet das Losungswort dieser Zeit keine Gnade — d. h. der Utilitarismus. Sein Monument hat dieselbe praktische Schönheit wie ein Kran oder eine industrielle Brücke. Er sagt, daß das Dreieck die vorherrschende Form war, um die Statik der Renaissance auszudrücken; das Dynamische unserer Zeit drückt sich in einer wundervollen Spirale aus. Zum Material hat er neben dem Eisen, das in der modernen Konstruktion schon gebräuchlich ist, das Glas genommen. Das Modell seines Denkmals hat 20 m Höhe; der Bau selbst würde über 400 m messen (Eiffelturm 300 m). Er besteht aus zwei Zylindern und einer Pyramide aus Glas, die sich in verschiedenen Geschwindigkeiten drehen. Im Innern dieser gläsernen Körper befinden sich die großen Säle der Sammlung, Wiedervereinigung, Übereinstimmung usw. Sodann große Anlagen zum Wärmeausgleich — Wärmeversorgung im Winter, Kühlung der Versammlungsräume im Sommer. Diese Baukörper sind von einer Spirale aus Eisen umgeben, die sich in die Höhe schwingt. Leider ist es nur ein Modell, und es ist schwer zu sagen, wann seine Ausführung möglich sein wird.

Zeichnung nach dem Modell
von Elias Ehrenburg

DIE FREITRAGENDE KUPPEL

UND IHRE VARIABILITÄT, UNTER BERÜCKSICHTIGUNG VERSCHIEDENER MATERIALIEN UND VERWENDUNGSMÖGLICHKEITEN

Von W. A. Hablik, Itzehoe

Motto: Vogelfrei, doch schwer von Erde — ziehe hin, sei ein Werde!

Baumaterial: Holz — Ziegel und Fachwerk — Eisen, Beton und Glas — Glas, Eisen, Kupfer — richtet sich nach dem jeweiligen und ebenso wie in A, B, C, um einige Grade oder bis zur Hälfte einer Seitenlänge um die Mitte gedreht übereinander gesetzt. (Die

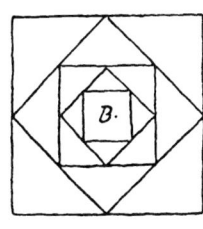
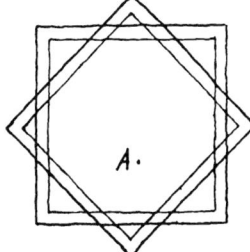
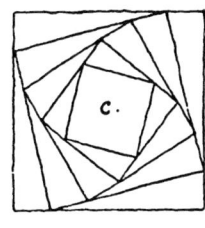

Größen- und Zweckverhältnis. Gliederung in Vielfache ist Kostenfrage.
Das Bauprinzip ist in schematischen Umrissen folgendes, aus der Weiterentwicklung des Würfels hervorgegangen:
A, C (B als Entwurf auf Seite 129 in Heft 2

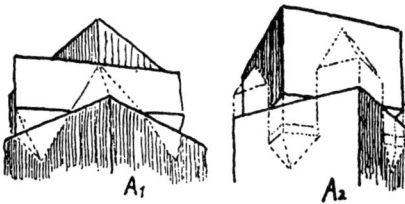

veröffentlicht) sind quadratische Grundformen um 15 bis 45 Grad gedreht aufeinander gesetzt. (Siehe Ausstellungsbauten mit variiertem Licht.)
In A die einzelnen Stockwerke in der Reihenfolge übereinander nur um ein geringes kleiner werdend, was vorspringende Ecken ergibt, die nach unten und oben besonders zu verwerten sind. (Siehe A1, A2.)
In B nach oben kleiner bis zu den Berührungspunkten der unteren Außenwände. In A3 sind 2 Seiten mehr, also 6, angenommen,

Anzahl der Seiten darf aber nicht ein so Vielfaches werden, daß der Grundriß sich zu sehr dem Kreis nähert.) Immerhin kann eine große Zahl verwandt werden, so daß eine reiche Gliederung auch der Außenhaut der Kuppel erzielt wird.
Aus den Grundrissen ist ersichtlich, daß für kleinere Bauten Holzgebälk allein ausreicht (etwa Gartenhäuser, Trinkhallen, Spielbuden, Festbauten). Für größere ist Fachwerk in Verbindung mit Eisen, für große Bauten Eisen und Beton allein Bedingung. (Utopien sind Glas aus Erde und wenig Metall, einer späteren Abhandlung vorbehalten.)
Doch wäre es keine Utopie, z. Exempel einen Riesenmeßturm im Sinne der Kombination M auszuführen; alle Wände vollkommen ohne Löcher, überall Oberlicht, und alle Außenflächen als Plakatraum und Lichtreklame zu verwenden. Der gesamte Verkehr durch Aufzüge entlang der Hauptsehnen die in von außen sichtbaren Aufzügen — Heizung, Entlüftung durch die Mitte.
Das Prinzipielle bei A3, A4, A5 und den folgenden sind vieleckige Eisenkonstruktionsringe verschiedener Seiten-, Längen- und Höhenmaße, übereinanderliegend nach

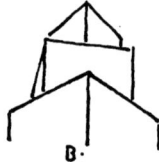  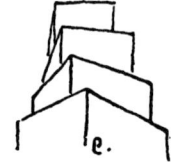

oben konstruktiv leichter werdend. Ihre Konstruktion und Ausführung am Ort ist leicht und sparsamer als bei allen anderen Kuppelbauten, im Verhältnis zu den großen Ausmaßen, welche diese Bauweise ermöglicht.

können plus Gewicht sonstiger Außen-, Innen- und Schneelast usw. Da aber die gesamte Belastung stets eine zentrale ist und senkrecht, so ergeben sich hohe Nutzwerte in der Auswertung des Innenraumes der Kuppel bis zu ihrem Scheitelpunkt

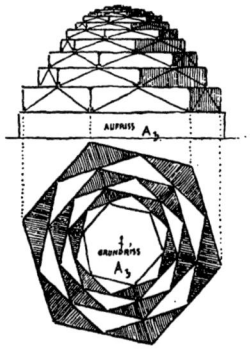

Erstens, weil sie nur auf Knickung durch senkrechte Belastung berechnet zu werden brauchen, zweitens, weil die »Schalungs- und Gerüstmasse« auf ein Minimum beschränkt werden kann, im Verhältnis zu den »halben und ganzen Wäldern«, die bei sonstigen Kuppelbauten notwendig sind. Das Schema eines solchen Kuppelringes einfacher Konstruktion von etwa 30 m Durchmesser ist folgendes: Es ist wohl ohne weiteres ersichtlich, daß die ganze Eisenkonstruktion fast ohne Gerüst möglich ist, wie beim Schiffbau, und bis zum höchsten Punkt für sich allein durchgeführt werden kann. Besondere Ansprüche an den Bau-

(Galerien, Logenräume). Auch gegen Druck von außen her ergibt sich ein Vielfaches an Nutzwert, ohne daß innere Unterstützung (die übrigens besonders leicht möglich wäre gegebenenfalls) oder äußere Auffangstreben nötig sind. Selbst bei unregelmäßigen oder langgezogenen Vielecken ist höchstens mit einem etwas ungleich wirkenden seitlichen Winddruck zu rechnen, der aber niemals dem gleichkommt, den z. B. das Dach eines gotischen Domes auszuhalten hat, schon deshalb nicht, weil die vielfache Unterteilung der gesamten Außenhaut, selbst bei größten Dimensionen, zerteilend wirkt auf die angreifende Kraft.

In S ist schematisch dargestellt, wie durch Ausschalten eines horizontalen (H bei S) Strukturelementes eine neue Variante nach außen und innen entsteht, welche bei weiterer Durchbildung zu den freiesten Kristallformen mit schimmerndster Facettenwirkung führt. Dargestellte Variante S ist gedacht für Logenräume bis unter den Scheitelpunkt, resp. Kinoanlagen, Licht usw.

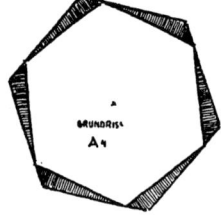

leiter werden nur in bezug auf exakte Überwachung gestellt und betreffs abgestufter Berechnung der Lastverringerung nach oben. Denn selbstverständlich muß jeder untere Ring die überlagernden tragen

(Theater, Zirkusbauten). Die Möglichkeiten der Variabilität sind bei näherer Betrachtung für jedes Material schier unbegrenzt. Hier sei nur die offene Kuppel erwähnt (Weglassung der Schließflächen S S), bei S und den Varianten gedacht, die durch Streckung der Seitenflächen des Ringsystems in der Höhe sich ergeben, M T.

KOMBINATIONS-MÖGLICHKEITEN A S.

Besondere Aufmerksamkeit verdienen die Durchbildungsmöglichkeiten des Innern, wie sich aus dem Schnitt ergibt. Selbst bei großem Durchmesser (etwa 200 bis 300 m) ist ja das ganze Innere frei. Welche Möglichkeiten, einen solchen Raum festlich zu gestalten! Welche Möglichkeiten, z. B. die Basis geteilt in Stockwerke zu gestalten!

Ich denke nicht an »Wahrzeichen« im Sinne auffallender Bauwerke bestimmter Städte – ich habe das Morgen und Übermorgen im Sinne, wo es glückliche Menschen geben wird, mit »anderen Domen« und »Kirchen«, mit »anderen Schulen« und – anderen »Energiequellen«, Menschen – die kein Schreck mehr befällt – vor einem großen Haus, weil sie an so jämmerliche unzulängliche Dinge wie »Öfen« u. dgl. gar nicht mehr zu denken brauchen!

Man denke nur daran, daß die Energie der Kohle, statt sie über sich mühsam und unrationell bewegende Maschinen hinweg durch den Schornstein zu jagen – sehr bald schon ganz anders benutzt werden wird – und solche Sachen haben wir auf unserer vielgeschmähten Erde noch mehr. »Ärgert die Techniker und Gelehrten«, sie werden euch Wunderdinge schaffen! Nur der Stoß muß geschehen – der ihre Denkkraft aus dem Alltagsgleis hebt, so daß sie wieder zuerst Ideale und dann »Profitchen« bedenken! Daß sie wieder freien Sinnes freudigen Problemen nachgehen, anstatt der Technik der Zerstörung die des Aufbaues pflegen!

Vielleicht ist man auf Grund der angeführten Beispiele etwas geneigter, an die Möglichkeit der Glasarchitektur »für schönere Zeiten« zu glauben. Ich möchte nur noch bemerken, daß uns All-Mutter Natur in den grotesken Gebilden der verschiedenen Kristalle Architekturgesetze für die kühnsten Glasbauten ablesbar zu sehen gibt, die auch für den »Glasbaumeister« der Zukunft ein wundervolles Lehr- und Vergleichsmaterial sein werden. Besonders dann, wenn wir das Glas aus dem jeweiligen Baugrund an Ort und Stelle, also aus Erde, machen und – wie jetzt »Bierflaschen« – im Großen zu verarbeiten gelernt haben! (Bläschen-Zellenwandsystem.) Glas aus Erde!, in jedem Durchsichtigkeits- und Helligkeitsgrad herstellbar – durch ein neues Verhüttungsverfahren –, in jeder Farbe herstellbar durch geringe Beimengungen anderer Stoffe! (Näheres dar-

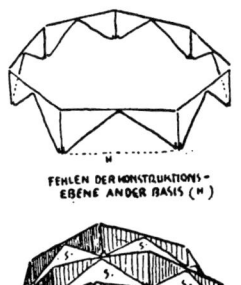

FEHLEN DER KONSTRUKTIONS-EBENE AN DER BASIS (H)

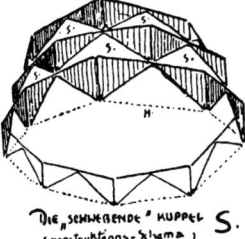

DIE „SCHWEBENDE" KUPPEL S.
(Konstruktions-Schema)

über, wenn meine diesbezüglichen Versuche abgeschlossen sind.)

Welch herrliches Baumaterial! und dann fast ganz unabhängig von Eisenkonstruktion und anderen Metallen. Nur wie jetzt z. B. Rutilnadeln im Bergkristall oder die unsichtbaren Eisenstäbe im Beton werden gelegentlich schimmernde, von gehäuften Bläschengebilden umgebene Metallzüge als konstruktive Stützen oder Rohre im Glas

175

liegen! Bis dahin ist es so weit nicht mehr, als die meisten Unternehmungs-Unlustigen glauben, aber wir wollen nur andeutungsweise davon sprechen, denn vielen sind ja die Projekte schon zu »utopistisch«, die nicht die geringsten technischen Hindernisse für die Ausführung mehr zeigen.

Die vielen Möglichkeiten, die es in technischer Hinsicht gibt, berechtigen uns jedenfalls schon heute, vom »Bauen« als von einem Kristallisieren zu reden, einem Aneinandersetzen von »gesetzmäßig ausgerichteten Molekülen« verschiedenster Materien zu einem

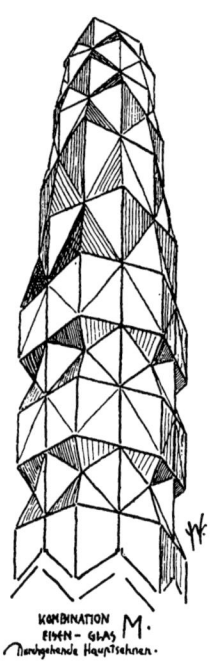

KOMBINATION M.
EISEN - GLAS
Durchgehende Hauptsehnen.

einheitlichen Gebilde. Je sicherer dann die »Anziehungspunkte« der Moleküle in bezug auf die lebendigen Achsen der Kräfte gefunden werden, um so einheitlicher, organischer, sicherer wird das fertige Gebilde von Kraft

und Stoff sein. Nun ist freilich auch schon der einfache Würfel (im Sinn der Kristallisationsgesetze gedacht) architektonisch unendlich variabel (wie schließlich jede Form, deren sich ein kosmisch empfindender Geist bedient), aber in der heute üblichen Form als »Wohnhausschachtel mit Löchern« wissen nur noch wenige etwas damit anzufangen — so wirkt unser »Wohnhaus« als Karikatur auf alles, was sonst mit »Menschengeist und Witz« bezeichnet werden kann.

Deshalb ist es hohe Zeit, daß alle uneigennützigen Männer ihre Ideale preisgeben — »hie Erfinderstolz, hie Patent« —, wir brauchen keine Angst zu haben vor geistiger Verarmung, wer aus übervollem Herzen mit vollen Händen gibt, dem wird auch mal — es muß ja nicht gleich sein — wieder gegeben werden! Energie bleibt unter allen Umständen Energie.

Sollen alle Gleichgesinnten unbesorgt ihre Ideen und Sehnsüchte zu wechselseitiger Auswirkung freigeben, die geheime Anziehungskraft seelischer Verwandtschaft wirkt ja jetzt wie immer schon auch gegen den Willen der Beteiligten auf ungeheure Entfernung als »Sender« und »Nehmer« rund um die Erde gleich einer selbstlos arbeitenden Fernsprech- und Fühlanlage. Wenn die Menschen, auch die »kleinen«, erst recht erkannt haben werden, um wieviel die Auswirkung einer Idee durch freimütige Mitteilsamkeit gefördert werden kann — dann werden sich die »Gerichte und Patentanwälte« wohl oder übel nach was anderem umsehen müssen, zum Heil der Welt! Wir brauchen eben eine neue Zeit in anderem Sinne, großzügiger Ideen wert.

Es bleibt noch »Kriegerisches« genug für die tollsten »Scharfmacher« übrig. Zum Exempel der Krieg gegen den inneren Feind allen Fortschritts — den Alkohol! Angenommen, alle Deutschen würden keinen Tropfen Alkohol mehr trinken wollen (!—), das würde eine ganze Anzahl gläserner Städte innerhalb weniger Jahre und Millionen glücklicher Menschen geben! Das klingt wohl »utopistisch«?

Aber man bedenke: Sämtliche Glasindustrien hätten mit einem Male keine Wein-, Bier- und Schnapsflaschen, Wein-, Bier- und

Schnapsgläser, »Syphons« und andere Giftkesselpumpen mehr herzustellen (von anderen Industrien vorerst zu schweigen), sie müßten (wie wir das schon lange tun) danach trachten, etwas anderes zu machen — zuerst vielleicht Glasziegel (schon das würde »mehr Licht!« bringen). Sodann würden sich Techniker und Ingenieure anschließen, es würden neue Ideen in die fuselfreien Hirne und Herzen Eingang finden — in Massen würde man vielleicht begreifen, daß der »Einzelne«, gemessen an unserem Ideenwillen — nichts ist, nichts vermag — daß aber 50 000 oder 100 000 nüchterne, frische und gesunde Arbeiter eine aufwärtsstrebende Kraft von ungeheurer Expansion bedeuten könnten, genügend, Berge zu versetzen — wenn das nötig wäre. Aus dem wiedererwachenden Gefühl für Reinlichkeit von innen und außen, aus dem Gefühl heraus, welches ungetrübte Gehirne alles Freudige doppelt fühlen läßt, empfänglich geworden für die Tragkraft einer neuen Idee — würde sich binnen kurzem das Verlangen zu lebendiger großer Tat von selbst gebären! Die ungeheure Macht solch frischer Intelligenz jeden Alters! Nicht auszudenken, die neuen frohen Lebens- und Schaffensmöglichkeiten, die die Welt wieder böte!

Darum, all ihr uneigennützigen Männer gleich uns, streut mit vollen Händen eure lockendsten Ideen aus —! Es gilt, in viel höherem, reinerem Sinn, als ihr es jetzt noch glauben mögt — das ganze deutsche Volk sich selbst wiederzugewinnen, es gilt im Gedanken an die ganze Menschheit neue Ziele zu zeigen — es gilt, einen Willen zur Tat zu erwecken — so groß — größer noch als der war, der den ungeheuren Krieg ermöglichte, es gilt — den Willen zum lebendigen Bauen zu erwecken! Das kann in unserem Sinne kein »Einzelner«, diesen Willen muß das ganze Volk besitzen — ein Volk, welches begreift, d a ß es seiner unwürdig ist, die Kräfte, welche Taten gebären, auf raffinierte Weise selbst abzutöten in Kind und Kindeskind — — durch F i n s t e r n i s und Alkohol. Man nehme die Statistik zu Hilfe und berechne sich (um nur die trivialste Seite zu beleuchten), wie groß der Glasblock wäre, der in e i n e m J a h r e für die Säufer der Welt gemacht wird, wie groß der Kelch ist, aus welchem die Menschheit Gift schlürft!

Heraus zum Kampf, ihr Dichter und Weltweisen — ihr Propheten und Doktoren — ihr Künstler und Gelehrte! Herbei, und helft uns — diese abgründige Finsternis der

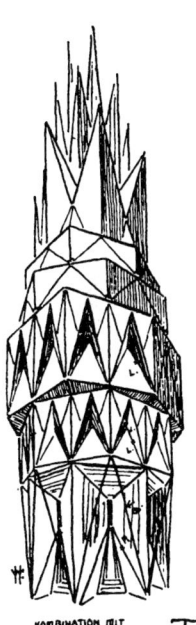

KOMBINATION MIT
GELÄNDETEN GESCHOSSDRÜCKEN
EISEN - BETON - GLAS

Häuser, Herzen und Gehirne — in blanke Sonne und durchsichtiges Glas zu verwandeln — helft uns — daß alle Menschen groß und klein wieder an das Reine und Schöne glauben lernen!

Laßt fahren die tragische Truglichtfackel — mit der ihr nichts anderes aus den Winkeln der Hütten und Paläste herausleuchtet als Elend, Zersetzung und Ekel vor allem Guten — damit nur ja jeder Hanswurst glauben soll — »wie schlecht« — »und was für ein Zuchthaus auf Erden« die Welt sei —!!

Laßt fahren ihr Künstler — die simple Sucht, mit einem Auge nach der eignen, mit dem andern nach der Tasche des Philisters zu schielen — laßt fahren — ihr sogenannten »Kritiker« den »zweiten Sinn«, den lieben Nächsten wie ein gemeiner Schmarotzer zu

177

benützen, durch seine Taten von euch reden zu machen — — —

Menschen laßt uns wieder sein, mit dem Menschenrecht der puren Freude an der Welt — der Sonne, dem Himmel — dem Meer — den Bergen — der weiten Ebene!

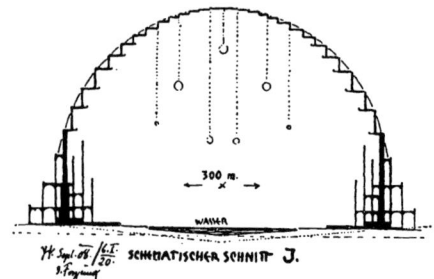

Laßt fahren, ihr alle, die blöde Sucht, um kleinen Alltagsgewinn das Schönste, was uns möglich wäre — »ein Zuhause auf Erden« zu haben, in seinen Urrechten zu leugnen!
Laßt fahren die Angst vor der Utopie — denn alles, was besteht, war einst eine solche — Es lebe die Phantasie — denn alles, was besteht, war einst Idee — Es lebe der Wille zur Tat!, zur großen befreienden, zur Welt umschaffenden!
Sagt nicht, ihr ewigen Miesmacher und Griesgrämler: »ach! das wird es ja doch nie geben! dazu wird nie ein Volk »reif« und — »wer niemals einen Rausch gehabt, der ist kein braver Mann!«
Oder sagt es meinetwegen nach wie vor! Ihr werdet, was kommen will — doch nicht aufhalten — Ihr könnt nicht einmal leugnen, daß auf flinken Sohlen die Zeit enteilt — mit ihr auch Übles und Kleines — aber hinter jede Stunde — tritt eine neue!
Der Weltgeist erwacht, denn er nähert sich dem Jünglingsalter, glaubt nur an ihn, dann werdet ihr ihm täglich nahesein — und seinen hellen Sonnen-Augen!

ICH SUCHE

Ich suche.
Ich habe nicht die Gabe, in einem Wurm einen Wink oder ein Werk der Vorsehung zu erblicken.
Aber ich kann wohl sagen, daß nichts so gering ist, daß es nicht mit seiner bloßen Sinnlichkeit mein ganzes Ich bis zum Überströmen ausfüllen könnte.
Ja manchmal glaube ich, daß mein wirkliches Dasein viel näher der unteren sinnlichen Schwelle der Natur liegt — als der oberen, über die das Tor gebaut ist mit der Inschrift: »Zum Abstrakten«.
Denn wie kann ich in bunten, prächtigen Bildern schwelgen, wo schon über den Klängen der einfachen leuchtenden Farben mein Herz zu klopfen anfängt?
Was ist z. B. ein Ton, ein A, von einer Geige verhallend gesungen?
Nein, ihr Philosophen, ich meine nicht A, »jenen Ton, welcher gleicherweise durch eine bestimmte Zahl von Schwingungen aus Geige, Klarinette, Oboe, Flöte und Posaune entstehen könnte«.
Ich meine nicht euer abstraktes »Rot«, dies »Musterbeispiel einer einfachen Empfindung« aus den Einleitungen euerer psychologischen Leitfäden!
Ich meine etwas anderes, ganz anderes.
Eben hörte ich, und eben höre ich nicht mehr.
Eben war ich Geige, und eben bin ich Mensch! O ewiger Augenblick, den ich suche, suche — — o ewiger Raum in mir, in meinen so kurz befristeten Zeiten!!

Maximilian Rosenberg

AUS »COPERNICUS« VON LUDWIG BERGER*

1. Einmal: — ich empfange mich im Raum
wenn ich — menschgestaut —
geboren werde!
O Geburt — Raumstunde! Quellstunde!
2. Einmal auch — empfang' ich mich im Geist
wenn ich sterbend ab die Schalen streife,
Tod — o Geiststunde! Meerstunde!
3. Und das Doppelt-Dritte — herzverknüpft:
Ich empfange Geist an Raum gebunden,
Einmal dann empfange ich mein »Du« —
Liebesstunde — Stromstunde —
Menschlichkeit!
Und so oft ich liebend werde
schwingt Geburt und Tod
im Saal der Brust!
(Beides »außen« — beides tief in mir,
Donnerfern das dunkle Kugelrollen!)

1. Ich will glauben — will wissen —
will fühlen
2. Und ich muß geboren sein
muß auch sterben — muß auch lieben!
3. »Schlage über Will und Muß
viele große bunte Brücken!
(Bauen — Bauen!)
Liebe ragt Beginn und Schluß
über Meer und Bergesrücken!
(Schauen! Schauen!)«

— — —

Severin wiederholte es dumpf
zeichnet vor sich hin:
(schickte empor das dampfende Opfer!)

»Glaubend« — »fühlend« — »wissend«
bauen — Wollen
Religion — Kunst — Philosophie
Worte —! Worte! Ach — zerstöre sie!
Was begriffen ist — ist gelogen!
»Acker« — »Turm« und »Brückenbogen«
Nur dies Eine: Ans Ziel gelangen!
Glaubend — fühlend — wissend
sich empfangen?

Geburt — Liebe — Tod!
»Müssen«! Zu Hilfe! Vertrauen!
Und das dritte aus Wollen und Müssen:
Leben = bauen!
(aedificare necesse est!)

— — —

Severin mühte sich so.

— — — — — — — — — — —

»Architektur« — —?
Viel mischt sich Fremdes in die breiten
Klänge!
Kommt's wirklich auf
»Tatsächlichkeiten« an —?
Daß Wand aus Stein und Holz
(— »Material« —)
und Mauerwerk zum Bau geschichtet ist —?
Die »Apparat-Funktion« —?
Wach auf zur »Wurzel«!
Die Wurzel kann im Sehnsuchtsboden
keimen
Aus einem Strahlenkubus (Steinern Wort!)
Zum Himmel strömend —
aufgereckter Zeiger
Gebet der Hände — (stumm zum
Dichterbau —!)
Dom-Atem-Flut in blaue Paradiese.
Architektur —? hell schwingt das steile Lied:
»Vertical« — aus Hals und Stengelschlünden!
»Vertical« ins Licht emporgeschaut!
»Vertical« — du Zehn-Posaunen-Laut!
Seelenwunsch, im Sonnenhof zu münden —!
(drum der Weg — — das Spiegelspiel:
Kraft von Kraft umklammert — jäh ans
Ziel — —!)
»Imaginär« — ein Klang im Sternenmund
»Vertical« — Turmwerk auf Dichtergrund!

— — — — — — — — —

Die Wurzel kann in Erde keimen
breitgelagerte Flächenschaft — —
Nimmst den Stock und guckst aus Augenhöh'
(nicht zum Licht hinauf!) — den Hals
hinunter
auf die Braunheit — zeichnest Risse — Linien
(wie der Maler) — wachsen Mauern breit
aus dem Gras und Sand und Spuk der Erde
(nicht zu hoch!) geschmiegt auf das Plateau
und gedehnt — die Phantasie der
Breite — —!
Und das Lied klingt neu — — »Horizontal«
horizontal — gelagerte bunte Kraft
Lämmlein Mensch auf saftigen

* Kurt Wolff Verlag, München

Weide-Wiesen
Unberührt vom Geist der Sehnsuchtsqual
Aus dem Stoff herausgeschafft
dankbar froh »die Welt genießen —«!
— — — — — — — —
So das Lied — »Fassaden-Klang« —
einmal »steil« und einmal »breit-entlang«
(Dichter- und Maler-Architekt!)
Musiker schläfst Du? Bist Du versteckt?
— — — — — — — —
Wo das »Dritte« kommt: der Raum
(nicht mehr breite gelagerte Erde —
nicht mehr hoch sich reckender Baum!)
Wo »Aufrecht« sich und »Waagrecht« sich
verschlingen

(Stamm und Geäst
vom Sturm der Winde durchnäßt!)
Im »Innern« — wo die Proportionen
klingen —
Wo die Gewölbe auf ins Dunkel schweben,
wo sich Wände steil vom Boden heben,
das runde Maß durch Kraft und
Widerstand —
Und über das Ganze der Bogen der Hand —
— — —
»Architektur«?
Brich Schalen = Wort entzwei!
Denn das Wesen — das Wesen! — strömt
im »Dreierlei« — —

PAUL SCHEERBART

Charakter ist nur Eigensinn.
*
Ich geh' nach allen Seiten hin.
*
Es lebe die Zigeunerin! Schluß!!

— Ich habe in Scheerbarts Lesabéndio hineingeblickt und frage dich, was du von solchen uferlosen Phantasien hältst? Ich begreife es nicht, wie der Geist der Menschen sich damit beschäftigen kann, Dinge zu ersinnen, die es nicht gibt, nicht gegeben hat und niemals geben wird. Wenn solch ein findiger Kopf recht fleißig ist, kann er uns doch die ungeheuerlichsten Wesen und Sachen zusammendenken. Was aber sollen denn diese Akrobatenübungen?
— Zunächst müssen wir in einem Punkt einig sein. Der Mensch, wie er so lebt, denkt, fühlt, ist ein Produkt dieses Weltalls.
— Mit Leib und Seele ist er im Universum entstanden.
— Wenn dem so ist, k a n n dann ein Mensch überhaupt etwas denken, was a u ß e r h a l b des Universums steht? Wird er nicht vielmehr in der Lage sein, sosehr er auch seinen Geist anstrengt, nur solches zu denken, was in diesem selben Universum wirklich möglich oder auch auf anderen Weltkörpern vorhanden ist? Der Baum kann im Raum wachsen, wie er will. Über seine Form kann er nicht hinaus, denn er ist mit allen Fasern im Weltraum beheimatet. Also der Mensch. Er glaubt nur immer weiß Gott wie wichtig das ist, seiner Phantasie Zügel anzulegen, während für ihn gerade das Gegenteil vonnöten ist. Die Menschlein wundern sich immerwährend, wie es kommt, daß unentwegte Einbildung übersinnlicher Dinge diese Dinge schließlich gegenwärtig werden läßt. Das ist ein außerordentlich einfacher Vorgang. Alles, was der Mensch überhaupt unter Aufbietung aller Kraft zu denken imstande ist, sei es auch noch so sonderbar, das ist auch im Universum vorhanden oder noch immer möglich.

Aus »Gespräche« von Alfred Brust

NOTIZEN

Zur Erstaufführung von Skrjabins »Prometheus« in der Berliner Philharmonie am 19. Januar. Das Endziel aller Kunst ist, nach Skrjabin, der Zustand künstlerischer Ekstase, dessen Hauptcharakteristikum eine gesteigerte Apperzeptionsfähigkeit, eine »Vergöttlichung« des Menschen auf der Basis erhöhter Nerven- und Gefühlstätigkeit ist. Zu erreichen ist dieser Zustand nur durch das Zusammenwirken aller überhaupt denkbaren künstlerischen Faktoren. Da haben wir also wieder einmal den Gedanken von einer Synthese der Künste! An sich ist er ja nicht neu, doch hat ihn wohl noch niemand in der Form wie Skrjabin zu verwirklichen getrachtet. Nicht nur das gesprochene und gesungene Wort, Musik, Mimik, Plastik sollen sich zu einem Gesamtkunstwerk vereinigen, auch die sogenannten niederen Sinne finden Berücksichtigung: der Symphonie von Tönen gesellt sich eine solche von Farben und − Düften bei. Außerdem fallen die Schranken zwischen Ausübenden und Aufnehmenden, und die Kunst wird wieder das, was sie in ihren Uranfängen, z. B. im Dionysischen Kultus war − eine Art Gottesdienst. Jeder Mitwirkende ist zugleich der Genießende. Ein abseits stehendes Publikum gibt es nicht mehr. Dies ist in gröbsten Umrissen der Grundgedanke des Skrjabinschen Schaffens, den er in seinem »Mysterium«, einem Werk von unglaubwürdigen Dimensionen, an dem er seit einiger Zeit mit fieberhaftem Eifer arbeitet, zu verwirklichen gedenkt. Die Aufführung des »Mysteriums« setzt natürlich einen eigens zu erbauenden Kunsttempel voraus und eine eigens zu diesem Zweck zusammentretende Kunstgemeinde, die sich ausschließlich dem Dienste des »Mysteriums« weiht. Über die praktische Ausführbarkeit dieses Gedankens zu diskutieren, ist es natürlich zu früh, bevor das Werk fertig vorliegt.

Die letzte Etappe der Vorstudien zum »Mysterium« ist der »Prometheus«. Der Titel ist weniger eine programmatische Bezeichnung als ein Symbol des Inhaltes. Prometheus als Personifikation des schöpferischen aktiven Prinzips überhaupt. Der Nebentitel des Werkes lautet »Poëme de feu«, ein Name, der außer seinen Beziehungen zur Fabel des Mythos vielleicht eine Anspielung darauf ist, daß hier die Lösung eines bis jetzt nicht in den Bereich der praktischen Möglichkeiten gezogenen Problems versucht wird. Die Symphonie von Tönen wird hier zum erstenmal von einer Licht- und Farbensymphonie begleitet. Die Partitur weist ein besonderes Notensystem für das Licht (luce) auf, in dem das wechselvolle Spiel eines »Lichtklaviers« (clavier à lumières) eingezeichnet ist. Leider wurde der sehr komplizierte und kostspielige Apparat des Lichtklaviers zur Moskauer Aufführung des »Prometheus« nicht fertig und das Werk somit eines durchaus nicht zu unterschätzenden Wirkungsfaktors beraubt. In kleinerem Maßstabe − im Musiksaal des Komponisten − ist die Idee eines Lichtklaviers schon verwirklicht worden, und es stellt sich überraschenderweise heraus, daß das magische, mysteriöse Spiel der Farben und des in allen Tönen des Regenbogens ruhelos oszillierenden Lichtes die Wirkung dieser Musik in ungeahnter Weise vertieft und bereichert. Nebenbei gesagt, wird die Idee Skrjabins vielleicht eine eingehendere Untersuchung der bis jetzt sehr vernachlässigten ästhetischen Frage vom »Farbenhören« anregen.

Dr. von Riesemann,
Aus den »Signalen für die musikalische Welt«

Utopia, Dokumente der Wirklichkeit, herausgegeben von Bruno Adler, Utopia-Verlag Weimar. Ein Sammelwerk in 7 Lieferungen (einfache Ausgabe 220 M.), von denen die beiden ersten vorliegen. »Ob das Werk nach dem Abschluß der vorgesehenen Hefte weitergeführt wird, hängt von der Entwicklung ab, die dem verkommenen Zustand des geistigen und künstlerischen Lebens dieser Zeit bevorsteht.« Es soll eine Probe auf die Zeit sein. Zu dieser stolzen Sprache hat Adler ein Recht. Das erste Heft gibt es ihm. Es zeigt, daß Geist und Form, jedes von beiden nur dann berechtigt und vorhanden ist, wenn es eine Einheit darstellt. Die künstlerische Form ist danach nicht ein zusammenhangloses Gebilde, sondern die Fassung des Urquells, die Verkörperung, Gestaltung des Göttlichen oder − wie man es nennen mag − dessen, was das Leben ist. Texte aus dem Indischen, Ägyptischen, Tibetanischen, Chinesischen und dem Christ-

181

lichen aller Zeiten besagen, daß das »Bild« Ausdruck letzter Weisheit und das Wort, das wahre, ebenso die absolute Formung desselben Geistes sein müssen. Keines von beiden verträgt die Entheiligung, wenn nicht aus Segen furchtbares Unheil werden soll. Dann die sehr eindringlichen und eigenen Analysen Johannes Ittens zu 5 Bildern alter Meister mit herrlich gesetzten Worten dazu — wer alles dies ernsthaft und in Ruhe liest und betrachtet, muß einen Tropfen des Quells auf seinen trockenen Lippen spüren, wenn ihm nicht der ganze Quell erschlossen wird. Nur aus diesem Quell kann der Baugeist entspringen, der noch herumirrt und erst Geist statt eines Gespenstes werden will. Haben wir den Quell, dann haben wir auch seine Fassung; Geist und Form treten nur in Einheit auf, wenn sie überhaupt da sind. Beides zersprengt jede Formel, jede Doktrin, alle Prinzipienstarrheit, weil eins das andere ist. »Utopia, Dokumente der Wirklichkeit« — ja, nur hier ist Wirklichkeit. — — — Aus diesen Dokumenten möge ein Wort Philipp Otto Runges hier stehen: »... Voreilig scheint mir, anzunehmen, daß es hier und da mehr als sonst Leute gäbe, welche die Kunst wirklich beförderten. Das Ganze beschränkt sich auf eine Neigung für Kunstwerke, die nur ein neugieriger Blick in die Vergangenheit ist, welcher in äußerst wenigen den produktiven Glauben an die Zukunft erzeugt hat. Wer da den Weg dieses Glaubens gehen will, der soll an allen zeitigen Auswüchsen gerade die Spur und den Keim der Zukunft erkennen lernen.« — Und: »Aus einem Prinzip heraus geschieht keine lebendige Wirksamkeit, sondern durch Geduld, Glauben und Hoffnung erleben wir ein immer lebendigeres Prinzip unseres Daseins. Rein konsequent aus einem angenommenen Prinzip unseres Daseins zu handeln, ist satanisch.« *B. T.*

PAUL GÖSCH. Arbeiten dieses Künstlers sind im Buch- und Kunstheim Twardy, Berlin, Potsdamer Str. 12, ständig in größerer Anzahl zu sehen. Dort werden demnächst Arbeiten von Carl Krayl, Hermann Finsterlin und Hans Scharoun ausgestellt.

FRÜHLICHT

EINE FOLGE FÜR DIE VERWIRKLICHUNG DES NEUEN BAUGEDANKENS
HERAUSGEBER . BRUNO TAUT

Die Gesetze des Sichtbaren fesseln uns und sind doch Gesetze des Toten. Sind ohne Ausnahme tote Mechane: Was der Mensch versuchen soll, was ihn versuchen darf, das ist das Unsehbare. Die Gesetze des Sichtbaren sind ungestraft nicht zu durchbrechen, das weiß jeder, denn wer Stoff gegen Stoff setzt, Masse gegen Masse, stoffliche Kraft gegen stoffliche Kraft, der unterwirft sich dem Maß, das entsteht, wenn er das Sichtbare als Lebendes denkt. Das Ungedachte und Unsichtbare versuchen, lange sorgen, daß es gesetzlos wachse, als Leben allein wachse, vom Ungedachten sich versuchen lassen zum lebendigsten Wahnsinn: Aus dem Wahnsinn den Keltersinn fühlen, der das Versuchte einst unbedingt in den Stoff stellen wird aus der Saat: selbst die neuen Samen bestimmen: das ist unser Werk, denn das Leben hat kein Gesetz. Nur Totes hat Sichtbarkeit und Regel.

Und was wir schaffend denken, ist Zerstörung der alten Gesetze. Das Tote lösen wir in Leben, indem wir ihm die Regeln entziehen. Daß wir zuerst neue Beziehungen im Toten finden, an ihm neugeltende Gesetze zeigen, das ist nur der Weg, es bald völlig in Leben, ganz in Fruchtbarkeit zu lösen und seinen Samen in uns zu neuer Schöpfung zu gewinnen.

Wer den Stein einem Menschenwillen gehorsam macht, erlöst ihn vom Tod. Wer den Stein wachsen läßt in Stunden oder Tagen, der fügt ihn in die Lebendigkeit, wer aber aus dem Unsichtbaren den Stein niederschlägt, der kann der Seele folgen.

Aus dem „Spiegel des Mahatma"
Folkwang-Verlag, Hagen

NEUBAU

Von Martin Mächler

Niemals wird die Welt für Neuerungen vorbereiteter, neuerungsfähiger sein als nach dieser Zersetzungsperiode, niemals wird ihre Sehnsucht nach Besserung ihrer äußeren und inneren Verhältnisse größer sein, niemals ihre Bereitschaft, an dieser Besserung mitzuarbeiten, vollkommener sein als nach diesem schwersten Erlebnis, das sie jetzt durchmacht. Wie der Architekt, der mit der Aufgabe der Schaffung einer Wohn- und Arbeitsstätte für eine Anzahl Menschen auf einem verwüsteten oder von menschlicher Tätigkeit noch unberührten Lande betraut wird, sich zunächst einen Bebauungsplan entwirft, so muß auch derjenige, der da weiß, daß dieser Zersetzung eine unvergleichliche Neuwerdung folgen muß, sich gedrungen fühlen, einen solchen Bebauungsplan nicht nur in der gegenständlichen, sondern auch in der geistigen Bedeutung des Wortes zu entwerfen, um den Menschen mit farbigen Strichen hell und leuchtend die Möglichkeiten in die Seele zu zeichnen, denen sie entgegengehen, weil alles Alte in jahrelanger Zerstörungsarbeit zusammengebrochen ist und ein Neues sich unbedingt auf dem Ödlande vergangener Gedanken und zerbrochener Formen erheben muß.

NEUBAU UND WELTSTADT

Wir haben bisher überpersönliche Bildungen, mit den äußeren Sinnen nicht wahrnehmbare Schöpfungen menschlichen Geistes viel zuwenig unter denselben Gesichtspunkten betrachtet, unter denen wir die persönlichen und materiellen Gestaltungen der Natur mit völliger Selbstverständlichkeit betrachten. Wir denken zuwenig daran, daß für die Geisteswelt und ihre Schöpfungen die gleichen Naturgesetze gelten wie für die materielle Welt. Daß das Einzelwesen und der Einzelkörper im ganzen Naturreich, um überhaupt leben zu können und Gestalt zu haben, ganz bestimmten Gesetzen entsprechen muß, wissen wir alle. Wir wissen, daß jedes Glied in der großen Kette der Natur in die Abhängigkeit des Kausalzusammenhanges eingeschlossen ist. Jeder Körper lastet und trägt, leidet und handelt, ist Ursache und Wirkung auf Grund weniger ewiger Gesetze, die ihn und den Kosmos gleichmäßig beherrschen und erhalten. Jede Bildung, die sich in diese Zusammenhänge nicht organisch einzufügen vermag, wird mit Naturnotwendigkeit in Konflikte mit ihnen geraten und auf die Dauer aus ihnen ausgeschieden werden.

Was wir in dieser Weise von dem Wesen und den Dingen der natürlichen Schöpfung mit Sicherheit aussagen können, haben wir auf Art und Gestaltung unserer eigenen rein geistigen Schöpfungen bisher nicht überall anzuwenden vermocht, am wenigsten auf die politischen und wirtschaftlichen Bildungen, von denen wir alle in eben dem Maße abhängig sind, in welchem unser natürlicher Lebenslauf von den Naturgesetzen abhängig ist. Es gilt deshalb, insbesondere den Staat, die Stadt und alle zwischenstaatlichen und -städtischen Faktoren unter den gleichen Gesichtspunkten zu betrachten wie die Vorgänge der Atomenbewegung und der Biologie.

Die geordnete Bewegung der Materie ruht auf einfachen physikalischen Gesetzen, ebenso wie die Entwicklung des Lebens der Zelle auf einfache organische Gesetze zurückgeführt werden kann. So müssen unsere wirtschaftlichen und politischen Gestaltungen zu Organismen werden, wenn sie lebensfähig bleiben und ordnungsmäßig funktionieren sollen. Der Staat — ein großes organisches Zellgewebe, die Weltstadt das den biologischen Gesetzen dieses Zellgewebes entsprechende Gehirn —, die zwischenstaatlichen und -städtischen Beziehungen die natürlichen, von dem Gehirn der Weltstädte aus unter Erkenntnis der natürlichen Gesetze geleiteten Beziehungen zwischen Staat und Staat, so müßte eine organisch aufgebaute, wirtschaftlich und

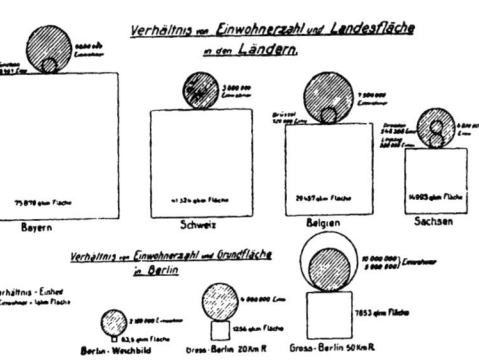

politisch richtig ausbalancierte Welt aussehen. Es versteht sich von selber, einen wie wichtigen Platz in der Frage der Staatenbildung einerseits und der zwischenstaatlichen Beziehungen andererseits die Organisation und der Neubau der Weltstädte einnehmen muß, die wir eben mit den Gehirnen der Staaten verglichen.

Zweifellos hat das 19. Jahrhundert den Staaten eine Entwicklung gebracht, von der sie sich überraschen ließen und der sie sich organisatorisch nicht gewachsen gezeigt haben. Eine Fülle von Kräften drängte mit überraschender Plötzlichkeit zur Großstadtbildung hin, und es gelang den Männern, die im Mittelpunkt der Staaten standen, nicht, diese Kräfte organisch zu ordnen, zu gliedern und architektonisch zu bauen. Zwei Faktoren wären notwendig gewesen, um diese Organisation vorzunehmen, ein geistiger und ein materieller Faktor. Der geistige Faktor hätte sich auf die richtige Ordnung und Gliederung der anstürmenden Kräfte beziehen müssen, der materielle Faktor hätte darin bestanden, diesen Kräften den zu ihrem Aufbau notwendigen Raum mit Vorbedacht zur Verfügung zu stellen. Beides ist nicht geschehen. Unsere Großstädte stellen, je plötzlicher und überraschender sie sich entwickelt haben, um so mehr Gelegenheitsarbeit dar. Die verschiedenen Kräfte, aus denen sie gebildet sind, wuchern in ihnen wild durcheinander, und dieser ihrer geistigen Struktur entspricht ihr räumliches Bild. Gehen wir von diesem räumlichen Bilde aus, weil wir uns dieses Bild am leichtesten vor die Augen zu stellen vermögen, und wir werden erkennen, daß wir in diesem Bilde nur das materielle Korrelat einer ebenso unorganischen geistigen Bildung vor uns haben. Fällt einer in dieser Art entwickelten Großstadt die Aufgabe einer Weltstadt zu, die in ihrer Weltbedeutung der Sammel-, Ausstrahlungs- und Bindungspunkt für alle Kräfte einer Volksgemeinschaft ist, die von innen nach außen und

185

von außen nach innen wirken, dann ergibt sich für uns, die wir eine Neuwerdung erstreben, die logische Forderung: organische Auflösung der Großstadt, arbeitsteilige Organisation ihrer Bewohner und Neubau als Weltstadt.

DIE DEUTSCHE WELTSTADT-
AUFGABE

Für Deutschland, das vollkommen von der weltwirtschaftlichen Entwicklung abhängig ist, gibt es nur einen Ausgangspunkt, von dem aus sein Neubau ordnungsmäßig begonnen werden kann. Mögen dezentralistische Bestrebungen, namentlich im politischen Lager, an der Tagesordnung sein — auch wir wünschen für die Zukunft keine politische oder wirtschaftliche Hegemonie —, trotzdem ist es über jeden Zweifel erhaben, daß die deutsche Menschengemeinschaft für ihre kommende Entwicklung mehr denn je eines politischen und wirtschaftlichen Konzentrationspunktes bedarf. Dieser Konzentrationspunkt aber ist ihr, gleichgültig ob viele ihrer Mitglieder das wollen oder nicht, von Natur und Geschichte bereits bestimmt. Er liegt in Groß-Berlin.

Wie die riesigen Transportdampfer und die mächtigen Panzerschiffe nur dann gerade zu laufen vermögen, wenn sie richtig zentriert sind — man spricht in diesem Sinne vom Metazentrum eines Schiffes —, so liegt das Metazentrum des mächtigen Welthandelsdampfers Deutschland in Groß-Berlin, und das Schiff würde Schlagseite bekommen, wenn man es anders zu zentrieren versuchte. Alle Wege des Welthandels kreuzen sich hier. Alle großen Nachrichtenleitungen haben hier ihren Sammelpunkt, alle deutschen und alle kontinentalen Eisenbahnen laufen hier zusammen. Von hier bis an den Rhein ist es ebenso weit wie bis zur Weichsel. Hierhin gelangt man vom Weltmeer ebenso schnell wie von den Alpen.

Eins freilich tut diesem Ort, eben seiner hervorragenden Stellung wegen und um sie zu erhalten, noch mehr not als jedem anderen deutschen Ort: systematische Auflösung, Neuordnung und Neuaufbau. Berlin wird infolge seiner überaus günstigen Lage voraussichtlich ebenso weiterwachsen wie bisher. Und wenn dem so ist, dann gilt es heute schon, dem wachsenden Riesen (Berlins Einwohnerzahl betrug im Jahre 1820 199 510, im Jahre 1871 884 484, im Jahre 1920 nach Schaffung der Einheitsgemeinde Groß-Berlin rund 3 800 000) ein Gewand zuzuschneiden, in dem er seine immer mächtiger werdenden Glieder frei und kühn recken und strecken kann.

Aus der ersten Tabelle (S. 185) ist das Verhältnis zwischen Siedlungsfläche und der darauf wohnenden Bevölkerung in einzelnen kleinen Staaten und in der Großstadt Berlin ersichtlich. Aus ihr können wir ersehen, daß Raum und Fläche, in der die Groß-Berliner Volksmasse untergebracht ist, weder für die Gegenwart ausreichend sind noch eine Entwicklung ermöglichen, die eine Arbeits- und Wirtschaftsordnung im weltwirtschaftlichen Sinne gestattet. Voraus-

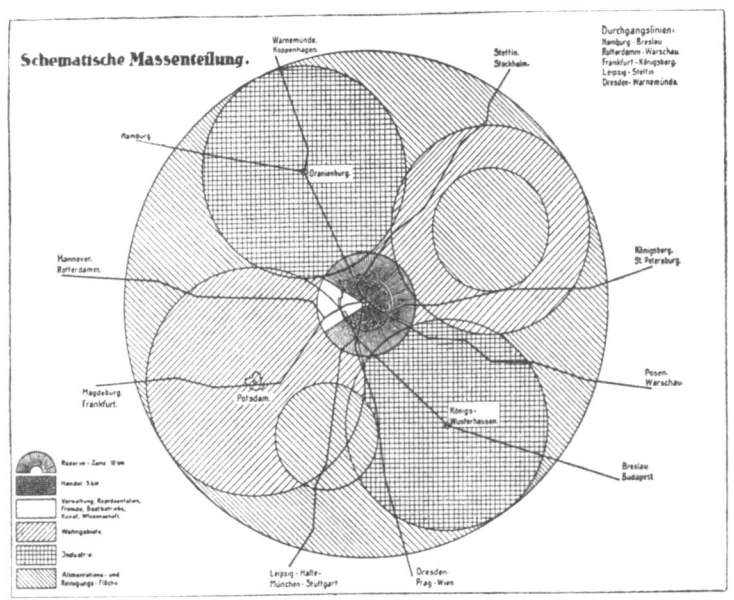

sicht müssen wir beweisen, mit Optimismus müssen wir die Sachlage betrachten, von allem Alten und Engen müssen wir uns losreißen, ins Neue und ins Weite müssen wir streben, wenn wir den Forderungen gerecht werden wollen, die die künftige Entwicklung an uns stellt. Es gilt, ihnen gerecht zu werden, mit der ganzen Energie, die die Überwindung der materiellen Schwierigkeiten der Aufgabe erfordert, und mit dem ganzen künstlerischen Empfinden, das ihre harmonische Gliederung und Teilung zur Voraussetzung hat. Für unsere Aufgabe liegt es heute noch nicht in unserer Möglichkeit, den mathematisch genauen Nachweis zu erbringen, wie groß die Fläche sein muß, die diesen Entwicklungsnotwendigkeiten Berlins entspricht. Aber aus der Sinnfälligkeit dieser Bedürfnisse und aus den Schätzungen, die uns das dürftig vorhandene statistische Material ermöglichen, läßt sich doch eine Handhabe für den erforderlichen Flächenumfang der Weltstädte ermitteln. Nach unserem Dafürhalten muß Groß-Berlin schätzungsweise eine Kreisfläche bedecken, die einen durchschnittlichen Radius von 50 km, vom Berliner Rathausturm aus gemessen, aufweisen kann. Das entspräche einem Flächeninhalt von rund 7800 qkm. Innerhalb dieser Fläche hat nun eine elementare Gliederung des jetzt bestehenden wirtschaftlichen und sozialen Massenkörpers und eine Besiedelung so stattzufinden, daß er nicht allein den Forderungen der Gegenwart, sondern auch denen der Zukunft entspricht. (Tab. 2.)

Ist einmal das Ausmaß des Grundrisses und seine Gliederung festgestellt, dann werden die Männer der deutschen Zukunft mit aller Kraft, mit all ihrem Wissen und Können an die gigantische Aufgabe herantreten müssen, eine neue, harmonisch aufgebaute Weltstadt Berlin zu schaffen. Diese Aufgabe kann aber nur gelöst werden, wenn die neue Zeit eine Zeit des Neubaues sein wird, eine Zeit des Neubaues nicht nur in der übertragenen, sondern vor allem auch in der eigentlichen Bedeutung des Wortes. Eine architektonische Zeit nicht im Sinne der baulichen Einzelschöpfung, sondern eines baulichen Gesamtschaffens, das das Einzelwerk zur Zelle einer größeren, architektonisch richtig gegliederten Gemeinschaft gestaltet und das diese Gemeinschaft wiederum als lebenskräftigen Organismus in das große gemeinschaftliche Zellgewebe des Staates einfügt.

RAUM- UND KÖRPERERLEBNIS

Von Oswald Herzog

Obgleich Körper und Raum zwei polare Faktoren des Weltsystems sind, wird irrtümlich meist der Körper als Raum ausgelegt. Der Körper ist gerade deshalb ein Körper, weil er kein Raum ist. Er ist das Positive — die Materie — der Raum das Negative — das Immaterielle — unseres Weltsystems. Die Materie dringt in den Raum, der Raum umschließt die Materie. Das Wesen beider ist die D i m e n s i o n — das Zeitliche —, die Ausdehnung. Wollen wir den Raum oder Körper erleben, so müssen wir seine Dimension erleben. Körper und Raum an sich haben nur e i n e Dimension und nicht drei. Zu der Auffassung der Dreidimensionalität konnte nur der Mensch gelangen, weil er Körper und Raum nicht erlebte, sondern sich von außen her durch optische Erscheinung zu orientieren suchte. Er benutzt Augen und Hände wie der Blinde den Krückstock und tastet nach Länge, Breite und Tiefe und meint, das Wesen des Raumes oder Körpers festgestellt zu haben. Das Wesen des Raumes und Körpers ist die Ausdehnung zwischen Anfang und Ende. Nur wenn wir den absoluten Anfang und das absolute Ende erkennen, erleben wir Raum und Körper.

Der Anfang der Raumdimension liegt im Weltall, ihr Ende befindet sich am Berührungspunkt des materiellen Weltkörpers. Der Anfang der Körperdimension ist das Zentralinnere der Erde oder ihrer organischen Körper, ihr Ende ist die Berührung mit dem Weltraum. Raum- und Körperdimension greifen auflösend ineinander. Diesen Zustand erkennen wir als Atmosphäre — schwebende Körper in Raumintervallen. Einen absoluten Raum kennen wir nicht. Allseitig sind wir umgeben von Körpern und orientieren uns durch deren Intervalle. Von Objekt zu Objekt erleben wir Teile des Raumes und zugleich die Dimension des Intervalls. Anders ist es, wenn sich der Mensch im Raume selbst dünkt, dann glaubt er von drei Dimensionen reden zu müssen, weil er nach vorn, oben und den Seiten Messungen vornehmen kann. Warum mißt er nicht weiter nach hinten, halb links unten, halb rechts oben usw.? Würden sich dadurch nicht noch viele Dimensionen ergeben? Nein, es gibt eben nur eine Dimension; das übrige sind örtliche Richtungsmöglichkeiten, welche von den Menschen zur Orientierung konstruiert wurden, die Raum und Körper nicht erlebten, sondern abtasteten. Wir erfahren dadurch wohl die Existenz eines Volumens, aber erleben nicht die Dimension. Die Dimension des Raumes zu erleben, ist dem Menschen unmöglich; sie führt von ihm aus ins Weltall, und dieses Unermeßliche erfüllt ihn mit höchstem religiösem Gefühl, mit jenem Gefühl, das ihm vor der Körperwelt verlorenging. An ihr mißt er eben drei Richtungen, und er weiß alles oder nichts. Ohne Mitgefühl, ohne Erlebnis des Körpers und ohne Erkenntnis der Form als auswirkende Ursache stehen wir jedoch zu den Dingen wie Kubus zu Kubus.

Alle Körper der Natur sind organisch, das heißt mit zentralem Leben erfüllt. (Der Berg, der Baum, das Tier, die Wolke.) Anorganische Körper finden wir da vor, wo das Leben durch entgegenwirkende Kräfte zerstört wurde (Spaltungsprozeß); dahin gehören alle kubischen Körper. Organischer Urkörper ist die Kugel. Deren Volumen erleben wir nur, wenn wir vom zentralen Mittelpunkt ausgehend die radiale Expansion des Volumens mitmachen. Diese Expansion ist das Zeitliche — die Dimension — des Körpers; es ist die Abwicklung des organischen Lebens, ein dynamischer Vorgang. In der Größe — D a u e r — dieses Vorganges kommt die Energie — Kraft — zum Ausdruck. Aus dem Gleichmaß der gebundenen Ruhe der dynamischen Expansion ergibt sich die Rundung der Kugel. Durchbrechen Energien die Einheit der Ruhe, werden sie aktiv, so erfolgt eine radiale Expansion nach einer R i c h t u n g   h i n ; sie durchbrechen die kugelige Urform, wie der Keim das Samenkorn, und treiben hinaus in den Raum; der Keim wird zum Trieb, der Trieb zum Stamm. Diesen zeitlichen Vorgang der Körperaktivität nehmen wir mit unserem Auge durch die Linie — Kontur des Körpervolumens — wahr. In der Richtungsaktivität kommt die Dynamik des Willens zum Ausdruck.

Finden nun Spaltungen der Zentralenergien statt, so ergeben sich K o n t r a b e w e g u n g e n — Abzweigungen —, Durchbrechungen der Hauptrichtung; es entstehen neue Körperexpansionen mit eigener Richtung = Teilkörper — Formen —. Dem Stamm entsprießen nun die Äste, Zweige, Blätter und in höchster Entfaltung der Kräfte die Blüten. In diesen erfolgt schließlich die absolute Trennung der Teilenergien von den Zentralenergien durch die Frucht, um als selbständige Zentralenergien ein neues Leben zu beginnen. Der Kreislauf des Lebens wird so geschlossen. Immer neue Kreise schlägt das Leben, gestärkt durch die Zentralenergien des Erdkörpers, und immer wieder treiben die Energien neue Körperexpansionen in den Raum. Wir erleben hier den Monismus im Dualismus, die Einheit in der Vielheit, die Zentralisation in der Mannigfaltigkeit, Bewegung und Kontrabewegung. Alle organischen Körper in der Natur sind Kontrabewegungen zu der rotierenden Expansionsdynamik des Erdinnern. In den Raum zerstäuben würde die Materie, wäre die kondensierende Dynamik des Weltalls nicht gewaltiger.

Aus dem jeweiligen Übermaß der Raumdynamik über die Körperdynamik ergeben sich die verschiedenen Festigkeitsgrade — Verdichtung. Je nach dem Grade der

Aktivität der Körperenergien findet eine Druckverminderung der Raumenergien statt, die wir als Schwergewichtsunterschiede der Materie erkennen. Die zeitliche Auswirkung der Raumenergien erleben wir aber in der z u n e h m e n d e n Geschwindigkeit fallender Körper (Druck gegen den Erdkörper). Allseitig zur Kugel gepreßt durch die Weltraumdynamik und getragen wie die Glaskugel vom Strahl der Fontäne, rotiert der Erdkörper zwischen dem Zahnräderwerk der Weltallenergien im Gleichmaß, in gleicher Richtung, und beschreibt Kreis um Kreis im absoluten Raum.

Wie stand nun der Mensch der Körperwelt gegenüber. Er riß aus dem Organismus der Natur Teile heraus, machte Kuben und stellte wissenschaftlich fest, daß die Körperteile wirklich getötete Materie sind, und erfand schließlich die Lehre von den toten Körpern (Festigkeit, Schwere, Statik). Mitten in die lebende Natur türmte er Kuben auf Kuben und schloß sich ein in eine Welt des Todes. Aus Last und Stütze, Gebälk und Säule schuf er seinen Menschengöttern Tempel. Durch Wand zu Wand, Fußboden zu Decke trennte er vom Raum den Teilraum für ökonomische Zwecke. Nur eine intellektuelle Gehirnabstraktion, wie die der Griechen, vermochte die Menschen mit einer naturwidrigen Weltanschauung und einer Verbildung der natürlichen Empfindungen und Sinnesregungen zu belasten. Stolz auf diese Belastung, fühlt sich der Intellekt unserer Zeit als Richter denen gegenüber berufen, die anders fühlen und deren Sinne nicht erstarrt sind. Wie lange sollen wir Sklaven griechischen Intellekts bleiben? Haben nicht schon andere Völker mehr mütterliches Naturempfinden gezeigt? Ja, selbst den Griechen beunruhigte die Starre der toten Körper. Er gab ihnen den Anschein einer konstruktiven Funktion oder überzog die aufgerichteten Kuben mit der Maske eines Menschen, um ihnen den Anschein von Leben zu geben. Naturhaftes Gestaltungsgefühl hatten dagegen bereits die Hebräer. Sie ließen ihren Gott einen Klumpen Erde nehmen, er formte den Adam und blies ihm den lebendigen Odem hinein. Hier kommt das Bewußtsein der Notwendigkeit innerer Dynamik und damit ein starkes Naturgefühl zum Ausdruck. Nicht Augenblendwerk, sondern Seelenausdruck ist die Natur. Wo eine Seele ist, da ist ein Körper. Die Seele formt die Körper, der Körper aber schafft keine Seele. Ist es zu verwundern, daß naturveranlagte Völker, wie die Germanen, unbewußt dauernd geistig ringen, um ihre Gefühle von dem fremden Intellekt zu reinigen! Groß und rein kam ihr Naturempfinden zum Ausdruck, als sie, noch unverbildet von der Renaissance, ihre gotischen Dome schufen. Nur das Erfülltsein von einer gewaltigen Lebensdynamik konnte durch die kubische Materie den Lebensstrom fließen und in ungeahnter Größe und Freiheit in den Raum wachsen lassen. Legten sie in die Dome die Alldynamik der Natur, so ließen sie durch den Körper der gotischen Figuren den W e c h s e l s t r o m der Naturdynamik fließen.

Warum quält den Menschen immer noch Ästheterei: So oder Somacherei, Phrasen von Einansichtigkeit oder Rundblick, von blockhafter Geschlossenheit, Statik, Material, Stil usw. Hast du eine Seele gefunden, dann nimm Materie, stecke sie hinein; sie wird dem Körper die Form geben, die sie braucht. Ästhetik aber ist kein Ersatz für Seelen. Seelen finden sich in der Natur.

DAS NEUE DENKMAL IN WEIMAR

Von Johannes Schlaf

Als ich gelegentlich vor dem Denkmal für die Märzgefallenen stand, wandte sich jemand in meiner Nähe, der sich's auch ansah, mit der halb verdrießlich aufgebrachten, halb wißbegierigen Frage an mich: »Ja, aber sagen Sie doch nur mal, was soll das nun bedeuten?«

Man darf die Frage des braven Bürgers und ihre Tonart nicht verachten. Auch anderen Leuten, die sonst von der Kunst etwas verstehen, kann es einem überraschend neuen Kunstwerk gegenüber so gehen; wie es aus allen Regeln und aller Überlieferung herauszuspringen scheint, hat es selbst für den Kunstverständigen etwas Verwirrendes, Vor-den-Kopf-Stoßendes, Verdrießendes. Man muß sich erst mit ihm beschäftigen, in es eindringen. Seine beste Probe ist, daß es einen zunächst bannt, einen immer wieder zu sich hinzieht, einen nicht mehr in Ruhe läßt. Ohne daß man's weiß, hat man's damit schon verstanden; es gilt bloß, durch eine weitere, immer wiederholte Beschäftigung mit ihm sich selbst über den Inhalt seiner Anziehungskraft und den unterbewußten, auf jeden Fall starken Eindruck, den es auf einen übt, klarzuwerden, ihn durch diese wiederholte Beschäftigung ins Bewußtsein heraufzubringen. Eigentlich hat es sich nun aber schon mit allem, was es enthält und gibt, ganz unmittelbar mitgeteilt. Ich antwortete dem Frager daher: »Man muß nichts hinter einer neuen, noch ungewohnten Sache suchen: man muß sie nehmen, wie sie sich einem bietet, dann hat man sie schon. — Ich will Ihnen sagen, wie das Denkmal auf mich gewirkt hat, sofort, gleich auf den ersten Blick. Als ich zum erstenmal herantrat, gleich als ich es beim Hinzuschreiten noch aus der Entfernung sah, bannte mich ein von unten nach oben, und zwar in schräger Richtung von einer mächtigen, breiten Grundlage auf schließlich spitz verlaufendes Aufragen. Und zwar in einer Weise, die nicht als starre Ruhe, sondern als Bewegung wirkte. Und dieser Eindruck, ich möchte sagen: dies Erlebnis, packte mich auf der Stelle, hielt mich fest.«

»Ja, ja, das versteh' ich, so geht's mir vielleicht auch«, antwortete der andere. »Aber...«

»Aber das ist schon viel, ist ja schon alles«, fuhr ich fort. »Das Weitere gibt sich von hier aus eigentlich ganz von selbst und hat sich mir, weil ich ganz im ersten Eindruck lebte und nichts Besonderes weiter hinter der Sache suchte, von selbst gegeben. Ich merkte nämlich auch schon gleich, daß ich

Grabstein Reibedanz auf dem Luisenkirchhof in Berlin von Max Taut (farbig behandelt)

191

mich ja auf einem Friedhof befand und daß dieser Umstand ganz ohne weiteres mit in den Eindruck eingeschlossen war. Das heißt aber: Daß ich mich an einer Stätte befand, wo unsere Toten ruhen, die, da ja das Leben ewig ist und nie wirklich ganz vernichtet werden kann, sich in dem, was wir Todzustand nennen, bloß in einem, wenn unserem Verstand auch nicht weiter zugänglichen, Übergang in einen neuen Lebenszustand hinein befinden; für unseren Glauben, unsere Zuversicht und irgendein sehr bestimmtes, unterbewußtes Gefühl, das wir besitzen, weil es uns gänzlich unvorstellbar ist, daß irgend etwas, das gelebt hat, für immer tot und aus allem ewigen, einheitlichen Leben herausgefallen sein sollte. Wieder entwickelt sich der erste Eindruck mit allem Weiteren ganz aus sich selbst. Wir können uns den Übergang aus der starren Ruhe des Todes ja nicht anders vorstellen, und er kann in Wahrheit nichts anderes sein als das Streben einer neu gerichteten Bewegung. Und so schießt das, was wir Geist nennen – und alles, auch die Materie, ist seinem letzten Grundwesen nach ja nichts anderes als Geist und ein geistiger Zustand; und der Geist, die Seele erst ist das Leben und ist aller Zustand von Leben –, aus der starren Ruhe wieder in das Leben, in ewige Bewegung, wieder in einen neuen Bewußtseinszustand hinein. Packte Sie das Denkmal aber gleich auf den ersten Blick als eine herrliche, mächtig von unten, aus starrer, breiter, flachgestreckter Ruhe in die Höhe strebende Bewegung, und gerade an dieser Stätte: so haben Sie allen Sinn des Denkmals verstanden. Was Sie stört, verwirrt, verdrießlich macht, ist bloß der Umstand, daß Ihr Verstand an all den überlieferten, und wie Sie gestehen werden, doch nachgerade recht abgeleierten und schablonenhaft gewordenen Grabdenkmalsformen haftet und sich davon noch nicht frei gemacht hat. Aber die empfinden ja weiter nichts mehr, sondern sind bloße Schablonen, träg, starr gewordene Überlieferung. Bringt sich nun aber ein wahres, wirklich religiös empfundenes, gelebtes Empfinden zum Ausdruck, so packt es einen zwar sofort, wie es nicht anders sein kann, macht aber das in einem, was träg, im alten, gedanken- und empfindungslosen, ängstlich formalen bequemen Schablonentum erstarrt ist, verdrießlich.

Machen Sie sich nun aber vorstellig, daß nicht der in Staub zerfallene Leib, sondern daß seine geistig-seelische Grundeigenschaft, sein ewiges Leben, seine ewige Bewegung und ihr ewiger, in neues Leben und neues Bewußtsein hineinstrebender Drang das eigentlich Wahre und Lebendige ist, so werden Sie zugeben, daß die symbolische Erfassung und Darstellung rein dieses geistigen, über den Tod hinaus ins Leben ewig und unvergänglich strebenden Dranges weit wahrer, mächtiger, ergreifender ist als irgendeine hingestellte, noch so geschickt gemeißelte menschliche Gestalt.

Aber Sie können, wenn Sie so weit gelangt sind, ganz ungezwungen noch auf einen weiteren, fruchtbaren Gedanken kommen. Das beste Symbol für diesen ewigen Drang ins Leben ist offenbar das Kristall und der lebendige anorganische und organische Kristallisationsprozeß. Die Wissenschaft weiß, daß das erste Leben, der organische Urschleim des Protoplasmas, aus welchem die gewaltigen Wesensreihen von den einfachsten Urtieren bis zum Menschen herauf sich entwickelt haben, aus dem starreren, doch in einem gewissen Stadium flüssig, beweglich gewordenen anorganischen Kristallisationsprozeß herauf entstanden ist; und das ist der eigentliche, verehrungswürdig geheimnisvolle Übergang von der unterbewußten Todstarre zum bewußtheitlich geistig seelischen Leben herauf. Ein solches mächtiges, aufschießendes Kristall ist aber das Denkmal, das uns also mit einem sehr lebendigen und umfassenden Symbol sofort und gewiß sehr fromm und religiös unmittelbar jenen geheimnisvoll ewig zu neuem Leben drängenden Kristallisationsprozeß darbietet und uns damit sofort alles Wesentliche von Tod und Leben sagt. – Wenn Sie aber weiter noch bedenken wollen, daß ja auch die Pyramiden, Obelisken und sonstigen Grabsäulen des Altertums nichts anderes waren als die Versinnbildlichung dieses ewigen Dranges aus der Todstarre zum Leben, so kann Sie das Denkmal, so neu und ungewohnt es uns heute zunächst noch ist, nicht mehr verwirren.

Es ist im übrigen ein sehr glücklicher Gedanke, daß sein Urheber nicht mehr auf das allzustarre Gebilde der Pyramiden und Obelisken zurückgegriffen hat, sondern daß er im Einklang mit der von ihm religiös lebendig erfaßten Wissenschaft ein Kristall

Märzgefallenen-Denkmal in Weimar von Walter Gropius (Material Beton)

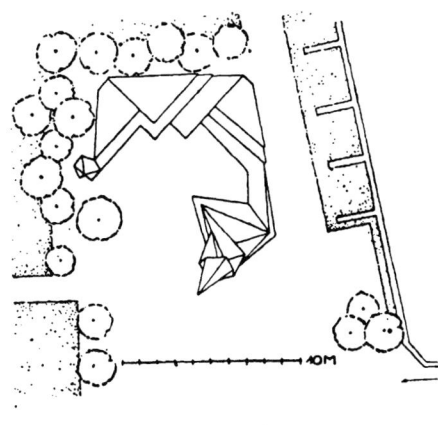

Grundriß

hingestellt hat. Auch das war ein glücklicher Gedanke, daß er das Kristall nicht steil gerade aufrecht hinstellte, sondern es etwas schräg ansteigen ließ. Denn jeder Drang hat einen Widerstand zu überwinden, und das geschieht meist nicht in so ganz gerad aufrechter Richtung, sondern in schräger.«

»Ach ja, das läßt sich hören«, meinte der andere. »Nun ja, wenn man's weiß, dann kann man mit der Sache wohl was anfangen.«

»O ja«, antwortete ich. »Die Architektur und die Bildhauerkunst werden mit diesem außerordentlich lebendigen und fruchtbaren Gedanken in Zukunft noch sehr viel und Großes zustande bringen.«

»Ja, jetzt versteh' ich«, sagte der andere, von neuem in den Anblick des Denkmals versunken. »Es ist doch recht schön.«

DAS BÜROHAUS DES ALLGEMEINEN DEUTSCHEN GEWERKSCHAFTSBUNDES BERLIN

Von Max Taut

Im Zentrum Berlins, unmittelbar am Untergrundbahnhof Inselbrücke, errichtet der Allgemeine Deutsche Gewerkschaftsbund sein neues Bürohaus. Das Gebäude wird zur Unterbringung der Zentralorganisation des Bundes dienen. Der jetzt zur Ausführung gelangende Bauabschnitt grenzt an Wall- und Inselstraße, während das vom Bund erworbene Terrain für die künftige Vergröße-

rung und Erweiterung auch die Ecke am Köllnischen Wasser umschließt.
Der Bebauung dieses Geländes stehen einige technische Schwierigkeiten entgegen, jedoch werden diese durch die vorzügliche Verkehrslage zur Stadt reichlich aufgewogen. Die größte Schwierigkeit bietet die Untergrundbahn, die das Gelände quer über Eck mit einem Tunnel durchschneidet. Außerdem ist der Baugrund nicht gut. Er bedingt eine einfache künstliche, etwa 5 m tiefe Fundierung. Die vorhandenen Mauern der Untergrundbahn können belastet werden und dienen zur Aufnahme der zweiten Tunneldecke, auf der der eigentliche Hochbau errichtet wird. Für die Fundierung sollten anfangs etwa 5 m lange Holzpfähle verwendet werden; hiervon mußte jedoch Abstand genommen werden, weil zu befürchten war, daß durch die Erschütterung während des Rammens die Nachbargebäude gefährdet werden könnten. Zur Ausführung kamen darum Mastsche Eisenbeton-Bohrpfähle. Ecke Wall- und Inselstraße ist beim Bau der Untergrundbahn zwischen den Gleisen bereits ein Pfeiler errichtet worden, der zur Aufnahme der beiden Frontwände dienen sollte. Wie sich nachträglich herausstellte, läßt dieser Pfeiler eine statische Belastung von höchstens drei Geschossen zu. Bei der Projektierung mußte von vornherein auf diese gegebenen Hemmungen aus wirtschaftlichen Gründen Rücksicht genommen werden. Um eine Rentabilität zu erzielen, wurde der Hauptteil des Gebäudes sechsgeschossig geplant, um ein Äquivalent für den Teil des Gebäudes, der aus statischen Gründen niedrig bleiben mußte, zu erhalten. Die durchschnittliche Höhe entspricht trotzdem dem baupolizeilichen Maß von 22 m. Das Kellergeschoß enthält außer Heizung, Lager- und

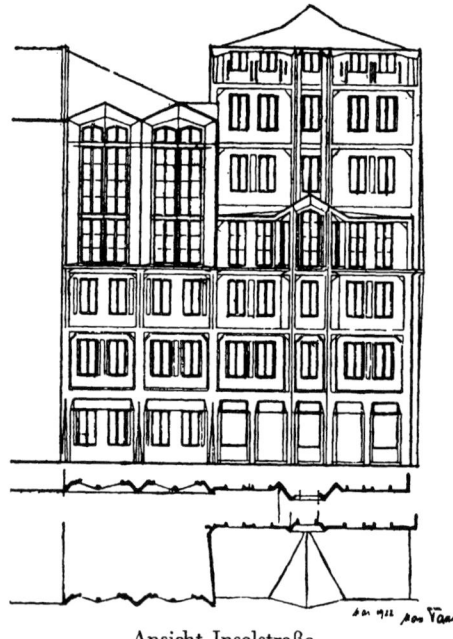

Ansicht Inselstraße

Vorprojekt für Treptow

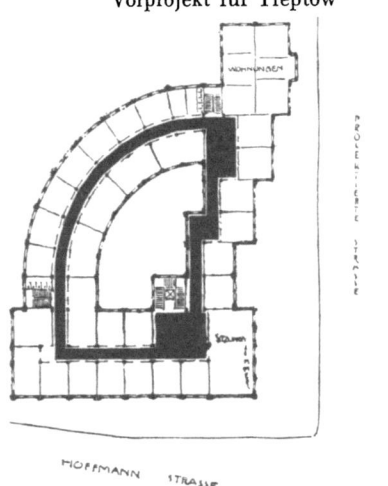

Grundriß

anderen Nebenräumen eine größere Tresoranlage für die im Erdgeschoß befindliche Bank des A.D.G.B. – Die verbleibenden fünf Geschosse dienen, bis auf zwei Wohnungen der Vorsitzenden, alle ausschließlich Bürozwecken. Im Flügel nach der Inselstraße sind außer Büros ein größerer Sitzungssaal und ein weiteres kleineres Sitzungszimmer untergebracht. Im Anschluß an diesen Flügel soll auch die spätere Erweiterung erfolgen.

Da die Raumeinteilung sich heute noch nicht definitiv feststellen läßt, muß für den Bau ein System gewählt werden, das eine beliebige Verteilung der Büroräume innerhalb eines klaren Korridorsystems ohne Schwierigkeiten zuläßt. Da außerdem, bedingt durch den schlechten Baugrund und durch die Untergrundbahn, eine leichte Bauweise gewählt werden mußte, konnte nur ein Eisen- respektive ein Eisenbetonbau in Frage kommen. Wegen der außerordentlich schweren Beschaffung des Eisens mußte auf einen reinen Eisenbau verzichtet werden. Es wird jetzt ein Rahmenbau ausgeführt, der einzelne wabenförmige Zellen umschließt. Die sich ergebenden Freiflächen werden an der Frontseite durch schwache Mauern, bei den Decken als Hohlsteindecken und seitlich als schwache Wände ausgefüllt.

Aus all diesen technischen Voraussetzungen entwickelte sich die Architektur. Der Rahmenbau wird im Äußeren wie im Inneren konsequent durchgeführt und auch gezeigt. Im Innern sollen die Binder für den Sitzungssaal, die Stützen in den Korridoren, die Betonbalken der Decken auch als solche sichtbar bleiben, im Äußeren wird klar ohne unnötige »Verzierung« das quadratische

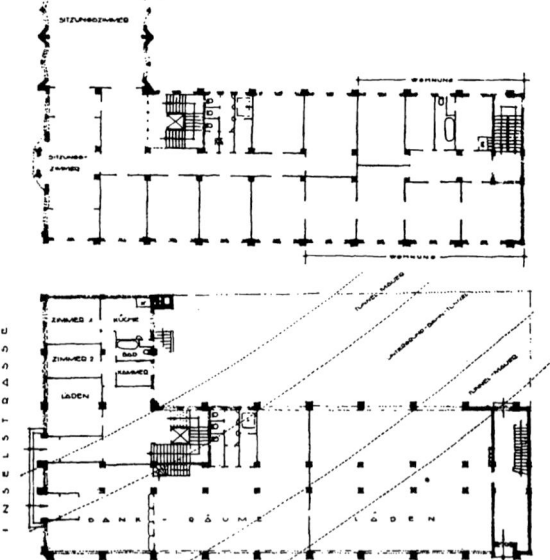

Max Taut: Allgemeiner Deutscher Gewerkschaftsbund, Bürohaus (im Bau begriffen). Gez. von W. Repsold; desgleichen S. 197

Obergeschoß

Erdgeschoß

System des Betonbaues gezeigt. Die Flächen zwischen den Betonrahmen werden verschiedenfarbig gestrichen. Das Dach ist ebenfalls aus Beton und mit farbigem Dachdeckungsmaterial beklebt.

Der Bau steht im alten Berlin in der Nähe des Märkischen Museums und der Messelschen Versicherungsanstalt. Von einzelnen Behörden wurden Bedenken geäußert, ob sich der Bau in das vorhandene alte Stadtbild einfügen wird. Besonders das Fehlen des üblichen hohen Daches und das Zeigen der klaren Konstruktion sollten fast verhängnisvoll für die baupolizeiliche Genehmigung des Gebäudes werden. Die beiden abgebildeten Schaubilder zeigen ein verhältnismäßig naturgetreues Bild, auch mit der vorhandenen Umgebung.

Ausgeführt wird der Bau von der Berliner Bauhütte. — Das ebenfalls abgebildete Vorprojekt (S. 195) des Bürohauses ist unter vollkommen anderen Verhältnissen entstanden. Es sollte auf einem freien, mit Bäumen bewachsenen Gelände errichtet werden, das in der Nähe des Ringbahnhofes Treptow gelegen ist. Aus verkehrstechnischen Rücksichten wurde auf den Bau an dieser Stelle verzichtet. In Treptow läßt die Baupolizei eine Gebäudehöhe von höchstens drei Geschossen, und zwar auch dies nur ausnahmsweise, zu, während im übrigen villenmäßige Bebauung vorgeschrieben ist. Beim Projektieren des Gebäudes mußte darum auf diese Vorbedingung eingegangen werden. Ein Bau mit stärkerer Gliederung der Gebäudemassen und Ausdehnung in die Breite erschien hier das Gegebene. In dem Gebäude sollten dieselben Räume untergebracht werden wie bei dem in der Ausführung begriffenen Hause. Auch war die Ausführung ähnlich gedacht: ein Betonbau mit Holzbalken-Decken, ausgemauerten Front- und Zwischenwänden.

Die Außenflächen sollten ebenfalls farbig gestrichen und das Dach mit verschiedenfarbiger Steindeckung eingedeckt werden.

ÜBER DIE ZUKÜNFTIGE BAUKUNST
UND IHRE ARCHITEKTONISCHEN MÖGLICHKEITEN

Ein Programm von J. J. P. Oud, Leiter des Städtischen Bauamts in Rotterdam

Die Baukunst befindet sich in einer für ihre Entwicklung äußerst wichtigen Periode, deren Bedeutung jedoch nicht genügend nach der Richtung hin erkannt wird, in der sie liegt.

Nach der Überwindung des Akademismus hat eine Erneuerung sich Bahn gebrochen, eine Erneuerung, deren Endtendenzen nur in ihren ersten Spuren sichtbar sind.

Es ist ein unrichtiger Schluß — als Folge der veralteten Ruskinschen Auffassung, daß im Kampf die höchste ästhetische Offenbarung liegen soll —, daß diese Erneuerung zu gleicher Zeit ein Höhepunkt und deswegen auch ein Ende sein soll.

Das Leben ist Kampf, die Kunst jedoch in ihrer höchsten Form ist Überwindung, d. h. Befriedigung. Was unsere Zeit an geistigem, sozialem und technischem Fortschritt zeigen kann, wurde in der Baukunst noch nie verwirklicht. Nicht nur ist die Baukunst der Gegenwart ihrer Zeit nicht voraus, sie ist sogar nicht auf der Höhe ihrer Zeit und wirkt bisweilen hemmend auf die notwendige Entwicklung des Lebens. Verkehr, Gesundheitspflege, zum Teil auch Wohnungsnot, um nur diese zu nennen, können das belegen. Es stellt sich die Baukunst nicht mehr als Ziel, die wünschenswerteste Art des Beherbergens in schöner Form zu verkörpern, sie opfert dagegen alles einer von vornherein festgestellten Schönheitsanschauung, welche, aus anderen Umständen hervorgegangen, ein Hindernis für Lebensentfaltung geworden ist. Ursache und Wirkung sind verwechselt. So kommt es, daß im Bauwesen nicht jedes Produkt technischen Fortschritts schon sofort dankbare Nutzanwendung findet, sondern erst vom Standpunkt der herrschenden Kunstauffassung geprüft wird und in der Regel, weil zu ihr im Gegensatz stehend, nur mühsam standhält gegen das pietätvolle Architektentum.

Spiegelglas, Eisenbeton, Eisen, maschinell hergestellte Bau- und Ziersteine usw. — dieses mehr, jenes minder — liefern dafür die Beweise.

*

Keine Kunst ist schwerer zu reformieren als die Baukunst, weil in keiner Kunst die Formgebung zwingender von der Materie bestimmt wird. So blieb auch in keiner Kunst, jahrhundertelang, mehr äußerliche Formtradition erhalten als in der Baukunst.

Die Vernichtung um des besseren Wiederaufbaues willen kennt sie nicht: sie entwickelt sich stets, rückentwickelt sich nie. Vernichtung äußerlicher Form — so notwendig wegen immerwährender Veränderung formbestimmender Umstände — kam bei ihr nicht vor. Renaissance baute auf Gotik, Gotik auf Romanisch, Romanisch auf Byzantinisch usw., und was das eigentliche Wesen der Baukunst ausmacht, das gleichgewichtige Kräftespiel von Stütze und Last, von Zug und Druck, von Aktion und Reaktion, kam im Lauf der Zeiten niemals rein zur Darstellung, sondern stets umschleiert, von phantastischer Verkleidung umhüllt.

*

Es scheint ein Axiom, daß Baukunst nur dann vertieft und wertvoll sei, wenn sie Ergebnis ist von endloser Weiterbildung oder Abstrahierung traditioneller Formen, wenn alle früheren Versuche zur Beseelung der Materie komprimiert und raffiniert aus ihr hervorgehen.

Der wahre Wert der Tradition jedoch liegt nur in der Tatsache, daß Kunst Ausdruck von Innerlichkeit, von Lebensgefühl sei. Ein klarer Begriff von Tradition bedeutet deswegen in bezug auf frühere Kunst Aufstand, nicht Unterwerfung.

Das Lebensgefühl einer Zeit ist Richtlinie für ihre Kunst, nicht die Formtradition!

Nie war das Lebensgefühl innerlich bewegter als jetzt, nie schärfer im Kontrast seiner bis zum äußersten zugespitzten Gegensätze. Nie war das Chaos größer. Natürliche Werte werden verdrängt, üben jedoch noch immer Anziehungskraft aus; geistige Werte entstehen, stoßen jedoch ab. Die unvermeidliche Lebensfolgerung vollzieht sich nichtsdestoweniger mit eiserner Notwendigkeit: Geist überwindet Natur.

Mechanik verdrängt tierische Kraft, Philosophie verdrängt Glauben. Die Stabilität des alten Lebensgefühls ist untergraben, der natürliche Zusammenhang seiner Organe gestört. Neue, geistige Lebenskomplexe formen sich, machen sich von den alten, natürlichen los und suchen gegenseitig Gleichgewicht. Das neue Lebensgefühl fängt an, sich auf vorläufig noch unausgeglichene Weise zu offenbaren. Ein neuer Lebensrhythmus ist im Werden, in dem sich eine neue ästhetische Energie und ein neues Formideal in großen Zügen abzeichnen.

Nur die Baukunst, welche die Aufgabe hat, Widerspiegelung der Kultur ihrer Zeit zu sein, bleibt geistig immun unter diesem Geschehen!

*

Im bewußt-ästhetischen Sinne — in der für so abgeänderte Umstände einzig denkbaren, d. h. revolutionären Weise — verwirklicht sich das neue Lebensgefühl zum ersten Male in der Malerei und in der Skulptur. Weil das Leben sich noch nicht ins Gleichgewicht setzte, überwand auch diese neue, sich auf Lebenswirklichkeit gründende Kunstauffassung noch nicht den Kampf (die Tragik). Der Kampf ist hier jedoch Mittel, nicht Zweck. Mittel zum Geistig-Befreienden, zum Reinästhetischen.

Im Futurismus mit seinem Versuch zu malerkünstlerischer Versöhnung von Raum und Zeit sowohl wie im Kubismus mit seinem Kampf zwischen Realität und Abstraktion spiegelt sich das neue Lebensgefühl schon, ohne sich noch in ein rhythmisches Gleichgewicht zu setzen. Kann der Futurismus sich zeigen als der Prototyp einer neuen, einer dynamischen, sich mittels der Vereinigung von Kinematographie und Staffeleibild ausdrückenden Malerkunst, so enthält der Kubismus Entwicklungsmöglichkeiten allgemeiner Art, die ihn zum Übergangsstadium nach einer neuen, nach einer monumentalen Malerkunst stempeln können.

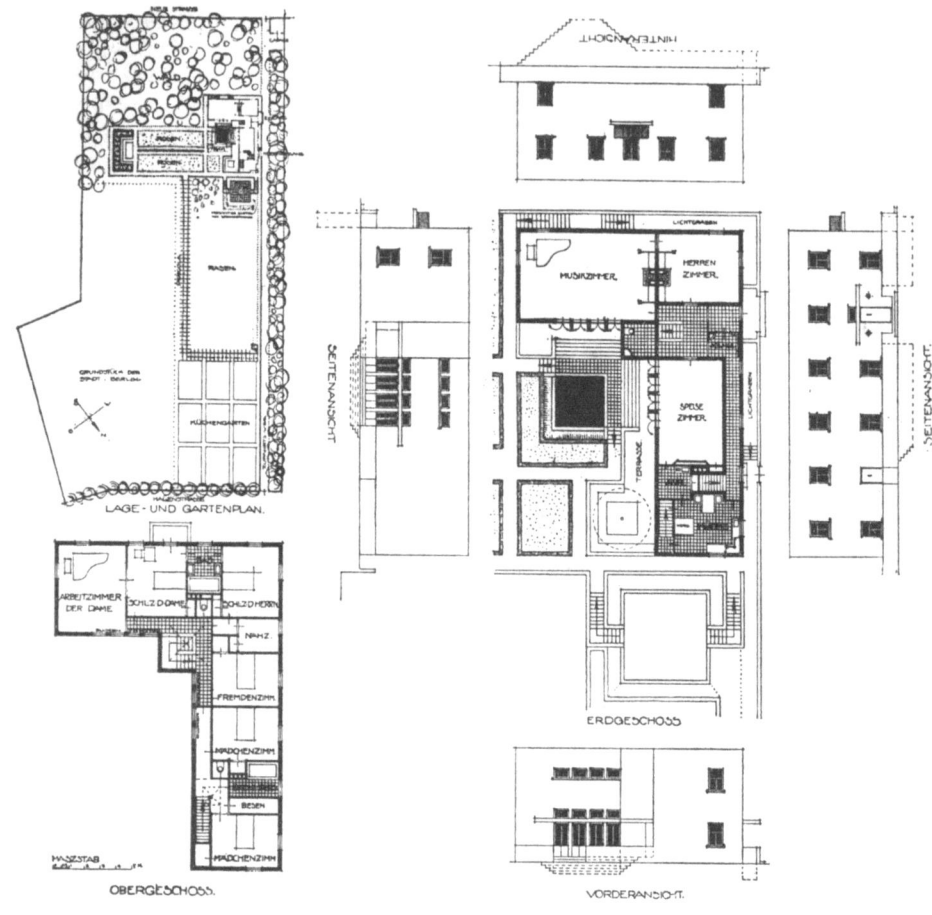

Pläne zu dem Entwurf auf Seite 201

Hin- und hergeschleudert zwischen abstrakt-konstruktivem Formdrang und philosophisch-vertiefter Naturliebe, welch letztere das Leben, wie es ist, d. h. Wesen und Erscheinung zugleich, unter allen seinen Formen liebt und verehrt, jedoch zu gleicher Zeit in der Relativität seiner äußerlichen Erscheinungsform verwirft, zeigt der Kubismus äußerlich noch das tragische Bild der Übergangszeit.

Anfangs noch auf überwiegend natürliche Weise, jedoch im Wesen revolutionär, dann durch Zergliederung natürlicher Form, vollzieht sich im Kubismus der Übergang vom Natürlichen zum

J. J. P. Oud: Entwurf zum Wohnhause Dr. Kallenberg in Berlin
(vgl. S. 127, Frühlicht Nr. 2)

Geistigen, d. h. von der Abbildung zum Gebilde oder vom Beschränkten zum Räumlichen.

Seiner innerlichen Triebkraft folgend, verdrängt seine geistige Tendenz mehr und mehr die Zufälligkeit des natürlichen Vorbildes; was nebensächlich ist, fahren lassend, straffwerdend in der Form und flächigwerdend in der Farbe drängt sich die Konsequenz einer reinen Malerkunst auf, welche durch nur malerkünstlerische Mittel, durch gleichgewichtiges Verhältnis in Stand und Maß der Farbe zur Raumgestaltung kommt und, in dieser Form ihre Existenzberechtigung als Staffeleibild verlierend, sich von der größten Bedeutung für die Entwicklung des Farbelementes in der zukünftigen Baukunst zeigen kann.

*

Die Baukunst selbst, die kulturell bedeutendste aller Künste, geht vorläufig innerlich unberührt an diesem Gärungsprozeß vorbei. Geistig noch unberührt von dem revolutionären Sentiment, woraus der Kubismus entsprang, darüber jedoch gar nicht hinaus, verfällt sie äußerlich von einem Exzeß in den anderen, ohne ihre natürliche Neigung zum Nebensächlichen, zur Verzierung zugunsten einer mehr geistigen Auffassung überwinden zu können, in der sich das Wesentliche der Baukunst, das gespannte Gleichgewicht der Kräfte, direkt gestaltet.

Was sie indessen aus eigener geistiger Kraft nicht vermag, wird durch die Macht der Umstände wie von selbst geboren.

*

Die Baukunst ist nicht wie die freien Künste ausschließlich Resultat eines geistigen Prozesses, sondern außerdem von materiellen Faktoren, von Bestimmung, Material und Konstruktion. Ihr Ziel ist ein doppeltes: nützlich und schön zugleich. So wie die geistigen Faktoren im Laufe der Zeit sich ändern, so ändern sich auch die materiellen Faktoren fortwährend, und letztere können nur vorübergehend in ihrer Entwicklung gehemmt werden. Dieses gilt für Objekte der Baukunst ebenso wie für Objekte der Industrie.

Je nachdem aber die ästhetischen Möglichkeiten eines Objektes kleiner und sein Nutzwert größer wird, verrringert sich der Widerstand, den seine reine Formbestimmung seitens der herrschenden Kunstauffassung erleidet.

So ist es möglich, daß Gegenstände, welche hauptsächlich praktische Bestimmung haben und welche nur in geringem Grade auch ästhetischen Wert besitzen können, der künstlerischen Aufmerksamkeit entrinnen und möglichst zwecksprechend, rein technisch, geformt werden. Es zeigt sich dann, daß der Schönheitsdrang im Menschen so groß ist, daß diese Gegenstände wie von selbst über das rein Technische hinaus zur elementar-ästhetischen Form kommen.

Derartige Gegenstände, wie z. B. Automobile, Dampfschiffe, Jachten, Herrenkleidung, Sportkleidung, elektrische und sanitäre Artikel, Eßgerät usw., haben dann als reiner Ausdruck ihrer Zeit die Elemente der neuen ästhetischen Formgebung in erster Instanz in sich und können als Anknüpfungspunkte zur äußerlichen Erscheinungsform der neuen Kunst beachtet werden. Durch ihren Mangel an Verzierung, ihre straffe Form und flächige Farbe, durch die verhältnismäßige Vollkommenheit ihres Materials und ihre reinen Verhältnisse — zu einem bedeutenden Teil als Folge der neuen (maschinellen) Produktionsweise — wirken sie indirekt befruchtend auf die Baukunst in ihrer jetzigen Form und lassen in ihr einen — auch von mehr direkten Ursachen veranlaßten — Drang nach Abstraktion entstehen, der sich vorläufig als Vergeistigung herkömmlichen Formwesens, nicht als Manifestation neuen Lebensgefühls offenbart.

Daß dieser Drang nach Abstraktion noch negativ ist, d. h. Folge mehr von Lebenszerfließung als von Lebensentfaltung, zeigt sich, abgesehen von der Unbestimmtheit der Form, vor allem in dem Fehlen an ästhetischer Energie, an geistiger Gespanntheit.

*

Die Baukunst der Gegenwart — selbst in ihrer am höchsten entwickelten Form — kennt nicht die Gespanntheit, wie sie sich ästhetisch verwirklicht in dem großen Rhythmus, in dem gleichgewichtigen Komplex von gegenseitig sich aufeinander beziehenden und einander beeinflussenden Teilen, wovon der eine die ästhetische Absicht des anderen unterstützt; wo weder etwas hinzugefügt noch etwas abgenommen werden kann, wobei jeder Teil in Stand und Maß so sehr im Verhältnis steht zu den anderen Teilen, für sich selbst und als Ganzes, daß jede — auch die kleinste — Veränderung eine völlige Störung des Gleichgewichts zur Folge hat.

Was die heutige Baukunst mit eigenen Mitteln an einem derartigen Gleichgewicht schuldig bleibt, verbessert sie durch Anbringung von Ornament.

Durch die Anwendung von Ornament läßt sich jeder Mangel an reinem architektonisch-kompositorischem Gleichgewicht, läßt sich jeder architektonisch mißglückte Versuch zur baukünstlerischen Gestaltung mittels nur architektonischer Mittel, wie Fenster, Türen, Schornsteine, Balkone, Erker, Farbe usw., ä u ß e r l i c h wiederherstellen.

Ornament ist das Universal-Heilmittel für baukünstlerische Impotenz!

Eine ornamentlose Baukunst erfordert die größtmögliche Reinheit der baukünstlerischen Komposition.

*

Das Vorhandensein einer Tendenz nach einer ornamentlosen Baukunst, so wie sie aus den genannten Faktoren indirekt, aus näher zu nennenden Faktoren direkt abzuleiten ist, ist bereits wiederholt gezeigt worden, doch auch wiederholt verworfen, da die Auffassung herrscht, daß sich in höchster Instanz die Begriffe Schönheit und Verzierung gegenseitig decken, und weil an ein nicht ausrottbares menschliches Bedürfnis nach Verzierung geglaubt wird. Ein Bedürfnis, das — sollte es vorhanden sein — nicht notwendig Befriedigung durch die Kunst erfordert. Alle Verzierung in der Kunst ist nebensächlich: äußerlicher Ausgleich für ein innerliches Defizit: Anhängsel, kein Organ, in der Baukunst nur so lange notwendig, als Gestaltung mit eigenen Mitteln in ästhetischer Hinsicht versagt.

In bezug auf den gänzlichen baukünstlerischen Organismus bedeutet Verzierung: äußerliche Harmonie, nicht innerliche Energie: immer nur Zusammenhang — oberflächlich wie in der Renaissance oder innig wie in der Gotik —, aber nie Kontrast, nie Gespanntheit. Die Entwicklungsgeschichte der Baukunst lehrt, daß die Art ihres Entstehens in erster Instanz zugleich die Keime ihres Verderbens enthält. Erst n a c h d e m die erste Hütte gebaut war, verzierte man sie und legte damit die Grundlage für die, alle Jahrhunderte hindurch zu erfolgende Ungleichzeitigkeit, folglich Zwitterhaftigkeit der Gestaltung von Nutzen und Schönheit, wodurch die verwirrende Kongruenz Schönheit—Verzierung geschaffen wurde, welche bis auf unsere Zeit ein Hindernis für das Entstehen einer reinen Baukunst bildete.

Unter dem Drang der Umstände und durch Erweiterung ästhetischer Einsicht scheint erst jetzt eine aus und durch sich selbst gestaltende Baukunst möglich, eine Baukunst, bei der nicht die anderen Künste angewendet, also untergeordnet sein, sondern mit der sie organisch zusammenwirken werden, eine Baukunst, welche schon von vornherein in ihren konstruktiven Funktionen die Schönheit erlebt, d. h. welche durch die Gespanntheit ihrer Verhältnisse die Konstruktion selbst über ihre materielle Notwendigkeit hinaus zur ästhetischen Form erhebt.

Eine derartige Baukunst verträgt keine Verzierung, weil sie ein in sich kompletter raumgestaltender Organismus ist, bei dem alle Verzierung Individualisierung und mithin Einschränkung des Universellen, d. h. des Räumlichen, sein würde.

*

Der Verlauf einer Baukunstentwicklung läßt sich wegen ihrer Kompliziertheit nicht aus einigen Faktoren erklären. Ein ganzer Komplex mehr oder minder menschlich bewußter Kräfte arbeitet dazu mit, in dem nur dann und wann einzelne, mehr vor Augen liegende, sich deutlicher abzeichnen und gezeigt werden können. Was die sich mehr direkt auf die Baukunst selbst beziehenden Faktoren anbetrifft, so sind es besonders die veränderte Produktionsweise und die neuen Materialien, welche die Revolution in ihrer Formgebung vorbereiten helfen.

*

Der Ersatz von Handwerk durch Maschinenwerk, eine soziale und ökonomische Notwendigkeit, beginnt auch im Baugewerbe immer größeren Umfang anzunehmen. Anfangs von den Ästheten hartnäckig ferngehalten, breitet sich die Anwendung maschineller Produkte trotz allem Widerstand mehr und mehr aus von untergeordneten Hilfsmaterialien bis zu äußerlich wichtigen Bauteilen und bringt ihren Einfluß auf die Formgebung zur Geltung.

Vorläufig äußert sich dieses nur noch in den Details; jedoch gerade die Details, worunter in diesem Zusammenhang nur zu verstehen sind: die ornamentalen und figuralen Details, die Verzierung, sind die Quintessenz der herrschenden Baukunstauffassung. In der klassizistischen Stilarchitektur noch verhältnismäßig objektiv wachsen sie, nachdem die Baukunst den Akademismus überwunden hat, unter dem Einfluß wieder auflebender mittelalterlicher Tendenzen*, zu immer größerer Ungebundenheit aus. Was der Strich ist für den Geigenspieler, ist das Detail für den Baukünstler der Gegenwart: Ausdrucksmittel par excellence innerer Bewegtheit. Je subjektiver der Künstler, je expressiver das Detail. Seine größten Möglichkeiten liegen demzufolge im Handwerk. Die Blütezeit des Handwerks, das Mittelalter, war deswegen auch die Blütezeit des Details. Verfall des Handwerks bedeutet demgemäß auch Verfall des Details.

* Dieses gilt hauptsächlich für Holland. In anderen Ländern sind die Tendenzen anderer Art; die Resultate sind jedoch ähnlich.

Im Gegensatz zum handwerklichen, d. h. dem auf handwerklichem Wege hergestellten Detail, welches verhältnismäßig unbestimmt in der Form und der Farbe endlose Variationen über ein Hauptmotiv erlaubt, ist es das Kennzeichnende vom maschinellen Detail, daß es, verhältnismäßig bestimmt in der Form und der Farbe, vollkommen gleichförmig ist mit gleichartigen — gleichzeitig verfertigten — Details.

Ihm fehlen dadurch in sich selbst die ausgedehnten Ausdrucksmöglichkeiten, welche das handwerkliche Detail in sich selbst besitzt, so daß die Notwendigkeit entsteht, den individuellen Akzent der Baukunst in der Hauptsache von dem Detail selbst fortzuverlegen auf seinen Stand und sein Maß in der Gesamtheit, d. h. auf seine Stellung in bezug auf die übrigen Bauteile. Weniger in Unterteilen als in den gegenseitigen Verhältnissen des Gefüges dieser Unterteile, d. h. im architektonischen Organismus selbst, wird sich das Persönliche in der Architektur der Zukunft gestalten.

Die Bedeutung der Unterteile als Verzierung fällt damit weg und wird zurückgeführt auf Verhältniswert, d. h. auf Form und Farbe im Gesamtbild.

*

Neben der veränderten Produktionsweise werden sich vor allem Eisen, Spiegelglas und Eisenbeton von revolutionärem Einfluß auf die bestehende baukünstlerische Formgebung zeigen. Für keine dieser Materialien ist eine Formgebung aus der herkömmlichen Formgebung abzuleiten. Auch hier war im Gegenteil die herkömmliche Formgebung ein Hindernis für die völlige Entfaltung ihrer

204

Möglichkeiten. Nachdem anfangs vom Eisen große Erwartungen für eine neue Baukunst gehegt worden waren, gerät es infolge seiner verkehrten Anwendung in ästhetischer Hinsicht bald in den Hintergrund.

Aus seiner so sichtbaren Stofflichkeit — im Gegensatz z. B. zum Spiegelglas, das nur tastbar stofflich ist — hatte man seine Bestimmung zur Massen- und Flächengestaltung abgeleitet, ohne zu bedenken, daß das Charakteristische einer Eisenkonstruktion eben in der Möglichkeit liegt, mit einem Minimum von Material einem Maximum von Kraft Widerstand zu bieten, wie dieses im Fachwerk zum höchsten Ausdruck kommt. In seiner geeignetsten Verwendungsform ist die Erscheinungscharakteristik des Eisens dann auch durchsichtig, mehr offen als geschlossen. Sein baukünstlerischer Wert liegt demzufolge in der Gestaltung von Leere, nicht von Fülle, d. h. im Schaffen von Kontrast zur Geschlossenheit der Mauerfläche und nicht im zusammenhängenden Ausbreiten der letzteren.

*

Deutlicher ins Auge fallend gilt dieses für das Spiegelglas. Durch seine Verwendung fiel die logische Notwendigkeit weg zur Einteilung von Fenster- und Türöffnungen in verhältnismäßig kleine Teile mittels des bekannten Netzwerkes hölzerner Sprossen, welches optisch die Geschlossenheit der Mauerfläche gleichsam über die Öffnung hinaus fortsetzt.

Eine Spiegelscheibe, rein verwendet, wirkt in der Architektur als Öffnung an sich. Da wo ihre Abmessungen derartig sein müssen, daß Untereinteilung notwendig ist, werden die Teile so groß, daß nur eiserne Sprossen genügende Stabilität verbürgen; ihr offener Charakter geht also auch dann nicht verloren.

Die baukünstlerische Lösung einer derartigen Scheibe befriedigt konstruktiv und ästhetisch nur dann, wenn sie in der Tat als Öffnung gestaltet ist, d. h. wenn sie beim Betrachter den Eindruck hervorruft, mittels einer statisch gehörig unterstützten, zweckdienlichen Entlastungskonstruktion organisch in die baukünstlerische Gesamtheit aufgenommen zu sein.

Reine Verwendung von Eisen und Spiegelglas auf diesen Grundlagen wird das offene Element in der Architektur derartig verstärken können, daß die zukünftige Baukunst auf vollkommen rationelle Weise ihre äußerliche Schwere in hohem Maße wird überwinden können.

*

Übereinstimmende Perspektiven eröffnet die reine Verwendung von Eisenbeton.

Seine ästhetischen Möglichkeiten sind — verglichen mit den Beschränkungen, welche der Backstein der architektonischen Formgebung auferlegt — so groß, daß seine ausgedehntere Verwendung auf die Dauer erlösend für die Gestaltungsfreiheit der Baukunst werden kann.

Die notwendige Unterordnung unter bestimmte Maßverhältnisse, die Abhängigkeit von durch diese Maßverhältnisse ebensosehr bestimmten Bogenformen legen die Formgebung bei Verwendung von Backstein in hohem Maße in Fesseln.

Obendrein ist die Untauglichkeit des Materials zum Aufnehmen von Zugspannungen — abgesehen von konstruktiven Abweichungen, wie das Aufhängen von Steinen an Eisendraht usw. —

ein Hindernis zum Konstruieren von einigermaßen bedeutenden horizontalen Überspannungen und Auskragungen. Die Kombination der hierfür alsdann erforderlichen Hilfsmaterialien, Holz, Eisen, Eisenbeton usw. mit Backstein, ist für derartige Fälle zu heterogen, um im allgemeinen zu befriedigenden Lösungen führen zu können. Geht man nicht zum Verputzen über, dann sind in Backstein weder eine straffe saubere Linie noch eine reine homogene Fläche herzustellen; die kleinen Teile und die große Anzahl Fugen verhindern dieses.

Dagegen ist in Eisenbeton eine homogene Zusammenfassung von tragenden und getragenen Teilen sowohl als auch horizontale Ausbreitung von bedeutenden Abmessungen und reine Flächen- und Massenbegrenzung möglich. Überdies aber kann, in Abweichung vom alten Stützen- und Lastsystem, bei dem von unten nach oben nur zurück (d. h. nach hinten) gebaut werden kann, auch von unten nach oben heraus (d. h. nach vorn) gebaut werden. Mit letzterem ist die Möglichkeit geschaffen zu einer neuen baukünstlerischen Plastik, welche in Zusammenwirkung mit den Gastaltungsmöglichkeiten von Eisen und Spiegelglas — auf einer konstruktiven Basis — die Entstehung einer Baukunst von optisch-immaterieller, fast schwebender Erscheinungscharakteristik veranlassen kann.

*

Als letzter wichtiger Faktor direkter Art für die Erneuerung der Architektur ist zum Schluß noch die Farbe zu nennen. Das Farbelement ist in der heutigen Baukunst in der Regel einer jämmerlichen Gleichgültigkeit ausgeliefert.

Einerseits läßt sich dieses erklären aus der einseitigen Konzentration des malerkünstlerischen Interesses auf den Einzelfall, auf das freie oder angewandte Bild und die Dekoration, andererseits aber liegen in den heute gebräuchlichen baukünstlerischen Materialien selbst so zahlreiche Hindernisse für die Entwicklung der Farbe, daß ohne Veränderung des Materials keine Besserung zu erwarten ist. Besonders das Material für die Zusammensetzung der Mauern ist in dieser Hinsicht von Bedeutung.

An nahezu jedem gegenwärtigen Bauwerk überwiegt das Mauermaterial durch Masse und demnach auch durch Farbe. Für den malerkünstlerischen Akzent eines Bauwerks ist darum — bei gleichgewichtiger Farbgestaltung — die Wahl des Mauermaterials schon sofort entscheidend. Fällt der malerkünstlerische Akzent des Mauermaterials auf das Pikturale, d. h. auf Nuancierung, auf Stimmung, dann ist damit die Farbgestaltung des ganzen Bauwerks auf Nuancierung, also auf Stimmung, angewiesen.

In unserem Lande mit seinem vorherrschenden Backsteinbau, in Holland, ist das letztere fast immer der Fall. Der malerkünstlerische Wert des Backsteines liegt — gleich wie der von den meisten nach handwerklicher Technik produzierten Materialien — nicht in seiner Farbe als solcher, welche als Gesamtheit braungrau zu nennen ist, sondern in der Tönung seiner Farbe, in der Nuance. Reine, leuchtende Farbe bleibt einem derartigen Hintergrund gegenüber ohne Wirkung. Sie fällt heraus oder wird durch die überwiegende Grauheit unterdrückt.

Überdies aber ist der Farbwert des Backsteines im Gegensatz zu jenem von

Farbe z. B. von natürlicher Art, d. h. sein Wert als solcher erhöht sich unter dem Einfluß der Witterung. Da der Farbwert der Farbe konstant ist — jedenfalls sein soll —, ist die Farbharmonie zwischen Backstein und Farbe der Veränderlichkeit unterworfen, so daß eine anfängliche Harmonie bereits nach einigen Wochen in Disharmonie verwandelt sein kann. Eine Disharmonie, welche bei Verwendung heller Farbe schärfer in die Augen springt als bei einer mehr neutralen Farbe, ein Umstand, dem wahrscheinlich die besonders auf dem Lande so lange gebräuchliche Vorliebe für Steingrau und Dunkelgrün zuzuschreiben ist.

Neben den früher genannten Gründen ist auch hierin ein bleibendes Hindernis für die Entwicklung der Farbe bei Verwendung von Backstein zu suchen.

Verblend- und Glasurstein sowie auch verputztes Mauerwerk befinden sich in dieser Hinsicht bereits in günstigeren Umständen.

Besonders aber die in immer kürzeren Zwischenpausen auftauchenden Erfindungen zur glatten und hellfarbigen Bearbeitung von Putz- und Betonoberflächen öffnen so bedeutende Aussichten für die Entwicklung der Farbe in der Baukunst, daß sie in Zusammenwirkung mit den dargelegten neuen Formmöglichkeiten den Gesamtaspekt der Architektur vollständig verändern können.

Zusammenfassend läßt sich folgern, daß eine sich rationell auf die heutigen Lebensumstände gründende Baukunst in jeder Hinsicht einen Gegensatz zu der bisherigen Baukunst bilden wird. Ohne in dürren Rationalismus zu verfallen, wird sie vor allem sachlich sein, in dieser Sachlichkeit jedoch schon sofort das Höhere erleben. Im schärfstmöglichen Gegensatz zu den untechnischen, form- und farblosen Erzeugnissen augenblicklicher Eingebung, so wie wir sie kennen, wird sie die ihr gestellten Aufgaben in vollkommener Hingabe an das Ziel auf eine beinahe unpersönliche, technisch

W. Klynen: Apotheke in Haarlem

gestaltende Weise zu Organismen von klarer Form und von reinem Verhältnis gestalten. An Stelle des Natürlich-Anziehenden des unkultivierten Materials, der Gebrochenheit des Glases, der Bewegtheit der Oberfläche, des Trübens der Farbe, des Schmelzes der Glasur, des Verwitterns der Mauer usw. wird sie den Reiz entfalten des kultivierten Materials, der Klarheit des Glases, des Blinkenden und Runden — den der Oberfläche, des Glänzenden und Leuchtenden der Farbe, des Glitzernden vom Stahl usw.

So weist die Tendenz der architektonischen Entwicklung nach einer Baukunst, welche im Wesen mehr als früher an das Stoffliche gebunden, in der Erscheinung darüber mehr hinaus sein wird; welche sich, frei von aller impressionistischen Stimmungsgestaltung, in der Fülle des Lichtes entwickelt zu einer Reinheit des Verhältnisses, einer Blankheit der Farbe und einer organischen Klarheit der Form, welche durch das Fehlen jedes Nebensächlichen die klassische Reinheit wird übertreffen können.

HOTEL UND GESCHÄFTSHAUS »STADT KÖLN« IN MAGDEBURG

Das Grundstück bedeutet eine wichtige Flankierung am Eingang zur Wilhelmstadt von der Altstadt her und ist wegen seiner außerordentlich günstigen Lage schon lange in Magdeburg Gegenstand von Unternehmungsabsichten gewesen. Besonders spricht dabei der Umstand mit, daß es seine Hauptfront dem Hauptbahnhof zuweist und bei einer hervorragenden Bebauung wegen der unmittelbaren Nähe des Bahnhofes zweifellos einen Anziehungspunkt darstellt, wie ihn sonst die Stadt Magdeburg nicht aufweisen kann. Besonders günstig ist die vor dem Grundstück am Adelheidring vorgelagerte Parkanlage des alten Glacis sowie die platzartige Erweiterung der Olvenstedter Straße.

Alle diese Voraussetzungen geben eine selten glückliche Grundlage für einen Hotelneubau größeren Stiles, der ohnehin für Magdeburg eine brennende Notwendigkeit ist, sowie andererseits wegen der günstigen Geschäftslage zu einer gleichzeitigen Verwendung als Geschäftshaus.

Die ruhige Lage zum Adelheidring sowie die dort mögliche stärkere Ausnutzung des Grundstücks in der Tiefe legen es nahe, diese Seite des Grundstücks für das Hotel zu verwerten, während die unmittelbare Eckfront nach der Olvenstedter Straße eine Ausnutzung für Geschäftszwecke herausfordert.

Demnach ist der Baukörper in die beiden Teile Hotel und Geschäftshaus gegliedert. Der große Hof ist in einer erheblich größeren freien Fläche belassen worden als es die normale Ausnutzung gestatten würde, damit die Anwendung einer höheren Geschoßzahl keine Schwierigkeit findet. Die Geschosse sind für das Hotel nach dem Adelheidring hin bis auf acht Stockwerke heraufgeführt, für das Geschäftshaus in Staffelung bis auf zehn Stockwerke an der Ecke, eine Überschreitung der normalen Geschoßzahl, die berechtigt ist, weil die Hotelzimmer nach dem Adelheidring neben ihrer ungewöhnlichen Aussicht über die Stadt Magdeburg die beste Orientierung, d. h. die Ostlage haben. Die Höherführung der Geschosse dürfte auf keine Schwierigkeiten stoßen, weil wegen der Sonnenlage weder eine Belästigung der Hoffront noch der Nachbarschaft durch Schatten zu befürchten ist, da der Schatten des höchsten Gebäudeteiles auf die platzartig verbreiterte Olvenstedter Straße fällt, deren Breite an dieser Stelle eine größere ist als die Höhe des Gebäudes. Die Hofflügel sind in der normalen Weise mit drei Obergeschossen vorgesehen, wobei der in die Hofflächen hineinspringende Teil des Kinos als bedeckter Hof anzusehen ist.

Bruno Taut: Projekt Stadt Köln in Magdeburg

Die Anordnung der Zimmer- und Korridorfluchten ist so geschehen, daß sich der Verkehr in möglichst übersichtlicher Weise abspielt, wobei insbesondere die Möglichkeit bedacht ist, neben wertvolleren Zimmern in den Flügeln um den hinteren Hof billigere Hotelzimmer zu schaffen. Es ist dabei an kein Luxushotel im üblichen Sinne gedacht worden, sondern an ein Haus, das den Geschäftsreisenden in erster Linie einen sauberen und bequemen Aufenthalt bietet. Von den vorhandenen 283 Zimmern ist deshalb eine größere Zahl mit Einzelbädern vorgesehen, die Zimmer nach dem Adelheidring hin evtl. als Schlafzimmer, Wohnzimmer und Bad vermietbar, während die Zimmerflügel an den hinteren Hoffronten zentral gelegene Bäder enthalten.

Das Geschäftshaus ist in den Obergeschossen ausschließlich für Büros eingerichtet gedacht und muß wegen der prominenten Lage derselben den für das Grundstück besten Zugang, d. h. unmittelbar an der Straßenecke, erhalten. Hier befindet sich eine Vorhalle, welche mit zwei Aufzügen und vier Paternostern ausgestattet werden kann. Die in den Obergeschossen enthaltenen Büroräume, die sich besonders im ersten Obergeschoß für Sitzungszimmer gut eignen, umfassen eine Gesamtfläche von 3800 qm und können im einzelnen je nach Bedarf eingeteilt werden. Die Anlage von zwei Treppenhäusern an der Ecke ist eine Notwendigkeit, welche mit der ebenso notwendigen Abstaffelung der Gebäudehöhen zu dem bereits vorhandenen Hause in der Olvenstedter Straße vorgesehen ist.

Hier an der Olvenstedter Straße ist die Ausnutzung des Erdgeschosses im geschäftlichen Sinne eine ganz besonders wichtige. Es sind deshalb an der Ecke Läden, ferner an der Olvenstedter Straße ein Café und am gleichen Eingang wie zum Café im Hofe ein Kino mit minimal 600 Sitzplätzen angeordnet worden, um den Café- und Kinobetrieb aus geschäftlichen Gründen möglichst zu-

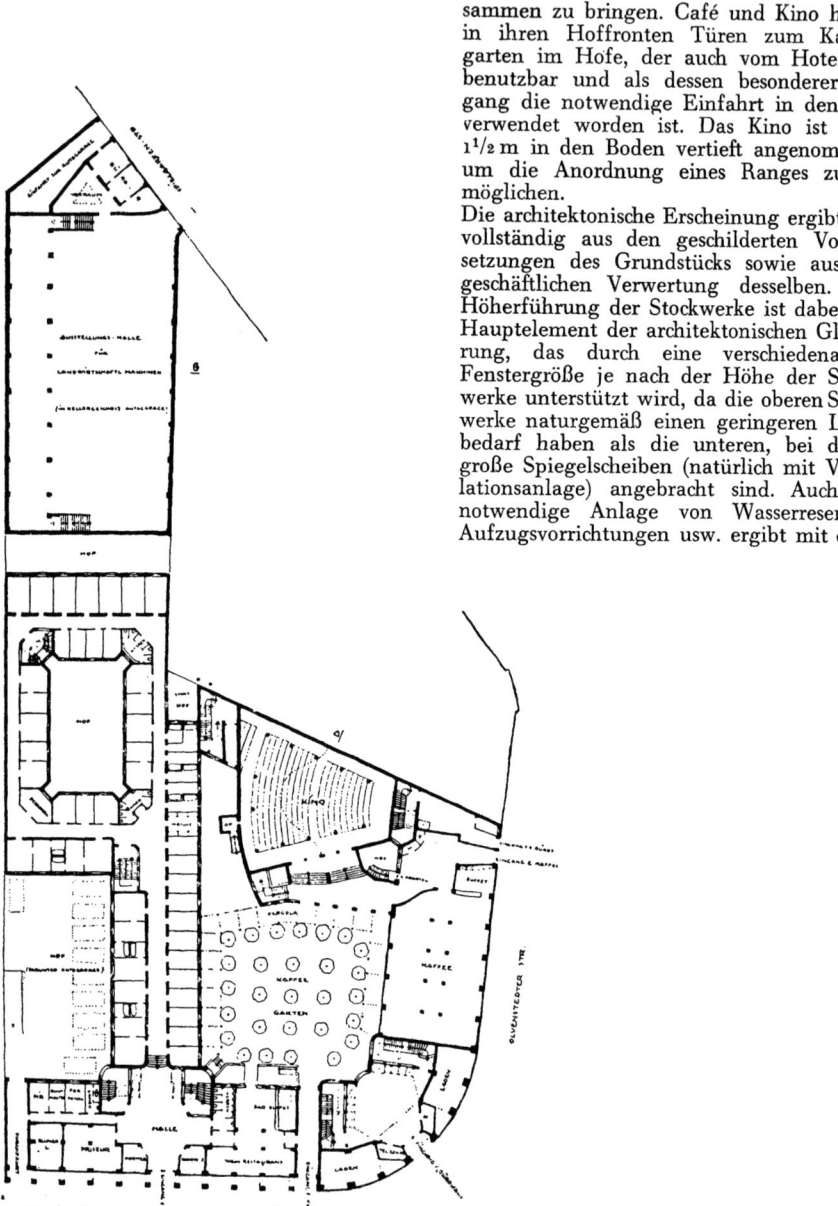

sammen zu bringen. Café und Kino haben in ihren Hoffronten Türen zum Kaffeegarten im Hofe, der auch vom Hotel aus benutzbar und als dessen besonderer Zugang die notwendige Einfahrt in den Hof verwendet worden ist. Das Kino ist etwa 1½ m in den Boden vertieft angenommen, um die Anordnung eines Ranges zu ermöglichen.

Die architektonische Erscheinung ergibt sich vollständig aus den geschilderten Voraussetzungen des Grundstücks sowie aus der geschäftlichen Verwertung desselben. Die Höherführung der Stockwerke ist dabei das Hauptelement der architektonischen Gliederung, das durch eine verschiedenartige Fenstergröße je nach der Höhe der Stockwerke unterstützt wird, da die oberen Stockwerke naturgemäß einen geringeren Lichtbedarf haben als die unteren, bei denen große Spiegelscheiben (natürlich mit Ventilationsanlage) angebracht sind. Auch die notwendige Anlage von Wasserreservoir, Aufzugsvorrichtungen usw. ergibt mit einer

Erdgeschoß

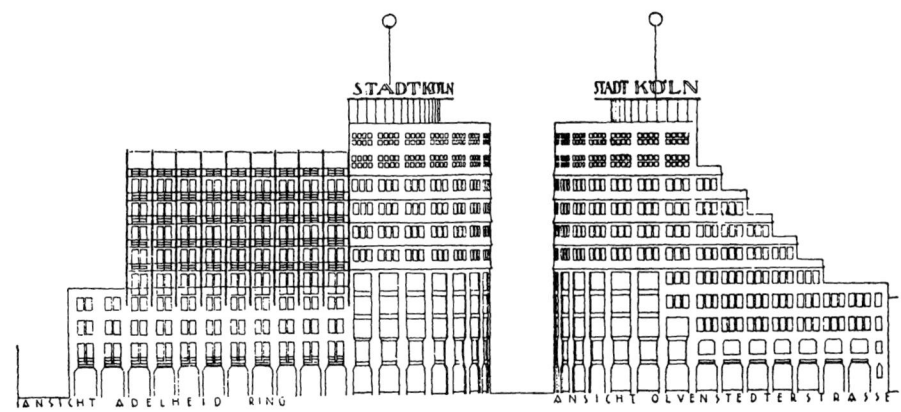

Bruno Taut: Projekt Stadt Köln für Magdeburg

Ausbildung des Hausnamens und einer beweglichen Reklameglaskugel ein besonderes architektonisches Element. Die senkrechte Gliederung der fünf oberen Hotelstockwerke hat einen praktischen Grund: die dort befindlichen Hotelzimmer sollen alle mit Türenbalkons versehen werden, und damit der Hotelgast dadurch nicht beunruhigt wird, sollen Wände bis zu 1,20 m vor die Front vorgezogen werden, welche in einem Eisenbetonrahmen Prismenverglasung (System Keppler in Eisenbeton) erhalten. Diese Prismenwände haben neben dem schönheitlichen Wert den Vorzug, daß sie durch ihre Lichtbrechung die Hotelzimmer besonders gleichmäßig und klar beleuchten. Die im Gegensatz zu dieser senkrechten Gliederung ausgesprochene Durchführung der Horizontalen durch kräftiges Vorziehen der Betondecke entspricht der technischen Gliederung des Wandgefüges, das in den oberen Stockwerken im Gegensatz zu dem Rahmenbau in den unteren lagerhaft ausgeführt werden kann. Die hohe Frontwand erhält dadurch gleichzeitig den notwendigen Abweiser für das Regenwasser.

Die Stockwerkserhöhung bedeutet natürlich auch relativ eine gewisse Verteuerung, die sich aber wegen der ungewöhnlich günstigen Lage des Grundstücks im geschäftlichen und städtebaulichen Sinne in reale Werte umsetzen wird, da das auf Seite 209 gezeigte Bild sich allen durch Magdeburg fahrenden Zügen darbietet. Jedenfalls erscheint mir das Maß gewahrt, das einer Stadt von 300 000 Einwohnern entspricht und nicht in Rekordsucht ausartet.

Bruno Taut

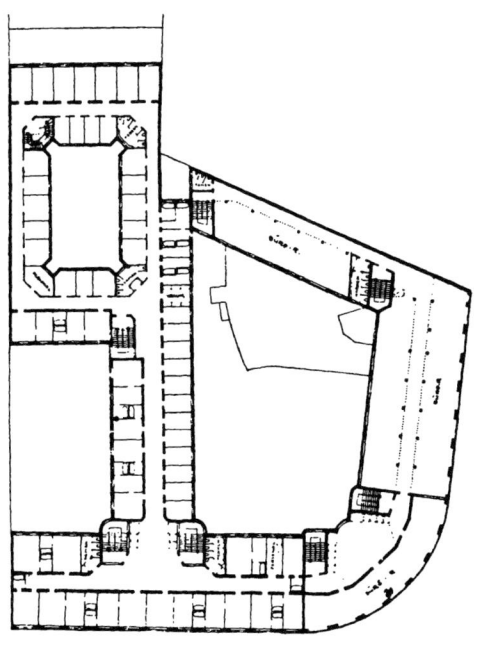

2. und 3. Obergeschoß

Ludwig Mies van der Rohe: Hochhaus

Nur im Bau befindliche Wolkenkratzer zeigen die kühnen konstruktiven Gedanken, und überwältigend ist dann der Eindruck der hochragenden Stahlskelette. Mit der Ausmauerung der Fronten wird dieser Eindruck vollständig zerstört, der konstruktive Gedanke, die notwendige Grundlage für die künstlerische Gestaltung vernichtet und meist von einem sinnlosen und trivialen Formenwust überwuchert. Im besten Fall imponiert jetzt nur die tatsächliche Größe, und doch hätten diese Bauten mehr sein können als eine Manifestation unseres technischen Könnens. Allerdings müßte man auf den Versuch verzichten, mit den überlieferten Formen eine neue Aufgabe zu lösen, vielmehr ist aus dem Wesen der neuen Aufgabe heraus die Gestaltung ihrer Form zu versuchen.

Das neuartige, konstruktive Prinzip dieser Bauten tritt dann klar hervor, wenn man für die nun nicht mehr tragenden Außenwände Glas verwendet. Die Verwendung von Glas zwingt allerdings zu neuen Wegen. Bei meinem Entwurf für das Hochhaus am Friedrichsbahnhof in Berlin, für das ein dreieckiger Bauplatz zur Verfügung stand,

Mies van der Rohe: Hochhausprojekt für Bahnhof Friedrichstraße in Berlin

schien mir für diesen Bau eine dem Dreieck angepaßte prismatische Form die richtige Lösung zu sein, und ich winkelte die einzelnen Frontflächen leicht gegeneinander, um der Gefahr der toten Wirkung auszuweichen, die sich oft bei der Verwendung von Glas in großen Flächen ergibt. Meine Versuche an einem Glasmodell wiesen mir den Weg, und ich erkannte bald, daß es bei der Verwendung von Glas nicht auf eine Wirkung von Licht und Schatten, sondern auf ein reiches Spiel von Lichtreflexen an-

Hochhaus Seite 212 von unten gesehen

Grundriß zum Hochhaus Seite 212

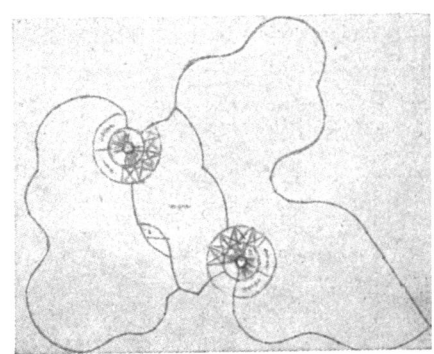

Reklamebau des schwedischen Balletts
Berlin, am Potsdamer Platz

Laden Krielke in Schöneberg
von Arthur Götz

kam. Das habe ich bei dem anderen hier veröffentlichten Entwurf angestrebt (S. 212). Bei oberflächlicher Betrachtung erscheint die Umrißlinie des Grundrisses willkürlich, und doch ist sie das Ergebnis vieler Versuche an dem Glasmodell. Für die Kurven waren bestimmend die Belichtung des Gebäudeinneren, die Wirkung der Baumasse im Straßenbild und zuletzt das Spiel der erstrebten Lichtreflexe. Umrißlinien des Grundrisses, bei dem die Kurven auf Licht und Schatten berechnet waren, erwiesen sich am Modell bei der Verwendung von Glas als gänzlich ungeeignet. Die einzigen im Grundriß feststehenden Punkte sind die Treppen- und Aufzugstürme.

Alle anderen Unterteilungen des Grundrisses sollen den jeweiligen Bedürfnissen angepaßt und in Glas ausgeführt werden.

Mies van der Rohe

Bruno Taut: **Ausstellungsbau in Glas mit Tageslichtkino** (Entwurf)

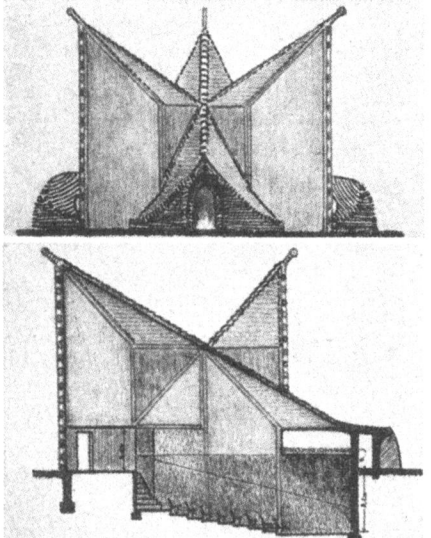

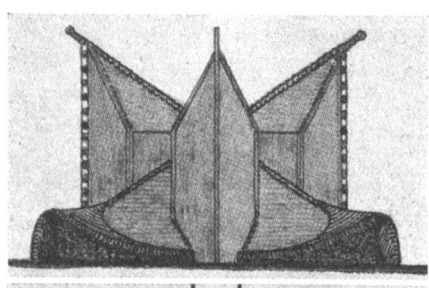

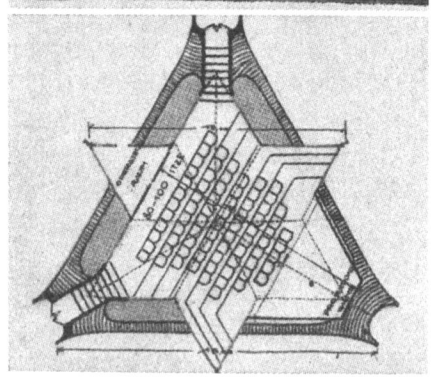

Bruno Taut: Siedlung Reform bei Magdeburg

MEIN ERSTES JAHR »STADTBAURAT«

Wenn mancher Mann wüßte...

Meine Wahl wurde außer von denen, die mir ihre Stimme nicht gegeben haben, auch sonst vielfach von Zweiflern begleitet, ob ich als oft angegriffener Architekt mit dem Odium eines rettungslosen Phantasten nicht zwischen die Mühlsteine des Verwaltungsapparates geraten würde, anstatt diese Mühle neu zu ölen und erst in Gang zu setzen. Deshalb will ich hier, wie in meiner Antrittsrede vom 21. Juni 1921 in Aussicht gestellt, den ersten Bericht über meine amtliche Tätigkeit geben, und deshalb dürfte dieser Bericht über das lokale Interesse hinausgehen, eben weil die Frage meiner Amtsführung als Beispiel zu dem Fragenkomplex des allgemeinen Architektenstandes gehört. Zum Verständnis des bisher Geschehenen oder Eingeleiteten wäre eine nähere Darstellung der von mir vorgefundenen Verhältnisse notwendig, die ich mir aber aus begreiflichen Gründen ersparen möchte. Es soll nur auf die für die gesamte Stadt Magdeburg von alters her eigentümliche Geistesverfassung hingewiesen werden, die aus dem Überwiegen des Durchgangshandels im Binnenlande und aus dem Festungscharakter der Stadt resultierte, womit sich das geringe Vorhandensein ortstümlichen Handwerks und Qualitätsgewerbes sowie die ansaugende Wirkung des nahen Berlin verband. (Die Erlösung wird aus der weiteren Industrieansiedlung zu erwarten sein, wofür Magdeburg geradezu prädestiniert ist.) Diese Umstände mögen auch für die von mir vorgefundenen Verhältnisse der Hochbauverwaltung genügen. Man kann sich vorstellen, daß erst nach Sondierung der sachlichen und persönlichen Momente innerhalb der Verwaltung ein Eingreifen vorgenommen werden konnte, um diesen Apparat zu einem leidlich brauchbaren Instrument zu machen. Die Möglichkeit einer annähernd genügenden Verwaltung der wenn oft noch so zweifelhaften Sachwerte in Verbindung mit der Schaffung neuer zukünftiger Werte liegt in einer möglichst großen Klarheit der verschiedenen Arbeitsgebiete, in welche ein Bauamt zu gliedern ist. Es wurde demnach im Laufe des Sommers zunächst eine klare Teilung zwischen Neu und Alt, d. h. Neubauten (im großen Ganzen) einerseits und städtischem Hausbesitz andererseits, vorgenommen: Hochbauamt I und II, während ein neugebildetes Hochbauamt III die Organisation der baulichen Stadtentwicklung übernahm. Dem letzteren ist das Vermessungsamt in sachlicher Gleichstellung koordiniert. Eine Zirkulation aller wichtigsten oder von mir dafür gehaltenen Dinge aus diesen vier Abteilungen zu mir als dem

Kleinwohnungen Fermersleben: Hoffront

Dezernenten behindert nicht die selbständige Disposition der Abteilungsleiter, eine Frage, die natürlich nie Sache eines Systems, sondern immer nur der richtigen Persönlichkeiten sein kann, die mit dem Leiter aus Überzeugung in der gleichen Richtung arbeiten. Die Unterteilung ergab sich hieraus von selbst: das Entwurfsbüro, das für das Projekt der Viehmarkthalle durch die Aufnahme des bereits als Künstler angesehenen Architekten Carl Krayl eine wertvolle Bereicherung erfuhr, erhielt die notwendige Ergänzung durch ein technisches Büro, welches für Statik, Veranschlagen, Kostenschätzungen u. dgl. neu eingerichtet wurde. Die Rechnungslegung ist so organisiert worden, daß ein Büroleiter für die Richtigkeit verantwortlich zeichnet, was durch Einrichtung von drei sog. Baubüros geschehen ist.

Kleinwohnungen Tismarstraße

Während es sich hier im wesentlichen nur um Umstellungen handelte, bot die Einrichtung der Städtebauabteilung (Hochbauamt III) große Schwierigkeiten, weil die Notwendigkeit gerade dieser Neueinrichtung (wie sie übrigens in anderen Großstädten fast ausnahmslos längst vorhanden ist) eigentlich erst durch die Resultate selbst begründet werden kann, ein Umstand, der schon nach ihrem halbjährigen Bestehen bei Prüfung durch einen Magistratsausschuß erreicht wurde. Das Aufgabengebiet einer solchen Amtsstelle ist an sich bekannt; wichtig ist dabei unter heutigen Verhältnissen die notwendige Verbindung mit dem Gebiet des Kleinwohnungsbaues, der von hier aus bebauungsplanmäßig eingeleitet und auch

Fermersleben, Hofansicht

in den Einzelheiten der Ausführung siedlungstechnisch beeinflußt werden muß. Die Fragen der Baupolizei, der Bauberatung, der kommunalen Grundstückspolitik, der Gartenorganisation, Straßenanlagen usw. müssen hier zusammenlaufen zur Verhinderung von späteren Nachteilen in der Entwicklung des Gemeinwesens.

Ich möchte damit zu den Arbeiten übergehen, deren Erwähnung sich aus dem vergangenen Jahre lohnt. Das erste war eine negative Arbeit, wobei gesagt werden muß, daß die Negation sehr oft eine starke Bejahung ist: es war die Verhinderung der von einem alten Entwurf stammenden Turmbauten in romantischem Villenstil, welche an der neuen Elbebrücke (Sternbrücke) zur

Fermersleben, Straßenseite

Pfeilerbekrönung errichtet werden sollten und im Werksteinmaterial fertig waren. Die hauptsächliche praktische Arbeit des Baujahrs 1921/22 lag in den Bauten des Kleinwohnungsvereins, der den Zusammenschluß der Magdeburger Baugenossenschaften als Treuhänder der städtischen Zuschüsse für Wohnungsbau darstellt. Als Vertreter des Magistrats habe ich die Aufgabe, das Technische und Architektonische dieser Bauten zu beeinflussen, ein Feld, auf dem sehr viel Unkraut auszuroden war und noch ist, was nur allmählich unter langsamer Beseitigung von Vorurteilen geschehen kann, worunter das hemmendste Vorurteil in der üblichen Meinung besteht, man brauche für den Bau von Wohnhäusern keinen Architekten. Ich darf nach meiner bisherigen Erfahrung feststellen, daß es sich dabei im wesentlichen um Gewohnheit und Mangel an Kenntnis der besten von Architekten geleiteten Kleinwohnungsbauten handelt. Wenn es auch auf diesem Gebiet noch nicht möglich war, alle Segel straff anzuziehen und das Schiff ohne jedes Schwanken zu steuern, so dürften neben der bereits vor dem Kriege von mir bearbeiteten Siedlung Reform die neueren Kleinwohnungsbauten in der Windmühlen-, Roßlaer, Tismar-, Gaußstraße und in Fermersleben eine Spur architektonischen Geistes zeigen. Die Aufgabe besteht hier darin, den klaren, aus der Natur der Sache

Siedlung Reform, Gartenseite

von selbst sich ergebenden Stil zu zeigen, der unter Ablehnung von allem Krimskrams so erscheint, als wenn das jeder Beliebige auch könnte (Abb. Seite 215 bis 218). Gleichzeitig soll damit die Einsicht von der Notwendigkeit der Leitung durch gute Architekten Fuß fassen, damit man (vgl. Jobst, Kleinwohnungsbau in Holland) sich entschließt, auch starken Kräften der Architektenschaft derartige Bauten anzuvertrauen, welche ja wegen der fast ausschließlichen

Gaußstraße

Siedlung Reform

Aufbringung der Mittel durch die Stadt ohnehin als Gemeindebauten anzusehen sind. Dasselbe hätte auch für die Privatbauten zu gelten, welche durch die Stadt wesentlich bezuschußt werden. Hierin liegt letzten Endes die einzige Möglichkeit wirklich positiver Bauberatung, die sonst nur vom guten Willen der Bauenden abhängt, deswegen aber nicht vernachlässigt werden darf, um diesen guten Willen nach Möglichkeit hervorzurufen.
Hiermit wird ein Gebiet der Städtebauabteilung berührt, nämlich die Frage der Laubenkolonien, das um so schwieriger zu lenken ist, als hierin nichts in früheren

Kriegsbeschädigtensiedlung Reform

Zeiten geschehen war. Die Verfügung des Ministeriums über Zulassung von Sommer- und Winterlauben im Umkreis der Städte mußte erst in sehr gründlicher Arbeit unter Studium aller Verkehrs- und Besitzverhältnisse für Magdeburg anwendbar gemacht werden, in dem Sinne, daß durch Herausschneiden sorgfältig ausgewählter Gebiete eine gewisse Übersichtlichkeit erreicht wurde, damit die spätere endgültige Besiedlung nicht leidet. Dies ist unter großen Schwierigkeiten geschehen und die Zustimmung der Regierung dafür erreicht. Mit dem bloßen Freigeben für Laubenbau ist allerdings trotzdem nicht viel getan, außer, daß dadurch eine Beobachtung dieser Gebiete überhaupt erst ermöglicht und eine Bauberatung in gewissen Grenzen durchführbar ist. Zu diesem Zweck hat das Entwurfsbüro bereits im Sommer 1921 Typen von Lauben in zellenmäßigem Ausbau ausgearbeitet (Frühlicht, Heft 1), welche die Überleitung der Wohnlaube in die Form des Kleinsthauses ermöglichen sollen, damit die Kolonisten nicht ihre Sparpfennige in unsoliden Pappschachteln vergeuden. Eine endgültige Lösung ist aber nur möglich, wenn solche Kleinsthauskolonien mit in das Zuschußverfahren einbezogen werden, worüber die Städtebauabteilung Ende 1921 eine Denkschrift zur ersten Erörterung dieser Frage verfaßt hat. Mit Erfolg durchführbar wird aber auch dieser Weg erst dann sein, wenn diese Gebiete durch Austausch in Kommunalbesitz gebracht und dadurch nicht bloß baulich, sondern auch in ihrer gesamten Anordnung planmäßig unter städtischer Leitung entstehen. Hier wie überall kann nur das gute Vorbild förderlich wirken, und, weil wie eben geschildert dieser Weg langwierige Vorbereitungen erfordert, bedarf es vor allen Dingen großer Geduld und ungelähmter Verfolgung desselben Zieles. Dies gilt in noch größerem Maße für alle anderen Aufgaben städtebaulicher Art, deren Ziel weni-

ger nahe liegt, deren Vorbereitung aber nicht weniger wichtig ist (vgl. S. 141—148, Frühlicht Heft 3). Zu erwähnen ist dabei besonders die Ausgestaltung der Elbufer, Regelung der Überlandwege, die Behandlung des Zitadellengebiets, der Domumgebung und vieles andere neben der Organisation der Industrie- und Siedlungsgebiete, worin bei der bestehenden Verzettelung der Industrien im heutigen Stadtplan eine der wichtigsten Aufgaben liegt. Diese Fragen sind im großen für den Augenblick natürlich selten akut; aber sie im Auge behalten, bedeutet eine bestimmte Stellungnahme zu den Einzelfragen, die die Tagesarbeit mit sich bringt, wie als ein herausgegriffenes Beispiel die im Zusammenwirken mit der Tiefbau- und Gartenbauverwaltung durchgeführte und gelungene Anordnung der Straßenbahnschleife am Rotehornpark vor dem Ausstellungseingang zeigt.

Dieselbe Geduld ist aber auch den Bauprojekten selbst gegenüber notwendig, da wir uns in einem Zustand materieller Bedrängnis und gleichzeitig geistiger Wandlung befinden. Der Blick auf die Zukunft enthüllt dem phantasievollen Auge eine Fülle von Möglichkeiten für bestimmte Bauobjekte, die anzuregen die Pflicht des Stadtarchitekten sein muß. Die Projekte selbst (Zitadellenterrasse, Bürohaus, Gefallenendenkmal u. dgl.) sind aus dem Frühlicht (Heft 1 u. 2) bekannt. Der Vorschlag für ein neues Theatercafé, eine Verbrennungs- und Friedhofsanlage und anderes sind inzwischen dazugekommen. Wenn nach solchen, dem Blick aus der Entfernung besonders temperamentvoll anmutenden Vorschlägen das Verlangen an mich gestellt wird, nun auch diese Bauten sofort aus dem Boden zu stampfen, so ist das eine erfreuliche Anerkennung, um so mehr, als die Magdeburger Bürgerschaft damit beweist, daß sie über die Hemmungen so mancher anfänglichen Sentiments hinweggekommen ist. »An Ungeduld stirbt jeder große Plan« (Fritz von Unruh) — und es bedeutet damit auch eine Verkennung dieser Arbeiten, zu glauben, daß ich selbst ihre überhastete Verwirklichung wünsche. Die energische Bedachtsamkeit muß an die Stelle des Zugrundedebattierens treten. Auch ein Projekt muß sich zunächst eine gewisse Zeit lang bewähren, wenn der Bau selbst jahrhundertelang bestehen soll. Aus dieser Einstellung ist mein Verhalten zu der am Ende vorigen Jahres beabsichtigten Stadthalle zu erklären, deren Entwurf (von Paul Mebes) aus einem privaten Restaurations- und Saalbau sich zu hastig zu dem für eine städtische Stadthalle entwickelte. Da der Bau für die Mitteldeutsche Ausstellung wenigstens hinlänglich benutzbar sein sollte, so mußte ich wegen der kurzen Bauzeit dringend abraten, auch eine Negation, deren positiver Inhalt sich wohl selbst für den Laien durch den langen und harten Winter bestätigt haben muß. In diesem Zusammenhang sei meine Mitwirkung an der Mitteldeutschen Ausstellung (Miama) erwähnt, deren künstlerische Leitung ich auf Wunsch der Stadtverordneten neben Paul Mebes übernehmen sollte. Trotz der verbindlichen Zusicherung in dieser Richtung stellte sich aber erst nachher heraus, daß die Ausstellungsleitung sich in ihrer Organisation bereits in der zweijährigen Vorarbeit gebunden hatte. So bin ich weder am Entwurf der offiziellen Bauten (Hallen, Eingänge usw.) noch an der Jury der Einzelbauten (Pavillons, Kioske usw.) oder dem Habitus der Reklame, sondern einzig und allein an der Aufstellung und Form der vier Haupthallen beim Adolf-Mittag-See beteiligt. War für andere Aufgaben meine späte Berufung höchst erschwerend, so war sie für diese eben wirklich verspätet. Den für mich kompromittierenden Zusammenhang mit der Miama konnte ich andererseits nicht lösen, ohne mich den Vorwürfen wegen Schädigung des für die Stadt wichtigen Unternehmens auszusetzen*.

Die einzige mit größeren Mitteln unter meiner Verantwortung entstehende Bauaufgabe bleibt danach der Bau der Viehmarkthalle (Halle »Land und Stadt«). In meiner ersten kommissarischen Tätigkeit im Mai vorigen Jahres wurde das Projekt, das im Frühlicht, Heft 1, abgebildet ist, mit größter Beschleunigung entworfen, weil der Bau im Juni beginnen sollte. Der Entwurf war ein erster Erfolg, weil er alle gewünschten Bedingungen erfüllte und deswegen trotz der ungewohnten Form restlos anerkannt wurde. Aber neue Verhandlungen wegen anderer Bauplätze kamen dazwischen, die Baukosten für das damalige vollständige Projekt (13^1/$_2$ Millionen) schreckten ab, und so blieb die Angelegenheit bis Ende Dezember auf dem »Verschiebebahnhof« liegen. Anfang Januar wurde ich beauftragt, das Projekt der Halle als solcher mit 9 Millionen zurechtzustutzen, ohne die Arenagröße einzuschränken. Bei den damaligen Baukosten war das in der beigegebenen Form (Abb. 1) möglich. Die aufs äußerste beschleunigte Ausschreibung erlitt durch den Eisenbahnerstreik und die wirtschaftlichen Unsicherheiten auf dem Baumarkt eine empfindliche Verspätung, so daß die Anfang März eingelaufenen Offerten bereits mit 12^1/$_2$ bis 15 Millionen minimal abschlossen. Der von mir Anfang Januar vorgeschlagene sofortige Ankauf einer Eisenkonstruktion wurde nicht beachtet, wegen der Unsicherheit der Finanzierung und der noch ungelösten Platzfrage, obgleich er das richtige gewesen wäre. Da man nicht mehr auf ansteigenden Teuerungswelle zu rechnen hatte, so wurde ich Anfang März beauftragt, den Bau nochmals zurückzustutzen, besonders aber an Stelle der rhombenmäßigen Gestalt der Arena eine einfache langgestreckte Halle ins Auge zu fassen. Ich habe aber außerdem einen Vorschlag ausgearbeitet, mein altes Projekt nur teilweise zur Ausführung zu bringen, damit es späterhin in der ursprünglichen Weise vervollständigt werden kann (Abb. 2). Dies erschien mir im Interesse der Stadt deswegen wichtig, weil trotz Erhöhung der Baukosten infolge der Binderbreiten die Rentabilität des Baues eine viel leichtere wäre, was ich ziffernmäßig belegt habe. Dieser Vorschlag wurde »endgültig« angenommen, jedoch bald wieder umgestoßen, weil die Bausumme aufs äußerste reduziert werden sollte und man sich mit dem Gedanken abfand, den Bau rein für landwirtschaftliche Zwecke zu errichten und ihn für eine spätere Zukunft als eine Ergänzung zum Viehhof an-

* Paul Mebes hat mich gebeten, an dieser Stelle zu erklären, daß für ihn bezüglich seiner Mitarbeit an der Miama genau das gleiche zutrifft.

zusehen, unter Ausscheidung seiner Verwendung für andere Zwecke. So ist die jetzige veränderte Lösung (Abb. 3) in der Ausführung begonnen worden, bei welcher die Verbilligung mit erheblicher Verschlechterung des Grundrisses erkauft wird. Die Stellung des Architekten ist heute, wo jede berechnete Summe unter den Händen zerfließt, eine höchst unerquickliche; man will und muß wohl auch bei der Finanzierung mit festen Summen rechnen und gewöhnt sich deshalb schwer daran, daß auch im Bauen eine andauernde Entwertung des Geldes, und zwar eine besonders starke, vor sich geht. Rein psychologisch wendet sich ja das Gefühl gern gegen den Überbringer einer Unglücksbotschaft, und leider muß der Architekt das heute in jedem Augenblick sein. Hat man endlich sich entschlossen und nach vielem Hin und Her etwas beschlossen, so ist er der Letzte, und — — »den Letzten beißen die Hunde«. Für diesen Fall erscheint man aber nicht als Adam, sondern in einer Lederhose. (Der Nichtbau des runden Parkhauses auf der Miama [Frühlicht, Heft 2] mit solchen Begleiterscheinungen verdient deshalb keine Erwähnung.) Daß die Verwandlung der Zitadellenmauer in eine Elbterrasse trotz Zustimmung des Magistrats durch die endlosen und noch nicht beendeten Kaufverhandlungen mit dem Fiskus nicht zur Ausführung kam, daß das Projekt des Reklameschutzdaches am Hauptbahnhof (Frühlicht, Heft 1) zu spät die Zustimmung der Eisenbahndirektion erhielt und dann wegen der erhöhten Kosten aufgegeben wurde, darf schon eher erwähnt werden.

*

Es gibt noch andere Werte, die der Stadtarchitekt zu schaffen hat, die nicht greif- und wägbar und deswegen doch nicht weniger wirklich sind. Sie liegen in dem Ausstrahlungsvermögen der Person und äußern sich in Anregungen, Inspirationen und in dem Aufstellen eines neuen architektonischen Maßstabes. Er muß die Lösung des Verklebten und Verfilzten, die Befreiung des Beengten zu einer ersten Aufgabe machen, im Gegensatz zu den üblichen Sorgen und Aufpassen, daß nur alles recht »stubenrein« und ja nichts Kühnes geschehe. Eine Oberbürgermeisterrede, wie sie in der Stadtverordnetenversammlung vom 27. April 1922 bei einer Gelegenheit, als ich jene Lederhosen trug, gehalten wurde, ist wohl zum ersten Male gehört worden: »Unsere Zeit ist groß, weil sie überall die Keime zum Neuen

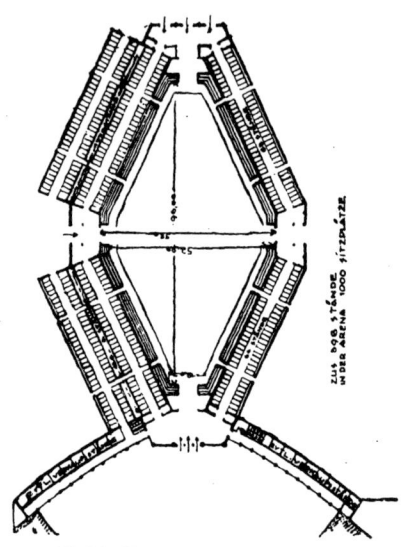

1. Viehhalle: reduzierter 1. Entwurf

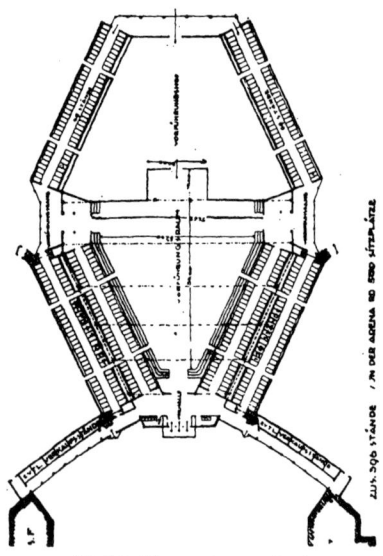

2. Viehhalle: weiter reduziert

in sich trägt. In allen Städten sehe ich den Kampf zwischen zwei Generationen der Kunst. Und für uns ist es keine Frage, daß wir uns auf die Seite des Neuen stellen müssen, auch wenn wir es nicht verstehen und nicht wissen, ob und wie es sich bewährt.« Das klingt anders als jenes übliche Abtun jeder Leistung mit den Worten: Es ist alles ganz schön, aber es darf nicht in Übertreibung ausarten. — Nicht die Übertreibung, sondern die Schwächlichkeit ist das schlimmere Übel, wie es sich bei meinen Anregungen für die Hausanstriche am deutlichsten gezeigt hat. Daß eine Hausbesitzerin nicht gegen den Geschmack ihres verstorbenen Eheliebsten verstoßen will — alle Ehre diesem Maß ehelicher Treue! Daß aber ein Maler in seinem Pinsel ein seifenartiges süßliches Etwas ertragen kann, ist Angst. Und aus der Angst entstehen bekanntlich viele Dummheiten. Mögen die Anstriche »bauamtlicher« Beratung zeigen, daß diese Aufgabe in erster Linie eine architektonische ist — siehe Rathaus (Entwurf Kurt Völker-Halle) mit Durchführung der Kolonnaden und Kaiser-Otto-Denkmal, Zeitungskioske, Häuser am Breitenweg, Westerhüser Straße in Sudenburg usw. —, weil die Farbe den architektonischen Duktus stark verändern kann und meistens muß. Hierbei muß ich auf Carl Krayl besonders hinweisen, ohne dessen künstlerisch sichere und selbständige Mitarbeit mir die geschehene Durchführung der Farbigkeit nicht möglich gewesen wäre. Man muß schon mit der Zeit eines vollen Tages rechnen, wenn man die z. T. sehr verstreuten hauptsächlichen Anstriche besichtigen will, wozu noch Ausmalungen in städtischen Gebäuden kommen: Aula der Lutherschule, Rathaus, Klosterbergegarten u. a. (Eine technische Probestelle für Farben und Bindemittel ist auf dem städtischen Bauhof eingerichtet worden.) In welchem Maße die führenden Kreise der Bürgerschaft dieser Frage ihre Sympathie zugewendet haben, zeigt die Tatsache der Stiftungen für den Rathausanstrich. — Farbe ist etwas Schönes, wenn sie die Umwelt, die wir nun einmal hinnehmen müssen, mit ihrem Glanz heiter macht und, wenn es nicht anders geht, mit ihr spaßt (Normaluhr). Sie ist aber furchtbar, wenn sie mit koloristischem Unvermögen auftritt, wofür die Reklame in

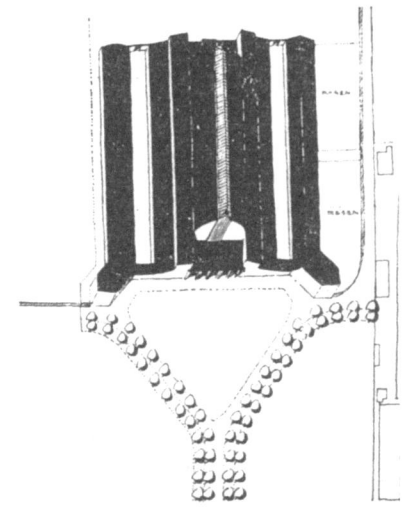

3. Ausführungsentwurf

Magdeburg das traurigste Kapitel ist. Diese lebt immer noch in dem Glauben, daß der Faustschlag angenehmer sei als das Streicheln. Hier ist ein Gebiet der Bauberatung, das sich infolge früherer völliger Vernachlässigung noch ganz im Stadium der Vorbereitung befindet, das aber mit jener gleichen energischen Geduld unter Ausbau des Ortsstatuts behandelt werden muß. Am stärksten werden auch hier vorbildliche Beispiele mit ihrer ansteckenden Kraft wirken, die wirkliche Künstler schaffen.
Weitere Einzelheiten verwandter Gebiete seien hier nur aufgereiht: Vorträge im Bürgersaal, Wettbewerbe, Architekturausstellungen, Ausstellung Alt- und Neu-Magdeburg u. dgl. mehr, Veranstaltungen, die dem Publikum die Tatsache des Bestehens künstlerischer Probleme begreiflich machen sollten. Vieles Unerwähnte ist noch ganz im Stadium

zu 2.

der Vorbereitung, anderes — in meiner Antrittsrede Erwähntes — aus Mangel an Zeit noch nicht in Angriff genommen. Es bleibt meine Hauptaufgabe, in dem Vielerlei der erst erwachenden Probleme jenes »Bleiben in sich selbst« zu behalten, aus dem allein alles Gute kommt.
Zu »guter« Letzt soll noch das Frühlicht erwähnt sein, das mit diesem Heft seinen ersten Jahrgang abschließt.

Das Frühlicht soll keine »Anregungen« zur Nachahmung für schwärmerische Jünglinge geben. Die sollen erst einmal ein simples Handwerk lernen und das Ideenhafte dem eigenen Mannesalter überlassen. Dann wird das Phantastische und Utopische der Quell, aus dem die Form fließt. Freilich ist es nicht der einzige Quell. Jede Parole ist ein Unsinn. Wer sagt, Architektur komme n u r aus dem Zweck, nur aus der Technik oder nur aus der Konstruktion — dem kann mit gleichem Recht gesagt werden: sie kommt n u r aus der Idee, nur aus dem Raum, nur aus dem Trieb zum Schmücken und Spielen. Alles ist natürlich gleich richtig und gleich wichtig. Entscheidend ist immer der Geist, der sich die eine oder andere Parole zu der seinigen macht. Der Konstrukteur wird bei Selbstprüfung bekennen müssen, daß sein Gedanke aus einer Tiefe kommt, die er nicht benennen kann, außer etwa »das Kind im Manne«. Daß der ausschließliche Künstler ohne die andere Seite verloren ist, ist ebenso selbstverständlich. Das höhere Dritte ist das Entscheidende, und dies zu zeigen ist die Aufgabe des Frühlichts.

Ende Mai 1922 *Bruno Taut*

WETTBEWERB FÜR HAUSREKLAME UND HAUSANSTRICHE

Bei der Fülle der in Magdeburg vorgenommenen Hausrenovierungen sowie bei der zahlreichen Erneuerung und Neuanbringung von Reklameschildern u. dgl. hält der Magistrat es für angebracht, daß neben der vorbeugenden Tätigkeit der Baupolizei auf Grund des Ortsstatuts von seiten der Künstler positive Vorschläge für diese Zwecke gemacht werden, welche dazu dienen sollen, die vom städtischen Hochbauamt bisher ausgeübte Bauberatung zu unterstützen und gleichzeitig zu entlasten. In der Hauptsache soll aber damit ein enges Zusammengehen von Geschäftsleuten und Künstlern erreicht werden mit dem Ziel, daß möglichst jede neue Reklame und jede Erneuerung der farbigen und architektonischen Erscheinung des Hauses einem tüchtigen Architekten oder Maler anvertraut wird.
Die Bewerber werden gebeten, möglichst bestimmte Objekte innerhalb der Stadt Magdeburg zur Umarbeit auszuwählen, wobei das Hochbauamt sowie das Baupolizeiamt auf Anfragen sich bereit erklärten, Photographien oder die alten Bauzeichnungen solcher Häuser soweit möglich leihweise zur Verfügung zu stellen. Der Wettbewerb gliedert sich demnach in folgende 3 Teile:
1. Gute künstlerische Reklame an Stelle der vorhandenen schlechten für vom Bewerber dazu ausgewählte Häuser, wobei eine gleich starke Wirkung der Reklame auch im geschäftlichen Sinne anzustreben ist, wie sie im alten Zustand vorlag. (Auch Giebel-, Luftreklame u. a.)
2. Die eventuell damit verbundene vollständige Behandlung ganzer Häuser ebenfalls unter Zugrundelegen bestimmter Objekte.
3. Skizzenhafte Vorschläge für die farbige Behandlung von Häuserreihen und Straßenzügen unter Berücksichtigung der bisher bereits ausgeführten Hausbemalungen und des städtebaulichen Gesamtbildes.

Der Schlußtermin des Wettbewerbes ist der 15. Oktober 1922. Außerdem können Künstler, Maler- und Reklamefirmen, die Wert darauf legen, bereits ausgeführte Arbeiten einer entsprechenden Beurteilung unterzogen zu sehen, diese Arbeiten (Reklameschilder, Ladenausbauten, Hausanstriche usw.) unter näherer Bezeichnung der Örtlichkeit im Stadtbezirk Magdeburg zu diesem Zweck anmelden, welche das Preisgericht besichtigen und in die Beurteilung mit einziehen wird.

Das Preisgericht besteht aus den Herren: Stadtrat Dr. Fresdorf, Magdeburg; Maler Julius Gipkens, Berlin; Direktor Walter Gropius, Weimar; Prof. César Klein, Berlin; Regierungs- und Baurat Renner, Magdeburg; Stadtbaurat Taut, Magdeburg; Prof. Volbehr, Magdeburg.

Magdeburg, den 1. Juli 1922
Der Magistrat der Stadt Magdeburg
I. A. Taut

NOTIZEN

Aus einem Vortrag von Dr.-Ing. HERMANN PHLEPS, Professor an der Technischen Hochschule in Danzig, über »DIE BEDEUTUNG DER FARBE IN DER ARCHITEKTUR« in dem Polytechnischen Verein in Bayern und der Deutschen Gesellschaft für rationale Malverfahren in München am 13. März 1922: Der Redner sprach über die Farbigkeit der Bauten der Römerzeit und des Mittelalters. Die Römer haben nicht nur in Italien, sondern auch in den übrigen Ländern ihres Reiches die Bauten auch äußerlich farbig ausgestattet und oft mit verhältnismäßig einfachen Mitteln vorzügliche architektonische Wirkungen erzielt. So war z. B. die Stadtmauer in Köln farbig bemalt. Von den Römern ausgehend, haben auch das romanische und das gotische Mittelalter ihre Architektur farbig gestaltet, wie an Farbenresten an den noch erhaltenen Bauten und insbesondere an Gemälden der Zeitgenossen zu ersehen ist. Besonders gute Beispiele waren Bauten von Andernach, Maria Laach und insbesondere ein Entwurf für das Straßburger Münster. Der Vortragende hob hervor, daß es sich dabei nicht um Täuschungen, um Materialvorspiegelung, sondern um bewußte Freude am farbigen Gestalten, um wohlberechnete Wirkungen handelte, deren Technik vielfach verlorengegangen sei.
(Aus der Deutschen Bauzeitung vom 22. April 1922, Nr. 32.)

Aus einem Vortrag von HANS POELZIG »VOM BAUEN UNSERER ZEIT«: (Monatsschrift für gestaltende Arbeit »Die Form«, Heft 1.) Die Farbe ist der Form gegenüber, die handwerklich mehr Übung und Erfahrung verlangt, das Primäre, und jeder junge Stil hat damit angefangen. Daß der antike Tempel farbig war, weiß man schon, aber die ganze mittelalterliche Stadt war farbig, und erst mit dem Überwuchern der Form in den Spätstilen, zum Beispiel im Barock, flüchtete die Farbe in die Innenräume.

Es werden freilich viele Zöpfe wackeln und, wie jetzt schon, Entrüstungsstürme einsetzen, aber wenn es gelingt, die Farbe als nicht bloß gleichberechtigt, sondern geradezu als Hauptfaktor für die Gliederung unserer Straßenwandungen durchzusetzen, so wäre unendlich viel gewonnen. Wer sich auf die Einzelformen an den Häusern unserer Großstadtstraßen zu besinnen versucht, wird bei sich selbst ein Fiasko erleben; sie sind meist bedeutungslos. Die Farbe ist das einzige Moment, das mit rhythmischem Gefühl, aber Entschiedenheit angewandt, Straßenbilder unserer modernen Städte gliedern kann.

MAMA BERLIN SCHLÄFT! PST!
NICHT WECKEN!

Erwin Gutkind zeigt in seiner Schrift »Vom städtebaulichen Problem der Einheitsgemeinde Berlin«,* daß die Körperschaften Berlins durch Zustimmung zu den Grundsätzen der Berliner Gewerkschaftskommission und des Ortskartells des Angestelltenbundes über die wirtschaftlichen Maßnahmen zur Einleitung einer gesunden Bautätigkeit die Erkenntnis dessen bewiesen hätten, was als erster Schritt (auch in der Zielrichtung der Ideen Martin Mächlers) geschehen müsse. »Berlin steht am Wendepunkt. Von der Großstadt zur Weltstadt und zur Volksstadt! Der erste Schritt zur Inangriffnahme dieser Aufgaben ist zwar getan, ob die nächsten ihm bald folgen, erscheint mehr als ungewiß!« — Berlin macht

* Verlag Hans Robert Engelmann, Berlin.

Betrieb: nicht bloß Schnapslokale — Aufstockungen für Büros, Luxusvillen u. a. wird gebaut; aber baut es sich selbst, sich, die Weltstadt und, wie es Gutkind nennt, die Volksstadt? Von 10 000 Kleinwohnungen Minimalbedarf pro Jahr sollen »vielleicht« 1200 bis 1300 entstehen. Jenes Wollen fehlt, das durch seine Kraft zum Können wird, werden kann, wie es Gutkind in seinem Buche beweist. Es schläft. Wo sieht man dort auch nur einen Hauch des schaffenden Geistes, etwa von der Art, wie er einmal in Messels Wertheim hervortrat, zuerst als »Stangenspargel« allgemein verhöhnt und bald zum europäischen Ruhme Berlins? Wir wollen bescheiden sein — wo zeigen die neuen Bauten die Liebe und Sorgfalt der Durcharbeitung, wie sie bis 1914 unter Messels Einfluß noch einigermaßen tonangebend war? Statt dessen wird das Abgedroschene immer weiter abgedroschen, es »säult« à la Palladio und Biedermeier von der Deutschnationalen Volkspartei bis zu den Kommunisten. So im »Monumentalen« — im übrigen oft ein »Expressionismus«, zu dessen Genuß man schon der Schnäpse der Likörstuben bedarf. Wo aber auch nur ein Hauch frischer Luft zu spüren ist, da heult ganz Berlin, selbst der »Vorwärts« weint Pietätstränen (Abb. S. 214, links oben). Nein nein, nur nicht die alte dicke Dame Berlin wecken. Wozu denn noch was tun, wenn alles »Gewordene« so herrlich ist. »Ein noch ganz ungenutztes Mittel muß sich dem Bilde Berlins einfügen, die Farbe. Diese furchtbare Angst vor der Farbe!« Lieber Herr Gutkind, schreiben Sie nur ruhig: diese furchtbare Angst vor der künstlerischen Tat! Denken Sie sich z. B. nur einmal der Magdeburger farbigen Häuser am Potsdamer Platz und davor die Gang-und-Gäbe-Berliner. »Das Leben ist bunt und nicht grau; es kann eine Freude sein und braucht nicht als ewige Trauer zu erscheinen.«

Berlin braucht nicht als ewiger Trauerkloß zu erscheinen. Es könnte endlich seine vielen Schlafmützen in die Ecke werfen, sich die Augen reiben und anfangen zu schaffen. Die Mumiensammlung des Neuen Museums läßt sich ohne Unkosten bereichern. Freudige Männer an der Spitze und ebenso mutige Menschen in der Privatwirtschaft könnten sehr bald durch Taten zeigen, daß Berlin nicht mehr schläft. Jede Macht, sei sie politisch oder wirtschaftlich, muß durch schöpferische Taten beweisen, ob sie berechtigt ist. Wenn sie aber keine neue Form schafft, wenn sie nur aufhäuft und das Aufgehäufte in alte Lumpen wickelt, dann hat ihre Todesstunde geschlagen. Für Bibelfeste siehe das Gleichnis vom neuen Wein in den alten Schläuchen!

B. T.

In der Magdeburgischen Zeitung vom 22. Juni 1922 schreibt Ernst v. Niebelschütz über den Straßburger Münsterturm Ulrichs v. Ensingen:

Er schuf seinen Turm — vielleicht das Unerhörteste, was je einer Baumeisterphantasie entsprungen ist. Eine bizarre Laune, wenn man will. Allein eine Laune von so geistreicher Eigenart, daß man bis heute nicht gewagt hat und wohl auch nie wagen wird, diesem Turm, der im 15. Jahrhundert noch einen nicht weniger grillenhaften Helm erhielt, einen Zwillingsbruder zu gesellen. Daß die Straßburger den kecken Neuerer gewähren ließen, das Wagestück nicht nur geduldig hinnahmen, sondern den Baumeister sogar offensichtlich zu immer kühneren Steigerungen der Grundidee ermunterten, zeugt von ihrer eigenen auf das Außerordentliche gerichteten Baugesinnung. Unmöglich können sie der Ansicht gewesen sein, daß dieser Turmriese eine sinngemäße Bekrönung der französischgotischen Fassade sei. Er ist alles andere, nur dieses nicht! Er ist deutsch und geradezu musterhaft unklassisch, deutsch in den Einzelformen wie in der geistigen Signatur des Gesamtbildes, ein bewußter Hohn auf alles, was in den Regelbüchern der Architekten zu finden ist, und gerade darum prachtvoll bis heute in seiner eigensinnigen Schönheit. Man möchte ihn die monumentale Verkörperung von Huttens Wahlspruch »Ich hab's gewagt!« nennen.

Bei Fragen zur Produktsicherheit wenden Sie sich bitte an:
If you have any questions regarding product safety,
please contact:

Birkhäuser Verlag GmbH
Im Westfeld 8
4055 Basel, Schweiz
productsafety@degruyterbrill.com